破坏环境资源保护罪研究

冯军 李永伟 等◎著

科学出版社

北京

图书在版编目（CIP）数据

破坏环境资源保护罪研究/冯军，李永伟等著.—北京：科学出版社，2012.4
ISBN 978-7-03-033788-7

Ⅰ．①破… Ⅱ．①冯…②李… Ⅲ．①破坏环境资源保护罪-研究-中国
Ⅳ．①D924.364

中国版本图书馆 CIP 数据核字（2012）第 040204 号

责任编辑：石　卉　侯俊琳　程　凤／责任校对：刘小梅
责任印制：徐晓晨／封面设计：无极书装
编辑部电话：010-64035853
E-mail：houjunlin@mail.sciencep.com

科　学　出　版　社出版
北京东黄城根北街16号
邮政编码：100717
http://www.sciencep.com

北京凌奇印刷有限责任公司 印刷
科学出版社发行　各地新华书店经销

*

2012年4月第　一　版　开本：B5（720×1000）
2021年8月第三次印刷　印张：16 1/2
字数：311 000
定价：**85.00** 元
（如有印装质量问题，我社负责调换）

本书编写组

冯　军　　苏永生　　宋伟卫

冯惠敏　　李永伟　　孙学军

保护环境资源是人类可持续发展的根本要求，也是我国建设以和谐为基本内涵的法治国家的重要表现。其中，对环境资源的刑法保护，是建设法治国家的重要环节。为此，我国在 1997 年修订《中华人民共和国刑法》（简称《刑法》）时，在分则第六章第六节中专门规定了"破坏环境资源保护罪"，将一些严重破坏环境资源保护的行为规定为犯罪，不仅彰显了保护环境资源的重要性，而且突出了环境利益在刑法法益体系中的地位。之后，随着我国社会的发展，全国人大常委会以《中华人民共和国刑法修正案》（简称《刑法修正案》）的方式对破坏环境资源保护罪中的一些具体犯罪进行了修改，这对环境资源的刑法保护具有重要意义。

与其他犯罪相比，破坏环境资源保护罪大多与科学技术的使用有关，而且其罪状基本上属于空白罪状。这对该类犯罪的司法认定带来了一定的难度，不仅要求依赖一些技术性规定，而且必须参照其他法律的相关规定。因而，在破坏环境资源保护罪的学理解释上，必须以体系解释为主要解释方法，而不应当停留在逻辑解释上。本书正是基于破坏环境资源保护罪的这种特点，以体系解释为主要解释方法，把近年来我国颁布的相关司法解释和相关行政法规与规章纳入研究视野，对破坏环境资源保护罪进行深入全面的学理解释，为该类犯罪的司法认定提供有效指导。

虽然我国近年来对环境资源的刑法保护在立法上有了很大的进展，但与发达国家相比还存在一定差距。例如，我国刑法在环境资源的保护上缺乏对危险犯的规定，在责任形式上实行的是严格的过错责任，没有把对环境资源造成重大危险的行为规定为犯罪，也没有将主观上无罪过但危害较为严重的破坏环境资源的行为纳入刑法调控的范围。这既不利于对环境资源的保护，也不符合国际社会普遍重视生态环境利益的发展趋势。因而，参照国外及国际立法，完善我国刑法关于破坏环境资源保护罪的相关规定，显得意义重大。本书通过回顾各种破坏环境资源保护罪的立法演变，结合该类犯罪的国外和国际立法趋势，提出了完善我国破坏环境资源保护罪的立法建议，这对该类犯罪的立法完善具有重要的参考价值。

本书以我国的犯罪构成理论为基础，以刑法对破坏环境资源保护罪的规定为主线，参照相关司法解释和行政法规与规章，对破坏环境资源保护罪进行了系统而深入的研究，具有以下四个特点。

一是理论性强。本书以我国犯罪构成的一般理论为基础，详尽分析了破坏环境资源保护罪类罪及各种破坏环境资源保护罪的客体要件、客观方面要件、主体要件和主观方面要件。同时，结合犯罪认定的基本理论、犯罪停止形态理论、共同犯罪理论和罪数形态理论，对各种破坏环境资源保护罪与相关犯罪的界限，该类犯罪的停止形态、共犯形态及罪数形态的认定问题进行了深入的理论分析。

二是体系性强。本书的体系性主要表现在三个层面。首先，本书在概述破坏环境资源保护罪的基础上，对各种具体的破坏环境资源保护罪进行了分析论证，进而提出了完善该类犯罪的立法建议。其次，本书依据行为对象不同把破坏环境资源保护罪划分为污染环境的犯罪、破坏动物资源的犯罪、破坏国土资源的犯罪和破坏植物资源的犯罪四类，并依次进行了论述。最后，本书在论述各种破坏环境资源保护罪时，严格按照"立法演变—构成要件—认定—刑事责任"的顺序来展开。

三是实用性强。破坏环境资源保护罪的司法认定具有技术性强的特点,是本书研究的重要内容之一。为此,本书首先采用体系解释的方法,把近年来我国最高司法机关颁布的有关破坏环境资源保护罪的司法解释及有关行政法规与规章纳入研究视野,并进行了详尽的分析研究,使得该类犯罪的司法认定具有了相当的可操作性。同时,本书采用案例分析法,收集近年来发生在我国的各种破坏环境资源保护罪的典型案例,并进行深入分析,对该类犯罪的司法认定具有较强的实践指导意义。

四是时代性强。破坏环境资源保护罪大多属于法定犯罪,具有易变性特点。自 1997 年修订的《刑法》(简称 1997 年《刑法》)颁布实施以来,我国《刑法》修改的频率较高。其中,《刑法修正案(二)》、《刑法修正案(四)》和《刑法修正案(八)》涉及对破坏环境资源保护罪的修改;而且,《刑法修正案(二)》是专门为修改非法占用农用地罪而颁布实施的。实践中,为了正确认定破坏环境资源保护罪,我国最高司法机关先后颁布了多个司法解释,对该类犯罪的司法认定标准进行了规范。另外,破坏环境资源保护罪的认定大都要参考相关的行政法规与规章,而我国的行政法规与规章近年来发生了很大变化。本书及时反映刑法修改的成果,紧随司法解释及相关行政法规与规章的发展变化,具有较强的时代性特点。

本书由三个部分组成:第一部分为总论,即本书第一章,研究了破坏环境资源保护罪这一类犯罪的立法演变、构成特征及刑事责任等基本问题;第二部分为分论,即本书第二章至第五章,研究了各种破坏环境资源保护罪的立法演变、构成要件、认定、刑事责任与追诉标准等问题;第三部分为立法论,即本书第六章,研究了我国破坏环境资源保护罪在立法上存在的缺陷,并提出了完善建议。

目 录

第一章
破坏环境资源保护罪概述

■ 第一节　破坏环境资源保护罪的立法演变

一、破坏环境资源保护罪的国际立法

近代社会以来，工业化进程和科学技术的飞速发展，在创造极大物质财富的同时，也对自然环境造成了巨大破坏。全球变暖、臭氧层破坏、酸雨、淡水资源危机、能源短缺、森林资源锐减、土地荒漠化、物种加速灭绝、垃圾成灾、有毒化学品污染等环境问题日益突出，人类生存环境不断恶化。目前，在一些发展中国家，环境问题尤其是次生环境问题非常严重。环境问题归纳起来主要有两大类：一类是自然演变和自然灾害引起的原生环境问题，也叫第一环境问题，如地震、洪涝、干旱、台风、崩塌、滑坡、泥石流等；另一类是人类活动引起的次生环境问题，也叫第二环境问题和"公害"。次生环境问题一般又分为环境污染和环境破坏两大类，包括工业生产造成大气、水环境恶化，乱砍滥伐引起的森林植被的破坏，过度放牧引起的草原退化，大面积开垦草原引起的沙漠化和土地沙化等。世界银行 2005 年的环境报告指出，污染和环境恶化日益威胁到东亚与太平洋地区迅速城镇化的人口的健康，其发布的针对东亚和太平洋地区的环境战略报告说，由水传播的疾病造成该地区每年有 50 万名婴儿夭折，而

空气污染导致千万人早逝。在中国，每年有 5 万人因烧煤造成的污染而早逝。[①]

规范人类活动、保护环境、减少次生环境问题，已经成为人类社会的共识。早在 1970 年 3 月，国际社会科学评议会在东京召开了"公害问题国际座谈会"，会后发表的《东京宣言》明确提出，"我们请求，把每个人享有其健康和福利等要素不受侵害的环境权利和当代人传给后代的遗产应是一种富有自然美的自然资源的权利，作为一项基本人权，在法律体系中确定下来"，从而确立了环境权在基本人权体系中的重要地位。1972 年 6 月，联合国在瑞典的斯德哥尔摩召开了人类环境会议，旨在通过国际合作为从事保护和改善人类环境的政府和国际组织提供帮助，消除环境污染造成的损害。会议发布的《人类环境宣言》指出，"保护和改善人类环境是关系到全世界各国人民的幸福和经济发展的重要问题，也是全世界各国人民的迫切希望和各国政府的责任"。《人类环境宣言》第一次呼吁全人类要对自身的生存环境进行保护和改善，因为保护自然环境就是保护人类自己。[②]

为了加强对人类生存环境的保护，国际社会采取了一系列积极的措施，其中包括要求将严重破坏环境的行为视为一种国际犯罪，加强环境犯罪惩治问题上的国际协作。例如，1994 年 9 月，国际刑法学会第十五届代表大会通过了《关于危害环境犯罪的决议》，详细规定了危害环境犯罪的行为、构成和管辖权问题，并提出"影响及于一个以上国家管辖区域的危害环境罪，或有影响不属于任何国家管辖的全球环境的基本的危害环境罪，应在多边条约中规定为国际犯罪"。1998 年 11 月，欧洲理事会通过了《通过刑法保护环境公约》（*Convention on The Protection of Environment Through Criminal Law*），此后，欧盟委员会和欧盟部长理事会又分别于 2001 年 3 月和 2003 年 7 月起草了《关于通过刑法保护环境的指令》和《关于通过刑法保护环境的框架决定》。这些国际刑法规范的确立，体现了国际社会保护环境、维系人类生存和发展的坚定信心，而加强对环境犯罪问题的研究，完善环境犯罪的立法，严密刑事法网，加大对环境犯罪的惩治力度，无疑具有重大的现实意义。

---

① 金风.2005.世界银行：污染和环境恶化威胁东亚.新浪网.http：//www.sina.cn.

② 中国环境报社.1992.人类环境宣言：迈向 21 世纪——联合国环境与发展大会文献汇编.北京：中国环境科学出版社：156，157.

二、破坏环境资源保护罪的国内立法

在 1997 年《刑法》修订以前，我国没有对破坏环境资源保护罪作专门的规定，在理论上也缺乏对破坏环境资源保护罪定义的权威界定。有学者认为，破坏环境资源保护罪是自然人或非自然人主体，故意、过失或无过失实施的污染大气、水、土壤或破坏土地、森林、草原、珍稀濒危动物及其他生态系统和生活环境，具有现实危害性或实际危害后果的作为和不作为行为。还有学者认为，破坏环境资源保护罪，是指违反国家环境资源保护法律、法规，造成或者足以造成环境资源受到污染、破坏或者致使他人生命健康或公私财产遭受重大损害的行为。我们认为，破坏环境资源保护罪的定义可以界定为，自然人或者单位违反国家环境资源保护法律、法规，故意或者过失地污染或破坏环境资源，对环境资源、他人生命健康或公私财产造成或足以造成严重损害后果，应受刑事处罚的行为。这种界定涵盖了破坏环境资源保护罪犯罪构成的主要因素，揭示了破坏环境资源保护罪的基本内涵，从定义的表述中就可以理解和掌握破坏环境资源保护罪的基本特征和构成要件。

我国破坏环境资源保护罪的立法大致经历了以下三个阶段。

（一）《刑法》修订前破坏环境资源保护罪的刑法调控

我国的环境保护及其立法起步较晚，污染、破坏环境资源的违法犯罪行为在 20 世纪 70 年代尚未引起人们的重视，环境保护和调控侧重于运用行政手段。究其原因，是因为当时我国经济发展尚处于起步阶段，环境污染和其他危害环境的行为并不突出。因而在 1979 年《中华人民共和国刑法》（简称 1979 年《刑法》）中并没有专门的惩治环境犯罪的规定，直接或间接涉及危害环境犯罪的，主要有以下相关条款。

（1）危害公共安全罪类罪中的规定。1979 年《刑法》第一百零五条规定，放火、决水、爆炸或者以其他危险方法破坏工厂、矿场、油田、港口、河流、水源、仓库、住宅、森林、农场、谷场、牧场、重要管道、公共建筑物或者其他公私财产，危害公共安全，尚未造成严重后果的，处三年以上十年以下有期徒刑。第一百一十五条规定，违反爆炸性、易燃性、放射性、毒害性、腐蚀性物品的管理规定，在生产、储存、运输、使用中发生重大事故，造成严重后果的，处三年以下有期徒刑或者拘役；后果特别严重的，处三年以上七年以下有期徒刑。

（2）破坏社会主义经济秩序罪类罪中的规定。该类罪中规定了三种破坏自然资源的犯罪，即第一百二十八条规定的盗伐、滥伐林木罪，第一百二十九条规定的非法捕捞水产品罪和第一百三十条规定的非法狩猎罪。

由此可见，1979年《刑法》关于环境犯罪的规定较为分散，罪名设置零乱、归类不清，而且处罚偏轻，不利于对此类犯罪的惩治。

20世纪80年代至1997年《刑法》修订前，我国经济迅速发展，环境问题更加突出，危害环境的行为更加严重，有的甚至对环境资源造成非常严重的污染或破坏，但由于1979年《刑法》中对这些严重的环境违法行为大多缺乏刑事制裁的规定，所以一些本应追究刑事责任的环境违法行为被代之以行政处罚。[①] 为补救1979年《刑法》滞后于环境犯罪的客观现实和对环境犯罪行为特质认识上的欠缺，在《刑法》修订前通过制定附属刑法和单行刑法制裁环境犯罪成为必然的选择。1988年11月8日，全国人大常委会通过了《关于惩治捕杀国家重点保护的珍贵、濒危野生动物犯罪的补充规定》，将非法捕杀珍贵、濒危野生动物的行为单独规定为犯罪，并使之与1979年《刑法》中原有的非法捕捞水产品罪和非法狩猎罪相分离。在附属刑法方面，《中华人民共和国大气污染防治法》（简称《大气污染防治法》）（1987年）、《中华人民共和国固体废物污染环境防治法》（简称《固体废物污染环境防治法》）（1995年）和《中华人民共和国水污染防治法》（简称《水污染防治法》）（1996年）分别就大气污染犯罪，违反规定收集、储存、处置危险废物犯罪和水污染犯罪规定了相应的刑事责任。此外，《中华人民共和国环境保护法》（简称《环境保护法》）、《中华人民共和国森林法》（简称《森林法》）、《中华人民共和国野生动物保护法》（简称《野生动物保护法》）和《中华人民共和国矿产资源法》（简称《矿产资源法》）等环境法律中也设有刑事条款。例如，1989年《环境保护法》第五章第四十三条规定："违反本法规定，造成重大环境污染事故，导致公私财产重大损失或者人身伤亡的严重后果的，对直接责任人员依法追究刑事责任。"然而，由于这些附属环境刑法的刑事条款采用立法类推形式，有的甚至只是简单地规定"依法追究刑事责任"，所以并未得到很好的执行，尤其是《水污染防治法》中的刑事条款被直接适用于违法犯罪人的寥寥无几，就连轰动全国的曹某某将含氰废物抛入水体造成严重水污染的案

---

① 王灿发.1998.论新刑法关于环境犯罪的规定及其实施.政法论坛，（1）：36.

件，也是按投毒罪追究刑事责任，而不是按《水污染防治法》规定的污染水体罪给予制裁。① 而且，在许多情况下，附属环境刑法对环境犯罪追究刑事责任的规定多流于形式，缺乏可操作性，使得司法机关在执行中难以具体适用，从而纵容了本应制裁的环境犯罪。

（二）修订后的 1997 年《刑法》对破坏环境资源保护罪的调控

随着我国环境状况的持续恶化，加强环境刑法保护成为一个迫切需要解决的问题。在综合以往立法经验和司法实践，同时参考其他国家的环境刑事立法的基础上，1997 年《刑法》于分则第六章以专节的形式规定了"破坏环境资源保护罪"，改变了过去追究环境犯罪行为人的刑事责任需要比照适用《刑法》关于其他犯罪规定的状况，是我国环境刑事立法的重大进展。1997 年《刑法》于分则第六章第六节设置了 9 个法条（第三百三十八至第三百四十六条）、14 个罪名，既包括了破坏环境的犯罪，也包括了污染环境的犯罪，其罪名如下。

（1）重大环境污染事故罪（第三百三十八条）。

（2）非法处置进口的固体废物罪（第三百三十九条第一款）。

（3）擅自进口固体废物罪（第三百三十九条第二款）。

（4）非法捕捞水产品罪（第三百四十条）。

（5）非法猎捕、杀害珍贵、濒危野生动物罪（第三百四十一条第一款）。

（6）非法收购、运输、出售珍贵、濒危野生动物、珍贵、濒危野生动物制品罪（第三百四十一条第一款）。

（7）非法狩猎罪（第三百四十一条第二款）。

（8）非法占用耕地罪（第三百四十二条）。

（9）非法采矿罪（第三百四十三条第一款）。

（10）破坏性采矿罪（第三百四十三条第二款）。

（11）非法采伐、毁坏珍贵树木罪（第三百四十四条）。

（12）盗伐林木罪（第三百四十五条第一款）。

（13）滥伐林木罪（第三百四十五条第二款）。

（14）非法收购盗伐、滥伐的林木罪（第三百四十五条第三款）。

---

① 解振华.1994.中国环境典型案件与执法提要.北京：中国环境科学出版社：66.

除了增设专节规定破坏环境资源保护罪外，《刑法》还在其他章节规定了与破坏环境资源保护罪相关的一些犯罪。

（1）走私珍贵动物、珍贵动物制品罪（第一百五十一条第二款）。

（2）走私珍稀植物、珍稀植物制品罪（第一百五十一条第三款）。

（3）走私固体废物罪（第一百五十五条第三项）。

（4）非法转让、倒卖土地使用权罪（第二百二十八条）。

（5）违法发放林木采伐许可证罪（第四百零七条）。

（6）环境监管失职罪（第四百零八条）。

（7）非法批准征用、占用土地罪（第四百一十条）〔全国人民代表大会常务委员会《关于修改部分法律的决定》（2009 年 8 月 27 日中华人民共和国主席令第 18 号公布）已将《刑法》中的"征用"修改为"征收、征用"〕。

（8）非法低价出让国有土地使用权罪（第四百一十条）。

（三）《刑法修正案》对破坏环境资源保护罪的调控

1997 年《刑法》修订施行后，为适应形势不断发展变化的需要，全国人大常委会通过《刑法修正案》的方式对《刑法》中的环境犯罪规定及时进行了修正。

（1）2001 年《刑法修正案（二）》将 1997 年《刑法》第三百四十二条修改为："违反土地管理法规，非法占用耕地、林地等农用地，改变被占用土地用途，数量较大，造成耕地、林地等农用地大量毁坏的，处五年以下有期徒刑或者拘役，并处或者单处罚金。"2002 年 3 月 15 日，最高人民法院、最高人民检察院《关于执行〈中华人民共和国刑法〉确定罪名的补充规定》取消了"非法占用耕地罪"罪名，而代之以"非法占用农用地罪"。

（2）2002 年《刑法修正案（四）》将《刑法》第三百四十四条修改为："违反国家规定，非法采伐、毁坏珍贵树木或者国家重点保护的其他植物的，或者非法收购、运输、加工、出售珍贵树木或者国家重点保护的其他植物及其制品的，处三年以下有期徒刑、拘役或者管制，并处罚金；情节严重的，处三年以上七年以下有期徒刑，并处罚金。"将《刑法》第三百四十五条修改为："盗伐森林或者其他林木，数量较大的，处三年以下有期徒刑、拘役或者管制，并处或者单处罚金；数量巨大的，处三年以上七年以下有期徒刑，并处罚金；数量特别巨大的，处七年以上有期徒刑，并处罚金。违反森林法的规定，滥伐森林或者其他林木，数量较大的，处三年以下有期徒刑、拘役或者管制，并处或者单处罚金；数量巨大的，处三年以上七年以下有期徒刑，并处罚金。非法收购、运输明知是盗伐、滥伐的林木，情节严重的，处三年以下有期徒刑、拘役或者管制，并处或者单处罚金；情节特别严重的，处三年以上七年以下有期徒刑，并处罚金。盗伐、滥伐国家级自然保护区内的森林或者其他林木的，从重处罚。"2003年8月15日，最高人民法院、最高人民检察院《关于执行〈中华人民共和国刑法〉确定罪名的补充规定（二）》将非法采伐、毁坏珍贵树木罪的罪名分解为"非法采伐、毁坏国家重点保护植物罪"和"非法收购、运输、加工、出售国家重点保护植物、国家重点保护植物制品罪"两个罪名；取消了"非法收购盗伐、滥伐的林木罪"罪名，代之以"非法收购、运输盗伐、滥伐的林木罪"罪名。

（3）2011年2月25日，第十一届全国人民代表大会常务委员会第十九次会议通过了《刑法修正案（八）》，其中第四十六条将《刑法》第三百三十八条修改为："违反国家规定，排放、倾倒或者处置有放射性的废物、含传染病病原体的废物、有毒物质或者其他有害物质，严重污染环境的，处三年以下有期徒刑或者拘役，并处或者单处罚金；后果特别严重的，处三年以上七年以下有期徒刑，并处罚金。"经过修改，一方面使法条表述更加简洁；另一方面降低了犯罪成立条件，扩大了《刑法》对污染环境行为的调控范围。罪状修改以后，原"重大环境污染事故罪"这个罪名就不能再适用了，而应当将罪名确定为"污染环境罪"，并相应地调整犯罪追诉标准。另外，第四十七条将《刑法》第三百四十三条第一款修改为："违反矿产资源法的规定，未取得采矿许可证擅自采矿，擅自进入国家规划矿区、对国民经济具有重要价值的矿区和他人矿区范围采矿，或者擅自开采国家规定实行保护性开采的特定矿种，情节严重的，处三年以下有期徒刑、拘役或者管制，并处或者单处罚金；情节特别严重的，处三年以上七年以下有期徒刑，并处罚金。"《刑法修正案（八）》删除原罪状中"经责令停止开采后拒不停止开采，造成矿产资源破坏的行为"的表述，扩大了《刑法》对非法采矿行为的调控范围。

经过《刑法修正案（二）》、《刑法修正案（四）》和《刑法修正案（八）》的修改，破坏环境资源保护罪的罪名和罪状表述更加规范，罪名体系更加完善。迄今为止，破坏环境资源保护罪的罪名共有四大类15个具体罪名：一是污染环境犯罪，包括污染环境罪、非法处置进口的固体废物罪和擅自进口固体废物罪；二是破坏动物资源犯罪，包括非法捕捞水产品罪，非法猎捕、杀害珍贵、濒危野生动物罪，非法收购、运输、出售珍贵、濒危野生动物、珍贵、濒危野生动物制品罪和非法狩猎罪；三是破坏国土资源犯罪，包括非法占用农用地罪、非法采矿罪和破坏性采矿罪；四是破坏植物资源犯罪，包括非法采伐、毁坏国家重点保护植物罪，非法收购、运输、加工、出售国家重点保护植物、国家重点保护植物制品罪，盗伐林木罪，滥伐林木罪，非法收购、运输盗伐、滥伐的林木罪。

第二节　破坏环境资源保护罪的构成特征

一、破坏环境资源保护罪的客体特征

在刑法理论上，犯罪客体解决的是犯罪行为究竟侵犯了什么的问题，具有对危害行为的社会属性和价值进行判断的功能，反映危害行为的本质和具体内容，是危害行为的社会属性及价值的最后落脚处。[①] 随着现代价值理念及法律基本原理与构造的深入发展，传统刑法保护客体的观念不断受到冲击，传统的人本主义法益保护思想定式已被打破，环境法益保护思想进入了人们的视野。具体而言，人们对破坏环境资源保护罪客体的认识经历了以下两个阶段。

第一个阶段是在传统法益理论的视野中来认识环境犯罪的客体。根据"大陆法系"的传统法益理论，刑法所保护的法益是以"人"为重心的，即人本主义法益观。该观点认为，刑法并不保护环境本身，而只有当人类生命和健康及其财物等法益因环境破坏而受到损害或威胁时，才考虑科以环境刑罚。持此观点者以《日本公害罪法》最为典型，该法以公众的生命和身体为保护对象，将处罚行为限定在危害生命或健康的行为上，破坏生活环境的行为不在此限。[②] 在人本主义法益思想支配下，环境未被当做一个独立的保护对象，破坏环境的行为未被视为侵害法益

---

① 吴殿朝.2004.论环境犯罪的客体.铁道警官高等专科学校学报，(3)：36.
② 赵秉志，王秀梅，杜澎．环境犯罪比较研究．北京：法律出版社：33.

的行为，刑事立法上也并未认真地正视破坏环境行为，而仅将其当做违反一般生活规则或不道德的行为。显然，面对急剧恶化的生态环境和迅速蔓延的环境犯罪，这种以传统人本主义法益保护观念的保护模式来解决环境破坏侵害法益问题的做法已无法满足时代的需要，无助于环境犯罪问题的解决。

第二个阶段是对环境犯罪所侵害法益独立性的认识。随着社会的发展和环境权概念的提出，人们开始认识到"环境"本身在环境犯罪客体构造中的重要地位。正如我国台湾学者林山田所言，"生活环境本身即为刑法所应加以保护之法益，污染或破坏环境之重大行为，在刑法上评价，即只认定为'刑事不法'，而非'行政不法'。因此，环境刑法所保护之法益，并不只是生命法益、身体法益或财产法益，而且亦包括所谓之'环境法益'，由于生态环境之破坏，将足以导致生命、健康或财物之危险或实害，故以刑法保护环境法益，亦属间接地保护个人之生命、身体或财产法益"。① 目前，在对环境犯罪客体的认识上，从传统法益向环境犯罪所侵害法益的独立性转变，已经成为世界各国环境刑法理论和立法发展的共同趋势。德国1978年通过的《同危害环境罪进行斗争的法律草案》即采用此种立法例。它不仅将对人而且对诸如水、空气和土壤等从生态观点来说需要保护的客体造成威胁，对环境造成危险，对社会造成特别损害的各种行为都列入刑法典增设的危害环境罪。而《西班牙刑法典》第三章"破坏自然资源和环境罪"第三百三十条更是规定："对自然保护区内具有确定该地区可以作为自然保护区性质的因素进行严重损害的，处 1 年以上 4 年以下徒刑并处 12 个月至 24 个月罚金。"第四章"残害动植物罪"第三百三十二条规定："对某属种植物进行剪残、砍伐、焚烧、毁倒、采集或者非法买卖，威胁其成长、繁殖，毁坏或者严重改变其生长环境的，处 6 个月以上 2 年以下徒刑，并处 8 个月至 24 个月罚金。"第三百三十三条规定："违反法律或者动植物保护条例的规定，引进或者释放非土生动植物，破坏当地生态平衡的，处 6 个月以上 2 年以下徒刑，并处 8 个月至 24 个月罚金。"对环境犯罪客体认知的转变，适应了社会发展过程中环境保护迫切性的现实需要，有利于强化人们环境保护的意识，增强环境犯罪刑法调控的效果。

目前，我国内地也有学者在借鉴保护环境法益观念的基础上提出，环境犯罪侵犯的是国家、法人和公民的环境权，应从环境的人本主义和非人本主

---

① 贾济东.2010.环境犯罪立法理念之演进.人民检察，(9)：31.

义出发,从权利和义务的相对性出发来确定环境权作为环境犯罪的客体。①毋庸置疑,环境是人类生存和发展的物质载体,它包括由一切生物、空气、水及土壤构成的一个生态系统,即生物圈。生态系统的核心是生物群落,生态平衡就是通过各种生物群落所具有的自动调节和自我修复能力来维持的。只要人们能充分认识和掌握生物调节机理,积极创造条件,在大多数情况下,原先已经失调或者破坏了的生态平衡仍然可以恢复。如果对自然界的开发和利用超过合理的限度,生物圈的平衡就会被打破,就会给生物圈包括人类本身带来无尽的灾难。可见,环境犯罪的本质特征在于它对生态系统及其平衡的破坏,进而危及人类的生存和发展。其实,从我国刑法对破坏环境资源保护罪的规定来看,除了污染环境类犯罪要求造成公私财产遭受重大损失或造成人身伤亡的严重后果以外,其他种类的破坏环境资源保护罪都没有要求这种特定的结果,仅以是否对环境资源造成一定程度的破坏为成立犯罪的标准,从而凸显了环境问题在破坏环境资源保护罪犯罪客体体系中的独立价值。

二、破坏环境资源保护罪的客观方面特征

破坏环境资源保护罪的客观方面是环境犯罪活动的客观外在表现,是主观犯罪心理活动的客观化,在诸要件中居于核心地位。从我国《刑法》的规定来看,破坏环境资源保护罪的客观方面主要包括以下内容。

(一) 行为的违法性

行为的违法性,即破坏环境资源保护罪的成立首先要求其行为必须是违反我国环境资源保护法律、法规的行为。为了保护环境和自然资源,我国自 20 世纪 80 年代以来制定了大量的环境资源保护方面的法律、法规。这些法律、法规规范和调整着社会发展过程中生产、生活与自然环境的关系,在人类社会与自然环境的协调发展中发挥着举足轻重的作用。而破坏环境资源保护的行为首先违反了这些法律、法规,是对人类社会与自然环境关系的破坏,损害了人类社会的共同利益。

---

① 高铭暄,王作富.1995.中国惩治经济犯罪全书.北京:中国政法大学出版社:655;李卫红.1996.环境犯罪论.烟台大学学报(哲学社会科学版),(2):22-28;杜澎,王秀梅.1998.论环境犯罪的构成特征//赵秉志.刑法论丛(第一卷).北京:法律出版社:131.

（二）行为的危害性

行为的危害性是犯罪构成客观方面的核心内容。破坏环境资源保护罪的危害行为通常体现为行为人在开发、利用环境过程中，违反有关环境保护法律、法规的规定，污染或破坏环境，致使人类生命、健康、大量的公私财产或生态系统受到严重威胁或危害的行为，包括作为和不作为。行为的危害性可以从以下三个方面来理解。

（1）危害行为。危害行为，即直接或间接地作用于环境或自然资源，致使人类的生命、健康、大量的公私财产或生态系统受到严重威胁或危害的行为。依据手段的不同，破坏环境资源保护罪犯罪构成客观方面的危害行为可以分为污染行为和破坏行为两大类。污染行为，即行为人在生产或生活过程中，违反国家规定向水体、大气等输入大量有毒物质和能量，引起环境质量下降，致使公私财产遭受重大损失或者人身伤亡的严重后果及造成这种后果发生危险状态的行为，如《刑法》第三百三十九条规定，违反国家规定，将境外的固体废物进境倾倒、堆放、处置的，处五年以下有期徒刑或者拘役，并处罚金。这是对可能造成严重后果发生危险状态的污染行为予以犯罪化。破坏行为，即行为人在开发、利用环境的过程中，违反国家规定过度向环境索取物质和能量，超出了环境及资源的再生能力，致使生态平衡遭受破坏的行为。这类行为多由作为形式构成，如破坏性采矿罪。

（2）危害结果。危害结果是破坏环境资源保护罪行为所产生的后果，在刑法理论上，包括实害结果和危险结果。出于经济发展的需要，传统刑法理论和刑事立法模式，对造成一定危险状态而未发生特定实害结果的环境犯罪，一般采用行政手段加以制裁。我国《刑法》采用此种立法例，大部分破坏环境资源保护罪都要求实害结果，如《刑法》第三百四十三条第二款规定，违反矿产资源法的规定，采取破坏性的开采方法开采矿产资源，造成矿产资源严重破坏的，处五年以下有期徒刑或者拘役，并处罚金。目前，从我国《刑法》的规定来看，并没有对实施破坏环境资源造成一定危险状态的行为做出单独的规定，考虑到破坏环境资源保护罪危害后果的严重性、不可补救性及重大危险性，许多国家的环境刑法都对环境犯罪的危险犯做出了规定，以加大对环境犯罪的惩治力度。我国也应当借鉴国外的立法例，及时修订破坏环境资源保护罪的刑事立法，对其危险犯做出独立的规定。

（3）因果关系。刑法上的因果关系是危害行为与危害结果之间存在的一种产生与被产生的关系，它是影响刑事责任的重要因素之一。尤其是在破坏环境资源保护罪的认定中，环境污染或资源破坏的原因往往具有复杂性和多样性，传统的刑法因果关系理论在解决破坏环境资源保护罪的因果关系问题时就显得十分乏力。在这种背景下，一些新的刑法因果关系理论逐步兴起，并在刑事司法实践中得到普遍适用，如疫学因果关系说。疫学是医学上研究流行疫病发生、分布与社会生活的因果关系，探求防治对策和规律的科学，其主要利用统计学的分析方法来确定流行疫病发生的原因，如果存在没有 A 物质就不会产生 B 结果的高度盖然性的情况，即可断定 A 与 B 有因果关系。根据这种因果关系理论，在破坏环境资源保护罪因果关系的认定上，如果某种污染行为（排放的污染物）与某种结果（如疾病流行）有疫学上的因果关系，就足以认定两者有刑法上的因果关系。1968 年，日本富士地方裁判所在"富山骨痛案"的裁判中就运用了该原则。该裁决的逻辑思路是：①此污染物的排放地区有该病发生；②此污染物排放越多，发病人数亦越多；③此污染物少的地方，骨痛患者也少；④此结论与医学和实验的结果不矛盾，从而确定被告应当承担责任。另外，《日本关于危害人身健康的公害犯罪制裁法》还明确规定了推定原则。该法第五条指出，如果某排放者因工厂或企业的业务活动排放了有害于人体健康的物质，导致公众生命、健康受到严重损害，并且认为在发生严重危害的区域内正发生由该种物质的排放对公众生命健康所造成的严重危害，此时，便可推定此种危害纯系该排放者所排放的那种有害物质所致。我们认为，基于对破坏环境资源保护罪社会危害性极其严重的认识，从保护社会公共利益的角度出发，借鉴疫学因果关系理论和因果关系推定理论解决破坏环境资源保护罪的因果关系认定问题，对完善和丰富我国破坏环境资源保护罪的因果关系理论，具有十分重要的现实意义。

三、破坏环境资源保护罪的主体特征

破坏环境资源保护罪的主体，是指实施了污染或破坏环境的行为而依法应负刑事责任的自然人和非自然人。自然人可以成为破坏环境资源保护罪的主体，在国内外理论和立法上均不存在异议。当然，作为危害环境犯罪主体的自然人必须达到刑事责任年龄并具有刑事责任能力。例如，根据我国《刑法》的规定，只有年满 16 周岁的自然人实施危害环境犯罪行为的，才能承担刑事责任；未满 16 周岁或者神志不清、不具有刑事责任能力的自然人，不能成为危害环境犯罪的主体。

非自然人作为破坏环境资源保护罪的主体，是由破坏环境资源保护罪行为的特殊性决定的。伴随着工业经济的迅猛发展，工业企业在社会中的地位越来越重要，成为社会财富创造的重要来源，同时其生产活动对环境造成的危害和对自然资源的破坏也对人类生存构成了最大威胁。为了平衡经济发展与环境保护的关系，防止在经济发展过程中对自然环境的轻视和对自然资源的过度开发，维系人类社会的生存和发展，这些工业企业开始进入刑法调控的视野。1994年3月，在美国俄勒冈州波特兰市举行的国际专家会议讨论并公布了一个《关于破坏环境国内法的推荐文本（草案）》，其中第五条就明确指出了法人应当为其违反法定或规章条款破坏环境的行为承担刑事责任。而《关于危害环境犯罪的决议》专门规定了法人危害环境罪的刑事责任。

在"英美法系"国家，法人应当对其环境犯罪承担刑事责任。例如，《美国环境法》规定刑事责任的承担者为"任何人"。《美国清洁空气法》第四十二条把"人"解释为个人、公司、合伙、社团、城市、州及州以下的政府、联邦政府的任何机关或部门及其所属官员、代理人和雇员。其他环境法规对作为刑罚对象的"人"的解释都与其类似。"大陆法系"国家在传统上大多恪守罗马法的"法人不能犯罪"原则，不承认法人的犯罪主体地位。不过，面对自然环境遭到破坏的巨大压力，许多"大陆法系"国家正逐渐认可法人的环境犯罪主体地位，并开始运用各种刑事制裁方式对法人犯罪加以控制。例如，《日本公害罪法》率先以特别刑法方式对法人犯罪问题予以明确，即采取两罚制，将法人作为犯罪主体之一。该法第四条规定："法人之代表或本人之代理人、使用人或其他从业人员，关于该法人或本人之业务，触犯前公害罪者，除处罚该行为人外，并对法人或本人课处之罚金刑。"

我国刑法理论承认法人犯罪，但是在立法上没有使用法人犯罪这个概念，而是规定了单位犯罪，如《刑法》第三十条规定："公司、企业、事业单位、机关、团体实施的危害社会的行为，法律规定为单位犯罪的，应当负刑事责任。"另外，《刑法》第三百四十六条也规定，单位可以成为破坏环境资源保护罪的犯罪主体。根据我国《刑法》和有关司法解释的规定，在认定单位犯罪时应当注意以下七个问题。

（1）单位犯罪的主体是单位。机关、团体作为单位犯罪的主体在实践中没有争议，但是根据最高人民法院《关于审理单位犯罪案件具体应用法律有关问题的解释》的规定，作为单位犯罪主体的公司、企业、事业单位仅限于以下两类：一是国有、集体所有的公司、企业、事业单位；二是依法设立的合资经营、合作经营企业和具有法人资格的独资、私营等公司、企业、事业单位。显然，对国有、集体企业构成单位犯罪无特别的限制性规定，而对私有企业则强调了"依法设立"和"具有法人资格"两个条件。另外，个人为进行违法犯罪活动而设立的公司、企业、事业单位实施犯罪的，或者公司、企业、事业单位设立后，以实施犯罪为主要活动的，不以单位犯罪论处。盗用单位名义实施犯罪，违法所得由实施犯罪的个人私分的，依照《刑法》有关自然人犯罪的规定定罪处罚。

（2）单位的分支机构或者内设机构、部门也可以成为单位犯罪的主体。2001年1月21日，最高人民法院印发的《全国法院审理金融犯罪案件工作座谈会纪要》明确指出，"以单位的分支机构或者内设机构、部门的名义实施犯罪，违法所得亦归分支机构或者内设机构、部门所有的，应认定为单位犯罪。不能因为单位的分支机构或者内设机构、部门没有可供执行罚金的财产，就不将其认定为单位犯罪，而按照个人犯罪处理"。

（3）单位犯罪直接负责的主管人员和其他直接责任人员的认定。单位犯罪一般适用双罚制，既处罚单位也处罚直接负责的主管人员和其他直接责任人员。根据《全国法院审理金融犯罪案件工作座谈会纪要》的规定，直接负责的主管人员，是在单位实施的犯罪中起决定、批准、授意、纵容、指挥等作用的人员，一般是单位的主管负责人，包括法定代表人。其他直接责任人员，是在单位犯罪中具体实施犯罪并起较大作用的人员，既可以是单位的经营管理人员，也可以是单位的职工，包括聘任、雇用的人员。应当注意的是，在单位犯罪中，对于受单位领导指派或奉命而参与实施了一定犯罪行为的人员，一般不宜作为直接责任人员追究刑事责任。对单位犯罪中直接负责的主管人员和其他直接责任人员，应根据其在单位犯罪中的地位、作用和犯罪情节，分别处以相应的刑罚。主管人员与直接责任人员不是当然的主、从犯关系，如果主管人员与直接责任人员在实施犯罪行为时主从关系不明显的，可不分主、从犯。但是如果具体案件可以分清主、从犯，且不分清主、从犯可能导致在同一法定刑档次、幅度内量刑无法做到罪刑相适应的，应当分清主、从犯，依法处罚。

（4）根据2003年10月15日最高人民法院研究室发布的《关于外国公司、企业、事业单位在我国领域内犯罪如何适用法律问题的答复》的规定，符合我国法人资格条件的外国公司、企业、事业单位，在我国领域内实施危害社会的行为，依照我国《刑法》构成犯罪的，应当依照我国《刑法》关于单位犯罪的规定追究刑事责任。个人为在我国领域内进行违法犯罪活动而设立的外国公司、企业、事业单位实施犯罪的，或者外国公司、企业、事业单位设立后在我国领域内以实施违法犯罪为主要活动的，不以单位犯罪论处。

（5）对未作为单位犯罪起诉的单位犯罪案件的处理。根据《全国法院审理金融犯罪案件工作座谈会纪要》的规定，对应当认定为单位犯罪的案件，检察机关只作为自然人犯罪案件起诉的，人民法院应及时与检察机关协商，建议检察机关对犯罪单位补充起诉。如果检察机关不补充起诉的，人民法院仍应依法审理，对被起诉的自然人根据指控的犯罪事实、证据及庭审查明的事实，依法按单位犯罪中的直接负责的主管人员或者其他直接责任人员追究刑事责任，并应引用刑法分则关于单位犯罪追究直接负责的主管人员和其他直接责任人员刑事责任的有关条款。

（6）单位共同犯罪的处理。根据《全国法院审理金融犯罪案件工作座谈会纪要》的规定，两个以上单位以共同故意实施的犯罪，应根据各单位在共同犯罪中的地位、作用大小，确定犯罪单位的主、从犯。

（7）最高人民法院、最高人民检察院、海关总署《关于办理走私刑事案件适用法律若干问题的意见》第二十一条规定，在办理单位走私犯罪案件中，对单位集体决定自首的，或者单位直接负责的主管人员自首的，应当认定单位自首。认定单位自首后，如实交代主要犯罪事实的单位负责的其他主管人员和其他直接责任人员，可视为自首，但对拒不交代主要犯罪事实或逃避法律追究的人员，不以自首论。

四、破坏环境资源保护罪的主观方面特征

破坏环境资源保护罪的主观方面特征，是指环境犯罪主体对其所实施的危害行为及其危害结果所持的心理态度。无论采用何种立法例，一般而言，各国环境刑事立法中环境犯罪的主观罪过形式均包括故意犯罪和过失犯罪。

环境犯罪中的故意犯罪，是指行为主体明知自己的行为会造成环境污染或破坏，但仍希望或放任这种结果的发生而构成的犯罪，包括直接故意犯罪和间接故意犯罪。环境犯罪中的过失犯罪，是指行为主体应当知道自己的行为可能发生危害生态环境的结果，由于疏忽大意而没有预见或已经预见，但轻信能够避免而构成的犯罪，包括过于自信的过失犯罪和疏忽大意的过失犯罪。从我国《刑法》对破坏环境资源保护罪的规

定来看，破坏环境犯罪一般为故意犯罪，而污染环境犯罪则表现为过失犯罪，即行为主体在开发、利用、改造环境的过程中为追求经济效益最大化，而对环境污染持过失的心理态度。如果行为人基于故意，积极追求或放任危害结果发生的，其行为不构成破坏环境资源保护罪，而应以投放危险物质罪定罪量刑。因为污染型的破坏环境资源保护罪和投放危险物质罪存在竞合关系，而《刑法》第一百一十四条、第一百一十五条的法定刑明显高于第三百三十八条、第三百三十九条的法定刑，根据择一重罪论处的处罚原则，如果行为人基于故意实施污染环境犯罪行为的，应当按照投放危险物质罪定罪处罚。况且，污染型的破坏环境资源保护罪和投放危险物质罪的行为特征相同，但是法定刑差异较大，因此从法定刑的设置来看，污染型的破坏环境资源保护罪应当排除故意犯罪的情形。

目前，各国在破坏环境资源保护罪主观构成的认定上一般都采用"过错责任原则"，要求行为人主观上必须有罪过才构成犯罪，即"无犯意则无犯罪"。但是，当该原则运用于过失污染环境犯罪主观特征的认定时却遇到了困难，因为污染环境犯罪的危害结果往往并非即时性的，而且当危害结果产生以后，司法实务证明行为人的主观罪过非常困难。于是，为缓解实务认定之困境，一些国家的破坏环境资源保护罪的立法针对环境犯罪主观罪过形态上的问题采取了相应的变通原则，如产生于英美刑法的严格责任和《日本公害罪法》第五条规定的推定过失等。

第三节　破坏环境资源保护罪的刑事责任

一、破坏环境资源保护罪的刑罚适用

从《刑法》分则第六章第六节的规定来看，破坏环境资源保护罪的刑罚适用刑事责任有以下三个特点。

第一，生命刑适用的排除。在《刑法》中，破坏环境资源保护罪的法定刑不包括死刑。这与有关国际公约的规定和国外环境犯罪刑罚适用的趋势是一致的，也符合我国的死刑政策。根据《刑法》第四十八条的规定，

死刑只适用于罪行极其严重的犯罪分子。从犯罪行为本身及其后果来看，破坏环境资源保护罪尚不属于"罪行极其严重的犯罪"，所以为了节省死刑立法的资源，我国《刑法》对破坏环境资源保护罪法定刑的规定没有包括死刑。当然，某些破坏环境资源保护罪的社会危害性是非常严重的，如重大环境污染事故罪，如故意实施污染环境的行为，造成重大人员伤亡事故发生的，属于想象竞合犯，可以依照《刑法》第一百一十五条的规定，按投放危险物质罪定罪量刑，最高可以判处死刑。

第二，以自由刑为主、财产刑为辅的法定刑体系设计。纵观《刑法》第三百三十八至第三百四十五条的规定，破坏环境资源保护罪的法定刑以自由刑为主，以罚金刑为辅。在自由刑设计上，一般都设两个量刑幅度，法定最高刑期为 15 年有期徒刑。另外，短期自由刑的适用现象比较突出，在 15 个罪名中，法定刑中都包括了拘役或管制等短期自由刑，其中管制刑分别适用于 8 个个罪：非法捕捞水产品罪，非法狩猎罪，非法采矿罪，非法采伐、毁坏国家重点保护植物罪，非法收购、运输、加工、出售国家重点保护植物、国家重点保护植物制品罪，盗伐林木罪，滥伐林木罪，非法收购、运输盗伐、滥伐的林木罪。财产刑尤其是罚金刑的大量适用也是破坏环境资源保护罪刑罚适用的一个特点。在 15 个罪名的法定刑中都包含了罚金刑，这是由破坏环境资源保护罪的贪利性决定的。在罚金刑的适用方式上，包括选处罚金、并处罚金、并处或单处罚金三种。值得注意的是，在罚金刑的普遍适用之外，非法猎捕、杀害珍贵、濒危野生动物罪和非法收购、运输、出售珍贵、濒危野生动物、珍贵、濒危野生动物制品罪，情节特别严重的，还可以并处没收财产。

第三，双罚制。根据《刑法》第三百四十六条的规定，单位实施污染环境或破坏环境资源的行为构成破坏环境资源保护罪的，对单位判处罚金，并对其直接负责的主管人员和其他直接责任人员判处相应的刑罚。

二、破坏环境资源保护罪的追诉标准

为了规范破坏环境资源保护罪的立案追诉问题，解决该类犯罪立案追诉过程中存在的一些法律问题，早在 1986 年 8 月 20 日，林业部、公安部就联合发布了《关于森林案件管辖范围及森林刑事案件立案标准的暂行规定》，1994 年 5 月 25 日，林业部、公安部又联合发布了《关于陆生野生动物刑事案件的管辖及其立案标准的规定》。2001 年 4 月 16 日，国家林业局、公安部联合印发了《关于森林和陆生野生动物刑事案件管辖及立案标准》，对森林和陆生野生动物刑事案件管辖及立案标准重新做出了明确规定，同时废止了林业部、公安部《关于森林案件管辖范围及森林刑事案件立案标准的暂行规定》和林业部、公安部《关于陆生野生动物刑事案件的管辖及其立案标准的规定》。此外，2008 年 6 月 25 日，最高人民检察院和公安部还联合印发了《关于公安机关管辖的刑事案件立案追诉标准的规定（一）》（简称《立案追诉标准（一）》），详细规定了公安机关管辖的破坏环境资源保护罪案件的立案追诉标准。当然，在理解和执行该立案标准时，应当注意结合《环境保护法》、《森林法》、《野生动物保护法》和《矿产资源法》等法律及国家林业局、公安部《关于森林和陆生野生动物刑事案件管辖及立案标准》等规定，毕竟立案标准的规定服务于刑事立案的需要，不可能重复其他相关法律法规的基础性规定，否则将造成立法资源的浪费，因此立案标准术语和规范的理解和执行，应当参考其他相关法律法规的规定，保障法律适用的统一。

近年来，最高人民法院、最高人民检察院相继出台了一系列司法解释，尽管这些司法解释旨在解决破坏环境资源保护罪审判和审查起诉过程中遇到的一些法律适用问题，但是毋庸置疑，这些司法解释对破坏环境资源保护罪的立案与追诉起着重要的辅助性作用。这些司法解释主要有如下八种：①2000 年 6 月 19 日，最高人民法院公布的《关于审理破坏土地资源刑事案件具体应用法律若干问题的解释》；②2000 年 11 月 22 日，最高人民法院公布的《关于审理破坏森林资源刑事案件具体应用法律若干问题的解释》；③2000 年 11 月 27 日，最高人民法院公布的《关于审理破坏野生动物资源刑事案件具体应用法律若干问题的解释》；④2003 年 5 月 14 日，最高人民法院、最高人民检察院联合公布的《关于办理妨害预防、控制突发传染病疫情等灾害的刑事案件具体应用法律若干问题的解释》；⑤2003 年 5 月 29 日，最高人民法院公布的《关于审理非法采矿、破坏性采矿刑事案件具体应用法律若干问题的解释》；⑥2005 年 12 月 26 日，最高人民法院公布的《关于审理破坏林地资源刑事案件具体应用法律若干问题的解释》；⑦2006 年 7 月 21 日，最高人民法院公布的《关于审理环境污染刑事案件具体应用法律若干问题的解释》；⑧2007 年 2 月 28 日，最高人民法院、最高人民检察院联合公布的《关于办理危害矿山生产安全刑事案件具体应用法律若干问题的解释》。

上述司法解释的出台，为环保部门移送涉嫌环境犯罪案件、司法机关侦查和审理环境刑事案件提供了明确的执法依据，这对加强环境法制建设，避免在环境执法中发生以罚代刑的现象，促进司法机关主动立案侦查环境犯罪案件，促进环境刑事审判工作，严厉打击破坏环境资源的犯罪行为，充分运用法律手段保护我国有限的环境资源，具有积极的意义。

第二章
污染环境犯罪

第一节 污染环境罪

根据《刑法》第三百三十八条的规定，污染环境罪，是指违反国家规定，排放、倾倒或者处置有放射性的废物、含传染病病原体的废物、有毒物质或者其他有害物质，严重污染环境的行为。

一、污染环境罪的立法演变

20 世纪 70 年代中期之前，由于我国的工业化程度还不高，环境污染的情况并不严重，尽管当时曾经发生了 1972 年的"大连湾污染事件"和北京的"鱼污染事件"，但是由于历史因素，这些事件对环境保护刑事立法并没有产生重大的影响。到了 20 世纪 70 年代后期，伴随着工业化进程的迅猛发展，我国的生态资源和自然环境遭到严重的破坏和污染，环境质量每况愈下，环境污染压力越来越大，污染事故也日渐增多，因而将重大环境污染事故犯罪化成为当务之急。1979 年《中华人民共和国环境保护法（试行）》的通过，揭开了我国依法治理环境问题的序幕。1980 年 5 月 8 日化学工业部制定的《化学工业环境保护管理暂行条例》第四十五条规定："对严重污染和破坏环境，对因污染引起的人员伤亡或者造成农、林、牧、副、渔业重大损失的单位领导人、直接责任人员，要追究行政责任、经济责任，直至依法追究刑事责任。"这是新中国成立以来最早规定有关污染环境应追究刑事责任的行政规章。

后来,一系列涉及环境犯罪的附属刑法规范不断出台。1982年8月23日第五届全国人大常委会通过的《中华人民共和国海洋环境保护法》(简称《海洋环境保护法》)第四十四条第一款规定:"凡违反本法,污染损害海洋环境,造成公私财产重大损失或者致人伤亡的,对直接责任人员可以由司法机关依法追究刑事责任。"这是我国第一次以法律形式规定了有关污染环境的犯罪,是我国立法的一大进步。1984年5月11日第六届全国人大常委会通过的《水污染防治法》第四十三条规定:"违反本法规定,造成重大水污染事故,导致公私财产重大损失或者人身伤亡的严重后果的,对有关责任人员可以比照刑法第一百一十五条或者第一百八十七条的规定,追究刑事责任。"1987年9月5日第六届全国人大常委会通过的《大气污染防治法》第三十八条规定:"造成重大大气污染事故,导致公私财产重大损失或者人身伤亡的严重后果的,对有关责任人员可以比照《中华人民共和国刑法》第一百一十五条或者第一百八十七条的规定,追究刑事责任。"1989年12月26日第七届全国人大常委会通过的《环境保护法》第四十三条规定:"违反本法规定,造成重大环境污染事故,导致公私财产重大损失或者人身伤亡的严重后果的,对直接责任人员依法追究刑事责任。"《环境保护法》的重要意义在于重申了刑事处罚是环境保护的重要调控手段。

1995年10月30日第八届全国人大常委会通过的《固体废物污染环境防治法》第七十二条规定:"违反本法规定,收集、贮存、处置危险废物,造成重大环境污染事故,导致公私财产重大损失或者人身伤亡的严重后果的,比照刑法第一百一十五条或者第一百八十七条的规定追究刑事责任。单位犯本条罪的,处以罚金,并对直接负责的主管人员和其他直接责任人员依照前款规定追究刑事责任。"这部法律是我国环境保护刑事立法的又一历史性进步,因为它确立了单位实施环境犯罪应受惩罚的原则,从法律上确认了单位可以成为环境犯罪的主体。

基于环境保护刑事立法发展的国际趋势和环境保护的现实需要,我国在1997年《刑法》中专门于分则第六章第六节规定了"破坏环境资源保护罪",其中第三百三十八条是对重大环境污染事故罪的规定:"违反国家规定,向土地、水体、大气排放、倾倒或者处置有放射性的废物、含传染病病原体的废物、有毒物质或者其他危险废物,造成重大环境污染事故,致使公私财产遭受重大损失或者人身伤亡的严重后果的,处三年以下有期徒刑或者拘役,并处或者单处罚金;后果特别严重的,处三年以上七年以下有期徒刑，并处罚金。"它改变了以往追究环境犯罪行为人的刑事责任时需参照《刑法》其他罪名定罪处罚的状况，是我国环境保护刑事立法的新进展。

诚然，尽管1997年《刑法》的规定对惩治和预防污染环境犯罪具有重要的作用，但是，多年来的实践也暴露出一些问题，主要体现在入罪门槛太高、限制了《刑法》调控的范围、不利于对其他严重污染环境行为的惩治等方面。鉴于此，《刑法修正案（八）》对《刑法》第三百三十八条的罪状进行了修改。一方面，把"违反国家规定，向土地、水体、大气排放、倾倒或者处置有放射性的废物、含传染病病原体的废物、有毒物质或者其他危险废物"修改为"违反国家规定，排放、倾倒或者处置有放射性的废物、含传染病病原体的废物、有毒物质或者其他有害物质"，即删除了"向土地、水体、大气"的表述。这属于立法技术的完善问题，因为不同种类的危险废物可能存在于不同的环境空间，但是从危险废物存在的整个环境空间系统来看，它无疑是一个立体空间，土地、水体和大气都可能成为危险废物的存在空间。因此删除上述内容，使法条表述更加简洁，节省了立法资源。另一方面，把"造成重大环境污染事故，致使公私财产遭受严重损失或者人身伤亡的严重后果"修改为"严重污染环境"。这是对《刑法》第三百三十八条所规定的具体环境污染犯罪成立条件进行的重大修改。相对于前面从技术层面考量进行的修改，这可以说是对《刑法》第三百三十八条进行的实质性修改，立法者的目的在此得到充分的彰显。因为根据《刑法》第三百三十八条的规定，重大环境污染事故罪的成立要求环境污染行为必须造成重大环境污染事故，发生致使公私财产遭受严重损失或者人身伤亡的严重后果，这也就意味着《刑法》没有把尚未造成重大环境污染事故的环境污染行为纳入自己的调控范围。而以"严重污染环境"替代"造成重大环境污染事故，致使公私财产遭受严重损失或者人身伤亡的严重后果"作为犯罪的成立条件，只从"严重"与"重大"这两个语词的比较中，我们就可以看出《刑法修正案（八）》降低了《刑法》第三百三十八条的犯罪成立条件，扩大了《刑法》对环境污染行为的调控范围。

根据最高人民法院1997年发布的《关于执行〈中华人民共和国刑法〉确定罪名的规定》，《刑法》第三百三十八条的罪名是"重大环境污染事故罪"，但在《刑法修正案（八）》第四十六条对《刑法》第三百三十八条的罪状进行修改以后，"重大环境污染事故罪"这个罪名就不宜作为修改后《刑法》第三百三十八条的罪名来使用。因为修改后的《刑法》第三百三十八条的罪状由"造成重大环境污染事故，致使公私财产遭受严重损失或者人身伤亡的严重后果"变为"严重污染环境"。显然，从"严重"和"重大"的语词差异来看，修改后的罪状表述意味着刑法处罚范围的扩大。这样一来，"重大环境污染事故罪"这个罪名因无法对现行罪状所包含的全部行为进行评价而不得不予以舍弃。从以往的惯例来看，最高人民法院和最高人民检察院会及时根据《刑法》修改的内容通过司法解释对该罪的罪名进行变更。那么，如何确定该罪的罪名呢？我们认为，将该罪的罪名确定为"污染环境罪"比较适宜。理由是罪名的确定应首先坚持法定原则，即确定罪名时必须严格依照刑法分则条文对罪状的描述，既不得超出罪状的内容，也不得片面地反映罪状的内容。一般情形下，罪名应从表述罪状的词语中来选择，这样既能最大限度地反映出犯罪的本质特征，也符合罪刑法定原则。具体到该罪来看，该罪罪状中的关键词是"严重污染环境"，但是否应当将该罪的罪名确定为"严重污染环境罪"呢？对此，我们认为，罪名的确定在坚持罪刑法定原则的基础上还应遵循精确简练原则，不能烦琐、累赘。众所周知，所有犯罪的本质特征都要求具有"严重"的社会危害性，每一个罪名本身都隐含着必须达到《刑法》所规定的严重程度的意思，"严重"这个词没有必要出现在个罪的罪名中。因此，将该罪的罪名确定为"污染环境罪"不会扩大处罚范围，而且比"严重污染环境罪"这个罪名更为精练。

二、污染环境罪的构成要件

（一）污染环境罪的客体

污染环境罪的客体是我国的环境管理制度。为了有效地保护环境，我国先后颁布了《海洋环境保护法》、《水污染防治法》、《大气污染防治法》、《环境保护法》、《固体废物污染环境防治法》等环境保护方面的法律，国务院和各部委也颁布了一系列的行政法规和部门规章，对放射性废物、含传染病病原体的废物、有毒物质或者其他有害物质实行严格管理，构建了我国环境保护的法律体系，对调整社会经济发展与环境保护之间的关系，维系生态平衡，发挥着重要的作用。污染环境犯罪行为，直接违反了上述法律、法规、部门规章，破坏了环境管理制度，具有严重的社会危害性。所谓放射性废物，是指放射性核素超过国家规定限值的固体、液体和气体废弃物的统称。含传染病病原体的废物，亦称传染性废物，是指带有病菌、病毒等病原体废物的总称。其中，传染病，是指由致病性的各种病原体引起的可在适宜途径下传播，对人群有传播可能的感染物。有毒物质，一般是指那些以较少的量进入机体后，能与机体组织发生化学或物理作用，影响机体的正常生理机能，导致机体发生病理变化的物质，常见毒物主要有汞、铅、砷、镉、铬、氟等，其中有许多能在生物体内聚集、积累，如有机毒物（包括酚、氰、有机氯、有机磷、有机汞、乙烯等）。其他有害物质，是指除上述三种污染物以外对环境有害的物质，如其他危险废物。我国《固体废物污染环境防治法》第八十八条第四项明确规定："危险废物，是指列入国家危险废物名录或者根据国家规定的危险废物鉴别标准和鉴别方法认定的具有危险特性的固体废物。"

（二）污染环境罪的客观方面

根据《刑法》第三百三十八条的规定，污染环境罪在客观方面主要表现为，行为人违反国家规定，排放、倾倒或者处置有放射性的废物、含传染病病原体的废物、有毒物质或者其他有害物质，严重污染环境的行为。

在理解污染环境罪的客观方面时，应注意以下四个方面的问题。

（1）行为违法性。污染环境的行为，如向土地、水体、大气排放、倾倒或者处置有放射性的废物、含传染病病原体的废物、有毒物质或者其他有害物质，违反了国家规定，具有违法性。根据《刑法》第九十六条的规定，这里的国家规定，除全国人大及其常委会颁布的环境污染防治的法律和决定外，还包括国务院制定的有关环境保护和环境污染防治的行政法规、规定的有关行政措施，发布的决定和命令，如《防止拆船污染环境管理条例》、《节能减排综合性工作方案》、《关于环境保护若干问题的决定》、《关于落实科学发展观加强环境保护的决定》等。

（2）行为方式的多样性。根据《刑法》第三百三十八条的规定，污染环境罪的行为方式包括排放、倾倒或者处置。所谓排放，是指以任何方式向土地、水体、大气排出危险废物的行为。《海洋环境保护法》第九十五条第八项规定："排放，是指把污染物排入海洋的行为，包括泵出、溢出、泄出、喷出和倒出。"倾倒，是指以任何运载工具向土地、水体、大气倾卸污染物质的情形。《海洋环境保护法》第九十五条第十一项规定："倾倒，是指通过船舶、航空器、平台或者其他载运工具，向海洋处置废弃物和其他有害物质的行为，包括弃置船舶、航空器、平台及其辅助设施和其他浮动工具的行为。"处置，是指任何超过环境保护标准方式要求的处理污染物质的行为。《固体废物污染环境防治法》第八十八条第六项对此作了详尽的规定："处置，是指将固体废物焚烧和用其他改变固体废物的物理、化学、生物特性的方法，达到减少已产生的固体废物数量、缩小固体废物体积、减少或者消除其危险成分的活动，或者将固体废物最终置于符合环境保护规定要求的填埋场的活动。"另外，根据该法第八十九条的规定，处置还适用于"液态废物"。

（3）结果危害性。从《刑法》第三百三十八条的规定来看，污染环境罪的成立要求法定的结果：排放、倾倒或者处置有放射性废物、含传染病病原体废物、有毒物质或者其他有害物质的行为，严重污染环境。所谓严重污染环境，是指排放、倾倒、处置危险废物行为使环境恶化到危及生态系统的良性循环或者人类的生产、生活及生命健康的程度，具体表现为致使公私财产遭受损失或者出现人身伤亡的后果。

（4）因果联系性。环境犯罪所要求的污染行为或者破坏行为应当与所造成的危害结果之间存在刑法上的因果关系。如果危害结果与违法行为之间不存在因果关系，则因为排除行为的危害性而不构成犯罪。例如，某化工厂污水处理一直不合格，但是属于微量超标，其污水经处理后直接排放到河里，最后汇入某湖泊，对当地居民的生活并没有构成严重影响，某日一船舶从该化工厂驶出经过该湖泊时，其所载的化工原料泄漏，严重影响了湖水水质，并致使湖中鱼类大量死亡。经化验，水中某化学成分严重超标，而该化学成分就是这个化工厂产品的主要成分。后来公安机关对该化工厂及其主要负责人进行了立案侦查。经查实，由于湖水污染不是由该化工厂的污水排放行为造成的，所以撤销了案件。此案中，公安机关之所以撤销案件，理论依据在于该化工厂的污水排放与湖水污染之间不存在刑法上的因果关系。

（三）污染环境罪的主体

污染环境罪的主体是一般主体，包括自然人和单位。自然人作为该罪的犯罪主体，只要求达到刑事责任年龄、具有刑事责任能力。满足此条件的任何人都可以成为该罪的主体。当然，企业对环境的影响要远远大于自然人，而且污染环境行为主要发生在企业生产和经营过程中，因此在刑事司法实践中，一定要加强对单位主体的追诉。

（四）污染环境罪的主观方面

一般情况下，污染环境罪的行为人在向土地、水体、大气排放、倾倒或者处置有放射性的废物、含传染病病原体的废物、有毒物质或者其他有害物质时，对人类共同生存的环境并无故意破坏的心理，只是为了处理有害物质，因疏忽大意或者过于自信，而造成了严重污染环境的后果。因此，我国刑法理论界的通说认为，该罪罪过形式只能是过失①，也有学者认为该罪的罪过形式为过失或者故意②，还有学者认为该罪的罪过形式只能是故意。③ 我们认为，污染环境罪的罪过形式只能是过失。究其根据：其一，在该罪两个档次的法定刑中，第一档法定最低刑是单处罚金、最高刑为三年有期徒刑，第二档法定最高刑为七年有期徒刑，对照刑法分则其他条文就不难发现，这种立法例与其他过失类犯罪的法定刑设置并没有区别；其二，如果该罪的罪过形式可以是故意的话，这与法定最高刑仅为七年的设置不相匹配，既达不到有效惩治故意实施此类犯罪行为的刑罚目的，也不符合罪责刑相适应原则。因此，该罪的罪过形式只能是过失。这里的过失，是就污染后果而言的，对违反国家规定实施污染环境的行为则不排除故意。

近年来，一直有人担心如果将该罪的罪过形式确定为过失，则不利于对行为人违反规定故意实施排放、倾倒和处置有毒有害物质并追求或者放任严重污染环境结果行为的惩治。我们认为，该问题可以用其他途径来解决。具体而言，如果行为人明知自己实施排放、倾倒或者处置有放射性的废物、含传染病病原体的废物、有毒物质或者其他有害物质的行为会危及多数人的生命、健康或者公私财产安全，而仍然希望或者放任这种危害结果发生的，可依据《刑法》第一百一十四条和第一百一十五条第一款的规定，以投放危险物质罪定罪处罚。之所以如此，一方面是因为投放危险物质罪与污染环境罪的犯罪对象具有一致性，前者的犯罪对象是具有毒害性、放射性或含有传染病病原体等的物质，后者的犯罪对象是有放射性的废物、含传染病病原体的废物、有毒物质或者其他有害物质；另一方面是因为二者的行为方式具有一致性，投放危险物质罪的行为方式是投放，污染环境罪的行为方式是排放、倾倒或者处置。行为对象和方式的一致性决定了上述两个罪名有了转化的可能。另外，污染环境罪虽然规定在妨害社会管理秩序罪中，但从此类案件的发案情况看，该罪侵犯的客体并不局限

---

① 杨春洗，向泽选，刘生荣，等.1999.危害环境罪的理论与实务.北京：高等教育出版社：171.

② 付立忠.2001.环境刑法学.北京：中国方正出版社：287.

③ 周道鸾.1998.刑法的修改与适用.北京：人民法院出版社：691.

于国家环境保护制度，而且对包括不特定多数人的人身健康和公私财产权在内的公共安全造成了侵犯。因而，在追求或者放任严重污染环境结果发生的心理支配下所实施的排放、倾倒和处置有毒有害物质的行为，完全符合投放危险物质罪的构成要件，不会因为无法可依而放纵故意污染环境犯罪行为的发生。对故意排放毒害性物质严重污染环境的行为以投放危险物质罪定罪处罚，司法实践中已有判例。江苏省盐城市中级人民法院 2010 年 4 月 20 日对盐城"2·20 特大水污染事故案"被告人胡文标等做出了终审裁定，认为其明知其公司在生产过程中所产生的废水含有毒害性物质，仍然故意向其公司周边的河道大量排放，放任危害不特定多数人的生命、健康及公私财产安全结果的发生，使公私财产遭受重大损失，其行为构成投放危险物质罪，判处有期徒刑十年。

三、污染环境罪的认定

（一）污染环境罪与其他犯罪的界限

（1）污染环境罪与非法处置进口的固体废物罪的界限。污染环境罪与非法处置进口的固体废物罪侵犯的是同一类客体，客观上都出现严重污染环境的结果，犯罪主体既可以是达到刑事责任年龄、具有刑事责任能力的自然人，也可以是单位。二者的主要区别在于以下四点。第一，侵犯的客体不同。污染环境罪所侵犯的客体是国家对环境保护和污染防治的管理秩序及公共安全；而非法处置进口的固体废物罪所侵犯的客体是国家有关固体废物污染防治管理秩序。第二，犯罪的客观方面不同。污染环境罪在客观方面表现为违反国家规定，排放、倾倒或者处置危险废物的行为，犯罪对象比较宽泛；而非法处置进口的固体废物罪在客观方面则表现为违反国家规定，将中国境外的固体废物进境倾倒、堆放、处置的行为，犯罪对象仅限于进口的固体废物。第三，犯罪的主观方面不同。污染环境罪在主观方面表现为过失；而非法处置进口的固体废物罪在主观方面表现为故意，即行为人明知将境外的固体废物进境倾倒、堆放、处置违反国家规定，并可能污染环境而故意为之。第四，两罪的成立标准不同。非法处置进口的固体废物罪是行为犯。严重污染环境，如致使公私财产遭受重大损失或者严重危害人体健康，对于非法处置进口的固体废物罪来说，是加重情节，而对于污染环境罪来说，则是犯罪成立的条件。

（2）污染环境罪与擅自进口固体废物罪的界限。擅自进口固体废物罪也是《刑法》新增设的犯罪，同属于妨害社会管理秩序类犯罪中的破坏环境资源保护罪。污染环境罪与擅自进口固体废物罪的区别主要体现在客观方面。首先，污染环境罪表现为违反国家规定，在中国境内排放、倾倒、处置危险废物；而擅自进口固体废物罪则表现为进口境外的固体废物用做原料。其次，污染环境罪中，排放、倾倒、处置危险废物的行为违反的是《环境保护法》、《水污染防治法》、《大气污染防治法》等法律法规的有关规定；而擅自进口固体废物罪违反的则是国务院有关主管部门的废物进口的相关规定。根据《废物进口环境保护管理暂行规定》的相关规定，对限制进口可以用做原料的废物，确有必要进口的，必须严格依法由环保部门颁发《进口废物批准证书》，并接受国家商检部门、海关和工商部门的监督管理。未经有关部门许可，不得进口废物用做原料，否则就是擅自进口。

（3）污染环境罪与重大责任事故罪的界限。污染环境罪与重大责任事故罪都属于过失犯罪，都以造成重大人员伤亡或财产损失等严重后果为犯罪成立的条件。二者的区别在于以下两点。①污染环境罪属于妨害社会管理秩序的犯罪；而重大责任事故罪属于危害公共安全的犯罪。②从《刑法》第三百三十八条的规定来看，污染环境罪的行为方式只有一种，即违反国家规定，排放、倾倒、处置各种危险废物；而从《刑法》第一百三十四条的规定来看，重大责任事故罪的行为方式是行为人在生产、作业过程中违反有关安全管理的规定。因此，在司法实践中，区别两罪的关键因素是分析行为的特点，如果同样是在生产、作业过程中违反有关管理规定发生重大事故的，一看犯罪行为是否属于危险废物的排放、倾倒、处置行为；二看违反的管理规定的性质，是属于安全管理类的，还是属于危险废物管理或环境管理类的，从而确定是污染环境罪还是重大责任事故罪。

（4）污染环境罪与过失投放危险物质罪、投放危险物质罪的界限。污染环境罪与过失投放危险物质罪都属于过失犯罪，且都造成人员伤亡或财产损失等严重后果，但是两者的界限也是很清楚的，其区别主要表现在如下三个方面。第一，侵犯的客体不同。污染环境罪属于妨害社会管理秩序类犯罪，侵犯的是复杂客体，两客体之间具有层次性：它首先侵犯的是国家对环境保护和污染防治的管理制度，其次侵犯的是人们的生命、健康和财产权利，其对人们的生命、健康和财产权利的侵犯是通过被污染了的环境而起作用的；而过失投放危险物质罪属于危害公共安全类犯罪，因而它侵犯的是公共安全，即不特定多数人的生命、健康和重大公私财产安全。

第二，犯罪主体不同。污染环境罪的犯罪主体包括自然人和单位，且绝大多数犯罪主体是那些从事生产经营活动、能够产生危险废物并足以造成重大环境污染事故的单位；而过失投放危险物质罪的犯罪主体仅为自然人，不包括单位。第三，客观方面表现不同。首先，污染环境罪中，行为人排放、倾倒或处置的对象是有放射性的废物、含传染病病原体的废物、有毒物质或者其他有害物质；而过失投放危险物质罪中，行为人投放的对象则是所有具有毒害性、放射性或含有传染病病原体等的物质，不仅仅是相关的废物，因而其内涵要广于污染环境罪。其次，污染环境罪中，行为人的行为必须是违反《环境保护法》、《水污染防治法》、《大气污染防治法》等国家有关保护环境和防治污染的法律法规规定的行为；而过失投放危险物质罪中，并不要求行为人的行为违反上述法律法规的规定。污染环境罪与投放危险物质罪的界限是非常明显的。具体而言，首先，污染环境罪的犯罪主体既包括自然人，也包括单位；投放危险物质罪的犯罪主体只能是自然人，不能是单位。其次，污染环境罪的罪过形式是过失；投放危险物质罪的罪过形式是故意，既可以是直接故意，也可以是间接故意。

（5）污染环境罪与危险物品肇事罪的界限。所谓危险物品肇事罪，是指违反爆炸性、易燃性、放射性、毒害性、腐蚀性物品的管理规定，在生产、储存、运输、使用过程中发生重大事故，造成严重后果的行为。污染环境罪同危险物品肇事罪两罪之间的区别主要表现在以下四个方面。第一，犯罪主体不同。污染环境罪的犯罪主体既包括自然人，也包括单位；而危险物品肇事罪的犯罪主体是从事生产、储存、运输、使用危险物品的自然人。第二，侵害的客体不同。污染环境罪侵害的客体是国家对环境保护和污染防治的管理制度，同时也侵犯了他人的生命、健康和财产权利；犯罪对象是有放射性的废物、含传染病病原体的废物、有毒物质或者其他有害物质。而危险物品肇事罪所侵害的客体是国家对危险物品的安全管理制度及不特定多数人的生命安全；犯罪对象是爆炸性物品、易燃性物品、放射性物品、有毒害性物品、有腐蚀性物品这五类危险物品。第三，客观方面不同。这是两罪关键之区别。污染环境罪是行为人因违反了国家有关环境保护的规定，向土地、水体、大气中排放、倾倒或者处置危险废物而导致重大环境污染事故的行为；而危险物品肇事罪违反的是危险物品安全管理规定，并因此发生了重大事故，造成严重后果。这里的"规定"是国家为了保障安全生产、储存、运输、使用爆炸性物品、易燃性物品、放射性物品、有毒害性物品、有腐蚀性物品这五类危险物品而发布的一系列管理规定，如《危险化学品安全管理条例》、《民用爆炸物品安全管理条例》、

《危险货物运输规则》（已废止）、《中华人民共和国核材料管理条例》、《放射性同位素与射线装置安全和防护条例》等。第四，事故发生的原因力不同。污染环境罪的危害结果是行为人违反规定，向土地、水体、大气排放、倾倒或者处置危险废物而造成的；而危险物品肇事罪的危害结果是行为人违反规定，在危险物品的生产、运输、使用、储存中疏忽而造成的。

（6）污染环境罪与环境监管失职罪的界限。根据《刑法》第四百零八条的规定，环境监管失职罪，是指负有环境保护监督管理职责的国家机关工作人员严重不负责任，导致发生重大环境污染事故，致使公私财产遭受重大损失或者造成人身伤亡的严重后果的行为。它与污染环境罪一样，都是1997年《刑法》新增设的犯罪。污染环境罪与环境监管失职罪的区别表现在以下三个方面。第一，犯罪主体不同。污染环境罪的犯罪主体是一般主体，包括自然人和单位，且大多是那些从事生产经营活动、能够产生危险废物并足以造成重大环境污染事故的单位；而环境监管失职罪的犯罪主体是特殊主体，是负有环境保护监督管理职责的国家机关工作人员，单位不能成为该罪的犯罪主体。第二，客观方面表现不同。污染环境罪是作为犯罪，在客观方面表现为违反国家规定，向土地、水体、大气中排放、倾倒、处置危险废物，造成重大环境污染事故，致使公私财产遭受重大损失或者人身伤亡的严重后果的行为；而环境监管失职罪是不作为犯罪，在客观方面则表现为负有环境保护监督管理职责的国家机关工作人员，不履行或者不认真履行环境保护方面的法律法规所赋予的职责，严重不负责任，导致发生重大环境污染事故，致使公私财产遭受重大损失或者造成人身伤亡的严重后果的行为。第三，罪质不同。污染环境罪属妨害社会管理秩序类犯罪中的破坏环境资源保护罪；而环境监管失职罪属渎职类犯罪，其是玩忽职守罪的一种特殊形式。

（二）污染环境罪特殊形态的认定

（1）共同犯罪的认定。如果数个行为人出于过失，共同造成了重大环境污染事故的，由于该罪属于过失犯罪，所以不能构成共同犯罪。根据《刑法》第二十五条第二款的规定，二人以上共同过失犯罪的，不以共同犯罪论处；应当负刑事责任的，按他们所犯的罪分别处罚。例如，在浙江省嘉善县某村无营业执照开设冷却厂的杨某和蒋某，于2000年8月12日傍晚，违反国家处理工业废气的规定，从平湖市场非法收购三只工业用密封钢瓶。其后，他们不当地将钢瓶内的剩余氯气向空气中排放，致使附近约140名村民因吸入这些氯气而出现头晕、乏力、咳嗽、呕吐等不同程度的中毒现象。有 100 余人到医院接受治疗，其中 77 人需住院医治，涉及的医疗费用达 7 万余元。此外，氯气使得部分农田受损而减产。案件由浙江省嘉善县人民法院审理，于 2002 年 2 月判决两被告人的行为构成污染环境罪，分别判处两人有期徒刑一年零三个月，并处罚金 1 万元。① 在本案中，尽管人民法院判定被告人杨某和蒋某都构成污染环境罪，但是判决的依据是被告人各自的行为均符合污染环境罪的构成要件，而不是以共同犯罪论处。

（2）罪数形态的认定。在实践中，行为人在生产经营过程中向土地、水体、大气排放、倾倒或者处置有放射性的废物、含传染病病原体的废物、有毒物质或者其他危险废物的行为，往往与重大责任事故罪、危险物品肇事罪等罪名相联系，如果能够通过构成要件的严格区分来认定相应的罪名，就应当根据相应的罪名定罪量刑；如果构成要件尤其是客观要件不易区分，则依据想象竞合犯的处理原则，从一重罪论处。

另外，根据最高人民法院、最高人民检察院《关于办理妨害预防、控制突发传染病疫情等灾害的刑事案件具体应用法律若干问题的解释》第十三条的规定，违反《传染病防治法》等国家有关规定，向土地、水体、大气排放、倾倒或者处置含传染病病原体的废物、有毒物质或者其他危险废物，造成突发传染病传播等重大环境污染事故，致使公私财产遭受重大损失或者人身伤亡的严重后果的，依照《刑法》第三百三十八条的规定，以污染环境罪定罪处罚。违反《传染病防治法》处置含传染病病原体废物的行为，属于妨害传染病防治的行为，但是如果造成重大环境污染事故，则超出了妨害传染病防治罪构成要件的评价范围，只能定污染环境罪。

四、污染环境罪的刑事责任

（一）污染环境罪的刑罚适用

根据犯罪情节的轻重，《刑法》第三百三十八条对污染环境罪规定了两个量刑档次：对造成重大环境污染事故，致使公私财产遭受重大损失或者人身伤亡的严重后果的，处三年以下有期徒刑或者拘役，并处或者单处

---

① 佚名.2001－02－20.嘉兴首起重大污染事故案审结 乱排氯气的进了班房.中国环境报，(21).

罚金；对造成重大环境污染事故，后果特别严重的，处三年以上七年以下有期徒刑，并处罚金。根据《刑法》第三百四十六条的规定，单位犯污染环境罪的，对单位判处罚金，并对其直接负责的主管人员和其他直接责任人员，依照《刑法》第三百三十八条的规定处罚。

另外，根据《最高人民法院关于审理环境污染刑事案件具体应用法律若干问题的解释》的规定，"公私财产损失"包括污染环境行为直接造成的财产损毁、减少的实际价值，为防止污染扩大以及消除污染而采取的必要的、合理的措施而发生的费用。

"公私财产遭受重大损失"是指以下情形：①致使公私财产损失 30 万元以上的；②致使基本农田、防护林地、特种用途林地 5 亩以上，其他农用地 10 亩以上，其他土地 20 亩以上基本功能丧失或者遭受永久性破坏的；③致使森林或者其他林木死亡 50 立方米以上，或者幼树死亡 2500 株以上的。

"人身伤亡的严重后果"是指以下情形：①致使 1 人以上死亡、3 人以上重伤、10 人以上轻伤，或者 1 人以上重伤并且 5 人以上轻伤的；②其他致使"人身伤亡的严重后果"的情形。

"后果特别严重"是指以下情形：①致使公私财产损失 100 万元以上的；②致使水源污染、人员疏散转移达到《国家突发环境事件应急预案》中突发环境事件分级Ⅱ级以上情形的；③致使基本农田、防护林地、特种用途林地 15 亩以上，其他农用地 30 亩以上，其他土地 60 亩以上基本功能丧失或者遭受永久性破坏的；④致使森林或者其他林木死亡 150 立方米以上，或者幼树死亡 7500 株以上的；⑤致使 3 人以上死亡、10 人以上重伤、30 人以上轻伤，或者 3 人以上重伤并 10 人以上轻伤的；⑥致使传染病发生、流行达到《国家突发公共卫生事件应急预案》中突发公共卫生事件分级Ⅱ级以上情形的；⑦其他后果特别严重的情形。

单位犯污染环境罪的，定罪量刑标准依照上述规定执行。

（二）污染环境罪的追诉标准

《刑法修正案（八）》生效前，根据最高人民检察院和公安部 2008 年制定的《立案追诉标准（一）》第六十条规定：违反国家规定，向土地、水体、大气排放、倾倒或者处置有放射性的废物、含传染病病原体的废物、有毒物质或者其他危险废物，造成重大环境污染事故，涉嫌下列情形之一的，应予立案追诉。

（1）致使公私财产损失 30 万元以上的。这里的公私财产损失，包括污染环境行为直接造成的财产损毁、减少的实际价值，为防止污染扩大及消除污染而采取的必要的、合理的措施而发生的费用。

（2）致使基本农田、防护林地、特种用途林地 5 亩以上，其他农用地 10 亩以上，其他土地 20 亩以上基本功能丧失或者遭受永久性破坏的。所谓基本农田，是指按照一定时期人口和社会经济发展对农产品的需求，依据土地利用总体规划确定的不得占用的耕地。所谓防护林地，是指以防护为主要目的的森林、林木和灌木丛，包括水源涵养林，水土保护林，防风固沙林，农田、牧场防护林，护岸林，护路林。所谓特种用途林地，是指以国防、环境保护、科学实验等为主要目的的森林和林木，包括国防林、实验林、母树林、环境保护林、风景林，名胜古迹和革命纪念地的林木，自然保护区的森林。

（3）致使森林或者其他林木死亡 50 立方米以上，或者幼树死亡 2500 株以上的。这里的林木数量以立木材积计算，立木材积即为立木蓄积。其计算方法是，原木材积除以该树种的出材率，如某地区、某树种的出材率为 60%，即立木材积＝原木材积÷60%。幼树，是指生长在幼龄阶段的树木。在森林资源调查中，树木胸径在 5 厘米以下的视为幼树，以"株"为单位进行统计。

（4）致使 1 人以上死亡、3 人以上重伤、10 人以上轻伤，或者 1 人以上重伤并且 5 人以上轻伤的。重伤和轻伤的认定，执行司法部、最高人民法院、最高人民检察院、公安部共同印发的《人体轻伤鉴定标准（试行)》和《人体重伤鉴定标准》。

（5）致使传染病发生、流行或者人员中毒达到《国家突发公共卫生事件应急预案》中突发公共卫生事件分级 Ⅲ 级以上情形，严重危害人体健康的。根据《国家突发公共卫生事件应急预案》，突发公共卫生事件分级 Ⅲ 级中传染病发生、流行或者人员中毒的情形如下：①发生肺鼠疫、肺炭疽病例，一个平均潜伏期内病例数未超过 5 例，流行范围在一个县（市）行政区域以内；②腺鼠疫发生流行，在一个县（市）行政区域内，一个平均潜伏期内连续发病 10 例以上，或波及 2 个以上县（市）；③霍乱在一个县（市）行政区域内发生，1 周内发病 10～29 例，或波及 2 个以上县（市），或市（地）级以上城市的市区首次发生；④一次食物中毒人数超过 100 人；⑤一次发生急性职业中毒 10～49 人。

（6）其他致使公私财产遭受重大损失或者人身伤亡的严重后果的情形。这属于概括性的规定，即兜底条款，意指达到上述危害程度但是未列明的其他情形也应当立案。

《刑法修正案（八）》对《刑法》第三百三十八条修改以后，由于犯罪成立条件发生变化，所以《立案追诉标准（一）》第六十条对重大环境污染事故罪追诉标准的规定当然也就不再适用于修改后的《刑法》第三百三十八条，应当根据"严重污染环境"和"造成重大环境污染事故"之间的程度差异，来确定"污染环境罪"的追诉标准，以体现司法对立法的尊重。仔细考量《关于公安机关管辖的刑事案件立案追诉标准的规定（一）》中对重大环境污染事故罪和其他犯罪的追诉标准，我们发现，第二条对非法制造、买卖、运输、储存危险物质罪的追诉标准与重大环境污染事故罪的追诉标准有程度上的差异①，而且把"造成严重环境污染"与"造成人员重伤或者死亡"和"造成直接经济损失十万元以上"相提并论，尤其是仅把"造成急性中毒、放射性疾病或者造成传染病流行、爆发"作为追诉标准之一，不同于重大环境污染事故罪的追诉标准中要求的"致使传染病发生、流行或者人员中毒达到《国家突发公共卫生事件应急预案》中突发公共卫生事件分级Ⅲ级以上情形，严重危害人体健康的"。因此，建议参考非法制造、买卖、运输、储存危险物质罪的追诉标准来制定污染环境罪的追诉标准。

第二节　非法处置进口的固体废物罪

根据《刑法》第三百三十九条的规定，非法处置进口的固体废物罪，是指违反国家规定，将境外的固体废物进境倾倒、堆放、处置的行为。

一、非法处置进口的固体废物罪的立法演变

非法处置进口的固体废物罪是 1997 年《刑法》新增设的犯罪。1979年《刑法》中没有专门的惩治环境犯罪的规定，但在实践中曾发生过国外企业为降低生产成本向我国输出固体废物的情形，为了保护环境，加强对

---

① 《关于公安机关管辖的刑事案件立案追诉标准的规定（一）》第二条规定：非法制造、买卖、运输、储存毒害性、放射性、传染病病原体等物质，危害公共安全，涉嫌下列情形之一的，应予立案追诉。第一，造成人员重伤或者死亡的；第二，造成直接经济损失 10 万元以上的；第三……第四，造成急性中毒、放射性疾病或者造成传染病流行、暴发的；第五，造成严重环境污染的；第六……

固体废物的管理，加大对非法处置进口的固体废物行为的惩治力度，1995年10月30日第八届全国人大常委会第十六次会议通过了《固体废物污染环境防治法》，根据该法第六十六条第一款的规定，违反本法规定，将中国境外的固体废物进境倾倒、堆放、处置，逃避海关监管，构成走私罪的，依法追究刑事责任。该法第一次将进境倾倒、堆放、处置境外固体废物的行为认定为犯罪行为，并按走私罪处理。1997年《刑法》修订时吸收了《固体废物污染环境防治法》的有关规定，在分则第六章"妨害社会管理秩序罪"的第六节"破坏环境资源保护罪"中，将违反国家规定，将境外的固体废物进境倾倒、堆放、处置的行为规定为独立个罪，以更准确地惩治非法处置进口的固体废物的犯罪行为。最高人民法院《关于执行〈中华人民共和国刑法〉确定罪名的规定》（1997年12月11日，法释〔1997〕9号）根据修订的《刑法》第三百三十九条第一款规定了"非法处置进口的固体废物罪"罪名。

二、非法处置进口的固体废物罪的构成要件

（一）非法处置进口的固体废物罪的客体

非法处置进口的固体废物罪侵犯的客体是国家对进口的固体废物的管理制度。近年来，一些发达国家以低廉价格向发展中国家转移危险废物，企图将污染转嫁他国。我国也发生多起非法进口固体废物的事件，一些单位和个人贪图高额利润，进口固体废物，严重危害了生态环境和人民群众身体健康。我国法律严格禁止这种污染转移行为，《固体废物污染环境防治法》第二十四条明确规定："禁止中华人民共和国境外的固体废物进境倾倒、堆放、处置。"非法处置进口的固体废物犯罪行为侵犯了我国环境保护管理制度，特别是对进口的固体废物的管理制度。

（二）非法处置进口的固体废物罪的客观方面

非法处置进口的固体废物罪的客观方面表现为，违反国家规定，将我国境外的固体废物进境倾倒、堆放、处置的行为，具体包含以下两方面的内容。

第一，必须违反了相关国家规定。违反国家规定，主要是指违反我国关于进口固体废物管理的一系列法律、法规和相关司法解释等禁止性规定。相关国家规定主要是指：①1996年4月1日起施行的《固体废物污染

环境防治法》（已于 2004 年修订）；②国家环境保护局、对外贸易经济合作部、海关总署、国家工商行政管理局、国家进出口商品检验局于 1996 年联合颁布的《废物进口环境保护管理暂行规定》及《关于废物进口环境保护管理暂行规定的补充规定》；③国家环境保护局、海关总署于 1991 年 3 月 7 日发布的《关于严格控制境外有害废物转移到我国的通知》；④国务院于 1996 年 8 月 3 日发布的《关于环境保护若干问题的决定》等。

第二，行为人实施了将我国境外的固体废物进境倾倒、堆放、处置的行为。该罪的犯罪对象是一切进口的固体废物。确定该罪时必须首先要了解"进口的固体废物"的含义，根据国家环境保护局、对外贸易经济合作部、海关总署、国家工商行政管理局、国家进出口商品检验局《关于废物进口环境保护管理暂行规定的补充规定》第一条的规定，废物进口，是指一切废物（含废料）以任何贸易方式和无偿提供、捐赠等方式进入中华人民共和国境内。另外，根据国家环境保护局、对外贸易经济合作部、海关总署、国家工商行政管理局、国家进出口商品检验局《废物进口环境保护管理暂行规定》第三十二条的规定，固体废物，是指在生产建设、日常生活和其他活动中产生的污染环境的固态、半固态废弃物质，分为工业固体废物和城市生活垃圾两大类。前者指在工业、交通等生产活动中产生的固体废物，后者指在城市日常生活中或者为城市日常生活提供服务的活动中产生的固体废物以及法律、行政法规规定视为城市生活垃圾的固体废物。应当注意的是，《固体废物污染环境防治法》第八十八条对"固体废物"的认定范围有所扩大：一是固体废物除固态、半固态废弃物质外，还应包括置于容器中的气态的物品、物质，以及法律、行政法规规定纳入固体废物管理的物品、物质；二是将城市生活垃圾扩充为生活垃圾，即在日常生活中或者为日常生活提供服务的活动中产生的固体废物，以及法律、行政法规规定视为生活垃圾的固体废物。同时，2002 年 4 月国家环境保护总局做出的《关于"废油"是否属于"固体废物"的复函》规定："《中华人民共和国固体废物污染环境防治法》第七十五条规定，'液态废物'的污染防治，适用固体废物污染防治的法律规定。'废油'作为一种液态废物，其污染防治应当适用固体废物环境污染防治的法律规定。"由此可见，我们应当将"废油"依法认定为固体废物。按照法律、法规效力的位阶顺序，对"固体废物"的认定应以《固体废物污染环境防治法》为准。

非法处置进口的固体废物罪在行为方式上可以表现为倾倒、堆放和处置。根据权威的学理解释，倾倒是指通过船舶、航空器、平台或者其他载运工具，向水体处置废弃物或者其他有害物质的行为。堆放，是指向土地直接弃置固体废物的行为。处置，是指将固体废物焚烧、填埋和用其他改变固体废物的物理、化学、生物特性的方法，减少已产生的固体废物数量、缩小固体废物体积、减少或者消除其危险成分的活动。行为人只要实施了倾倒、堆放、处置其中一种行为，就构成该罪；实施两种以上行为的，仍为一罪，不实行并罚。①

　　在司法实践中，非法处置进口的固体废物罪一般有以下六种具体表现。② ①在进出口商品检验机构对进口的废物进行检验的过程中发现可能污染环境的问题，或者已经通知和移交当地环境保护行政主管部门和海关后，擅自对有关废物进行处理。②在不属于经国家环境保护管理部门核定的废物定点加工利用单位的情况下，擅自从事将境外的固体废物进境予以处置的行为。③在未提交国家环境保护管理部门批准，未经工商行政管理机关核准登记的情况下，擅自从事《废物进口环境保护管理暂行规定》附件一所列进口废物的加工利用活动。④在进口废物运抵我国口岸后，未向海关申报，也没有持《进口废物批准证书》和装运前检验合格证明，以及其他必要单证向口岸商检机构报验，未经口岸商检机构对进口废物实施检验，擅自对货物进行处置。⑤在未取得《进口废物批准证书》的情况下，擅自将进口废物存入保税仓库。⑥擅自进行废物的转口贸易。

（三）非法处置进口的固体废物罪的主体

　　非法处置进口的固体废物罪的主体为一般主体，自然人和单位均可构成该罪主体。从实践来看，该罪的主体多与固体废物进口和利用企业有关。

（四）非法处置进口的固体废物罪的主观方面

　　非法处置进口的固体废物罪的主观方面表现为故意。其认识因素是明知违反国家环境保护管理制度，仍将境外的固体废物进境倾倒、堆放、处置；意志因素是希望或放任该行为的发生。行为人虽然一般都具有谋取非法利益的目的，但该目的不是构成该罪主观方面的必要条件。有观点认为，该罪明知的内容不应包括是否违反国家环境保护管理制度，即行为人的违法性认识与犯罪故意的成立无关。③ 我们认为，在认定非法处置进口

---

①　周道鸾，张军.1998.刑法罪名精释.北京：人民法院出版社：772.

②　左坚卫，史丹如.2006.危害公共卫生和环境资源犯罪司法适用.北京：法律出版社：207.

③　高铭暄.2002.刑法专论.上编.北京：高等教育出版社：263.

的固体废物罪时，一般须以行为人违反行政管理法规为前提，其行政违法性的程度往往是界定其罪与非罪的标准，也是法定犯区别于自然犯的特点之一。因此，在具体个案中，受行为人认识水平等因素影响，确有可能出现行为人不知道其行为违反了行政法规，更不知道违反了刑法的情形。对这种情况的处理，应当坚持主客观相统一的归责原则，不仅要求行为人的行为在客观上具有社会危害性，而且要求行为人在主观上具有恶性或反社会性，即行为人对社会秩序的敌视、蔑视或者漠视、轻视的态度。① 例如，行为人明知违法而依然故犯，就表明了其具有蔑视国家法律、对抗社会的主观恶性，对其以犯罪论处，完全符合主客观相一致的原则。在认定行为人主观故意时，即判断其是否"明知"该行为的违法性时，应以从事该业务的同行业中的一般人的认知能力为标准，而不应以全社会中一般人的平均认知能力为标准，因为该罪的主体一般都是从事相关专业或领域的人员，具有一定的专业知识（包括法律常识），故实践中实施该行为的犯罪分子大都知道自己行为的违法性，只是为了追求经济利益而心存侥幸。如果按照一般正常标准判断行为人的认知水平将可能导致放纵犯罪。

三、非法处置进口的固体废物罪的认定

（一）非法处置进口的固体废物罪与走私废物罪的界限

根据《刑法修正案（四）》对《刑法》第一百五十二条修改后的规定，走私废物罪，是指逃避海关监管将境外固体废物、液态废物和气态废物运输进境，情节严重的行为。两罪的区别主要体现在以下三个方面。①犯罪客体不同。非法处置进口的固体废物罪的客体是国家对进口的固体废物的管理制度；走私废物罪的客体是国家海关监管制度中关于废物的管理制度。②行为对象不同。非法处置进口的固体废物罪的行为对象为进口的固体废物；走私废物罪的行为对象为境外的固体废物、液态废物和气态废物。③行为特征不同。非法处置进口的固体废物罪需同时具备违反国家规定，将我国境外的固体废物进境倾倒、堆放、处置的行为；走私废物罪仅指逃避海关监管，将境外废物运输进境的行为。

---

① 梅传强 . 2005. 犯罪故意中"明知"的涵义与内容——根据罪过实质的考察 . 四川师范大学学报（社会科学版），(1)：22.

（二）非法处置进口的固体废物罪特殊形态的认定

（1）犯罪既遂形态的认定。从《刑法》第三百三十九条第一款的规定来看，非法处置进口的固体废物罪属于行为犯，即只要行为人违反国家规定，将境外的固体废物进境倾倒、堆放、处置的，不要求数量和次数等情节和后果，即构成犯罪既遂。如果违反国家规定，将境外的固体废物进境倾倒、堆放、处置的行为造成重大环境污染事故，致使公私财产遭受重大损失或者严重危害人体健康的，属于加重犯。当然，如果行为人从境外进口固体废物，置国家规定于不顾，意图实施倾倒、堆放、处置行为，但是由于意志以外的因素没有得逞的，属于犯罪未遂。

（2）罪数形态的认定。在实践中，非法处置进口的固体废物行为与走私废物行为有时交叉或重叠发生，应区分不同情况准确认定。如果行为人为了在境内非法处置境外固体废物而实施了走私废物行为，则构成手段行为和目的行为的牵连关系，应择一重罪处罚；如果行为人原本是为了加以利用而走私固体废物，后来因无法利用而对进境的固体废物非法进行处置，则构成两个完全独立的犯罪，以走私废物罪和非法处置进口的固体废物罪数罪并罚；如果行为人以原料利用为名，进口不能用做原料的固体废物，再实施非法处置行为的，则属于《刑法》第三百三十九条第三款规定的情形，按照走私废物罪定罪处罚。

行为人通过伪造、变造国家环境保护局《进口废物批准证书》进口固体废物，并倾倒、堆放、处置的，手段行为构成伪造、变造、买卖国家机关公文、证件、印章罪，目的行为构成非法处置进口的固体废物罪，由于《刑法》和相关的司法解释没有规定实行数罪并罚，所以应当按照牵连犯的处罚原则择一重罪论处。从《刑法》对这两个罪法定刑的规定来看，非法处置进口的固体废物罪的法定刑比伪造、变造、买卖国家机关公文、证件、印章罪的法定刑要重，因此上述行为应当按照非法处置进口的固体废物罪定罪量刑。

四、非法处置进口的固体废物罪的刑事责任

（一）非法处置进口的固体废物罪的刑罚适用

根据《刑法》第三百三十九条第一款的规定，犯非法处置进口的固体

废物罪的，处五年以下有期徒刑或者拘役，并处罚金；造成重大环境污染事故，致使公私财产遭受重大损失或者严重危害人体健康的，处五年以上十年以下有期徒刑，并处罚金；后果特别严重的，处十年以上有期徒刑，并处罚金。根据《刑法》第三百四十六条的规定，单位犯该罪的，对单位判处罚金，并对其直接负责的主管人员和其他直接责任人员，依照《刑法》第三百三十九条第一款的规定处罚。

根据最高人民法院《关于审理环境污染刑事案件具体应用法律若干问题的解释》的规定，"公私财产遭受重大损失"是指以下情形：①致使公私财产损失 30 万元以上的；②致使基本农田、防护林地、特种用途林地 5 亩以上，其他农用地 10 亩以上，其他土地 20 亩以上基本功能丧失或者遭受永久性破坏的；③致使森林或者其他林木死亡 50 立方米以上，或者幼树死亡 2500 株以上的。这里的公私财产损失，包括污染环境行为直接造成的财产损毁、减少的实际价值，为防止污染扩大及消除污染而采取的必要的、合理的措施而发生的费用。

"严重危害人体健康"是指以下情形：①致使传染病发生、流行或者人员中毒达到《国家突发公共卫生事件应急预案》中突发公共卫生事件分级Ⅲ级情形，严重危害人体健康的；②其他致使"严重危害人体健康"的情形。

"后果特别严重"是指以下情形：①致使公私财产损失 100 万元以上的；②致使水源污染、人员疏散转移达到《国家突发环境事件应急预案》中突发环境事件分级Ⅱ级以上情形的；③致使基本农田、防护林地、特种用途林地 15 亩以上，其他农用地 30 亩以上，其他土地 60 亩以上基本功能丧失或者遭受永久性破坏的；④致使森林或者其他林木死亡 150 立方米以上，或者幼树死亡 7500 株以上的；⑤致使 3 人以上死亡、10 人以上重伤、30 人以上轻伤，或者 3 人以上重伤并 10 人以上轻伤的；⑥致使传染病发生、流行达到《国家突发公共卫生事件应急预案》中突发公共卫生事件分级Ⅱ级以上情形的；⑦其他后果特别严重的情形。

（二）非法处置进口的固体废物罪的追诉标准

根据《立案追诉标准（一）》第六十一条的规定，违反国家规定，将境外的固体废物进境倾倒、堆放、处置的，应予立案追诉。在该立案标准中，没有对将境外的固体废物进境倾倒、堆放、处置数量和次数的规定，因此，除了情节显著轻微、危害不大，不认为是犯罪的情形之外，公安机关只要发现有上述行为或接到对上述行为的举报，即应依照规定立案并开展侦查工作，依法追究犯罪嫌疑人的刑事责任。

第三节 擅自进口固体废物罪

根据《刑法》第三百四十条的规定，擅自进口固体废物罪，是指未经国务院有关主管部门许可，擅自进口固体废物用做原料，造成重大环境污染事故，致使公私财产遭受重大损失或者严重危害人体健康的行为。

一、擅自进口固体废物罪的立法演变

擅自进口固体废物罪是 1997 年《刑法》新增设的犯罪。1979 年《刑法》中没有专门的惩治环境犯罪的规定，为了加强对固体废物的管理，严厉打击擅自进口固体废物的行为，《固体废物污染环境防治法》第六十六条第一款规定，"未经国务院有关主管部门许可擅自进口固体废物用作原料……逃避海关监管，构成走私罪的，依法追究刑事责任"，该法第一次将擅自进口固体废物的行为认定为犯罪行为，并按走私罪处理。1997 年《刑法》吸收了该法的有关规定，在分则第六章"妨害社会管理秩序罪"的第六节"破坏环境资源保护罪"中，将未经国务院有关主管部门许可，擅自进口固体废物用做原料的行为规定为独立个罪，以更准确地惩治擅自进口固体废物的犯罪行为。最高人民法院《关于执行〈中华人民共和国刑法〉确定罪名的规定》（1997 年 12 月 11 日，法释〔1997〕9 号）根据修订的《刑法》第三百三十九条第二款规定了"擅自进口固体废物罪"罪名。

二、擅自进口固体废物罪的构成要件

（一）擅自进口固体废物罪的客体

擅自进口固体废物罪侵犯的客体是国家对进口固体废物的管理制度。《固体废物污染环境防治法》第二十五条规定："禁止进口不能用作原料或者不能以无害化方式利用的固体废物；对可以用作原料的固体废物实行限制进口和自动许可进口分类管理。国务院环境保护行政主管部门会同国务院对外贸易主管部门、国务院经济综合宏观调控部门、海关总署、国务院质量监督检验检疫部门制定、调整并公布禁止进口、限制进口和自动许可进口的固体废物目录。禁止进口列入禁止进口目录的固体废物。进口列入限制进口目录的固体废物，应当经国务院环境保护行政主管部门会同国务院对外贸易主管部门审查许可。进口列入自动许可进口目录的固体废物，应当依法办理自动许可手续。进口的固体废物必须符合国家环境保护标准，并经质量监督检验检疫部门检验合格。进口固体废物的具体管理办法，由国务院环境保护行政主管部门会同国务院对外贸易主管部门、国务院经济综合宏观调控部门、海关总署、国务院质量监督检验检疫部门制定。"由此可见，我国对确可作为再生资源利用的境外固体废物的进口有非常严格的审批程序，以防止"洋垃圾"大量流入我国，严重污染环境。

（二）擅自进口固体废物罪的客观方面

擅自进口固体废物罪的客观方面表现为未经国务院有关主管部门许可，擅自进口固体废物用做原料，造成重大环境污染事故，致使公私财产遭受重大损失或者严重危害人体健康的行为。

如前所述，根据《固体废物污染环境防治法》第二十五条的规定，国家禁止进口、限制进口和自动许可进口的固体废物目录由国务院环境保护行政主管部门会同国务院对外贸易主管部门、国务院经济综合宏观调控部门、海关总署、国务院质量监督检验检疫部门制定、调整并公布。进口列入限制进口目录的固体废物，应当经国务院环境保护行政主管部门会同国务院对外贸易主管部门审查许可。因此，该罪中的"国务院有关主管部门"，主要是指国务院环境保护行政主管部门和国务院对外贸易主管部门，同时也应包括国务院经济综合宏观调控部门、海关总署、国务院质量监督检验检疫部门。

擅自进口固体废物罪中的"固体废物"与非法处置进口的固体废物罪中的"固体废物"有所不同。根据《固体废物污染环境防治法》第二十五条的规定，禁止进口不能用做原料或者不能以无害化方式利用的固体废物；进口列入限制进口目录的固体废物，应当经国务院环境保护行政主管部门会同国务院对外贸易主管部门审查许可；进口列入自动许可进口目录的固体废物，应当依法办理自动许可手续。同时，根据《刑法》第三百三十九条第三款的规定，"以原料利用为名，进口不能用作原料的固体废物、液态废物和气态废物的，依照本法第一百五十二条第二款、第三款的规定定罪处罚"，即应认定为走私废物罪。因此，擅自进口固体废物罪所指的"固体废物"只能是可用做原料的，国家限制进口或列入自动许可进口目录的固体废物。国家禁止进口的固体废物或未列入规定目录的固体废物不是擅自进口固体废物罪的行为对象。如果进口的是国家禁止进口或未列入规定目录的固体废物，不管其实际上能否用做原料，都不构成擅自进口固体废物罪。在实践中常见的"未经许可擅自进口"一般有以下三种具体表现。①不符合申请进口固体废物的条件，或者已符合申请进口固体废物的条件，但未经国务院环境保护行政主管部门的批准。②通过伪造、变造国务院环境保护行政主管部门《进口废物批准证书》的欺诈手段获得海关等监管部门的同意许可。③逾期未向国务院环境保护行政主管部门补办进口废物经营审批手续，并继续从事进口固体废物经营活动的。

（三）擅自进口固体废物罪的主体

擅自进口固体废物罪的犯罪主体为一般主体，自然人和单位均可构成。但是由于我国实行严格的固体废物进口许可制度，该罪又是针对固体废物进口环节的严重违法行为而设置的，所以在实践中该罪的主体多由单位构成。

（四）擅自进口固体废物罪的主观方面

擅自进口固体废物罪在主观方面表现为过失，即行为人应当预见或已经预见擅自进口固体废物用做原料可能造成重大环境污染事故，致使公私财产遭受重大损失或者严重危害人体健康的行为后果，因疏忽大意而没有预见或轻信能够避免的心理状态。虽然有观点提出该罪主观方面为故意，即行为人明知自己未取得国务院环境保护行政主管部门许可，仍擅自进口固体废物，过失不构成该罪。[①] 还有观点认为该罪主观方面表现为故意和过失，但在多数情况下表现为过失。[②] 我们认为在该罪中，行为人对擅自进口固体废物的行为确属故意，但就其对造成重大环境污染事故的结果来说，则表现为过失。如果其对该结果持放任或希望的态度，即具有主观故意，那么该情形应认定为以危险方法危害公共安全罪，而不是该罪。

---

① 周道鸾，张军.1998.刑法罪名精释.北京：人民法院出版社：775.
② 莫神星.2002.擅自进口固体废物罪与走私固体废物罪.中国环保产业，(8)：18.

三、擅自进口固体废物罪的认定

（一）擅自进口固体废物罪罪与非罪的界限

在认定擅自进口固体废物罪罪与非罪的界限时，应当注意把握以下四个方面的问题。第一，行为人进口固体废物的行为是否经过国家相关行政主管部门许可，如果是经过许可的，则排除行为的违法性，当然不构成犯罪。应当注意的是，对列入自动许可进口目录的固体废物，也应依法办理自动许可手续，否则仍应视为"擅自进口"。第二，行为人擅自进口的固体废物是否属于国家限制进口或自动许可进口范围，如果不属于限制进口或自动许可进口范围，不构成该罪。第三，从行为的目的和结果来看，行为人擅自进口固体废物用做原料，而非直接进行经营性行为的，则考察其后果，看是否造成重大环境污染事故，致使公私财产遭受重大损失或者严重危害人体健康。如果导致该后果，可以按该罪处罚，如果没有发生该后果，则不作为犯罪处理，可以给予行政处罚。第四，行为人在主观上对造成后果是否有过失，如果是因为不可抗力等因素造成重大环境污染事故的，则排除行为的有责性，也不构成该罪。

（二）擅自进口固体废物罪与其他犯罪的界限

1. 擅自进口固体废物罪与非法处置进口的固体废物罪的界限

根据《刑法》第三百三十九条第一款的规定，非法处置进口的固体废物罪，是指违反国家规定，将境外的固体废物进境倾倒、堆放、处置的行为。擅自进口固体废物罪与非法处置进口的固体废物罪的主要区别有以下三点。①两罪的主观方面不同。擅自进口固体废物罪在主观方面表现为过失；而非法处置进口的固体废物罪的主观方面表现为故意。②两罪的客观方面不同。在擅自进口固体废物罪中，擅自进口固体废物用做原料，只有造成重大环境污染事故，致使公私财产遭受重大损失或者严重危害人体健康的才构成犯罪；而非法处置进口的固体废物罪是行为犯，只要实施了将境外的固体废物进境倾倒、堆放、处置的行为就可以构成犯罪。③行为对象不同。作为擅自进口固体废物罪行为对象的固体废物仅指可用做原料的、国家限制进口或列入自动许可进口目录的固体废物，国家禁止进口的固体废物或未列入规定目录的固体废物不是该罪的行为对象；而非法处置进口的固体废物罪的行为对象范围则较为宽泛，除可用做原料的境外固体废物外，还包括其他境外固体废物。

2. 擅自进口固体废物罪与走私废物罪的界限

根据《刑法修正案（四）》对《刑法》第一百五十二条修改后的规定，走私废物罪，是指逃避海关监管将境外固体废物、液态废物和气态废物运输进境，情节严重的行为。两罪的区别主要体现在以下五个方面。①两罪侵犯的犯罪客体不同。擅自进口固体废物罪侵犯的是国家对进口固体废物的管理制度；走私废物罪侵犯的是国家海关监管制度。②两罪的行为对象不同。擅自进口固体废物罪进口的是可用做原料的、国家限制进口或列入自动许可进口目录的固体废物；走私废物罪的行为对象是国家禁止进口或限制进口的废物。③两罪的客观方面不同。擅自进口固体废物罪表现为未经国务院环境保护行政主管部门许可，擅自进口固体废物用做原料，造成重大环境污染事故，致使公私财产遭受重大损失或者严重危害人体健康的行为；走私废物罪表现为逃避海关监管将境外废物运输进境的行为。④两罪的主观方面不同。擅自进口固体废物罪主观上表现为过失，走私废物罪表现为故意。走私废物，一般都具有非法牟利的目的，但擅自进口固体废物罪并不以非法牟利为构成要件。擅自进口固体废物罪一般是以原料利用为目的的，它要求在以固体废物为原料的利用过程中造成重大环境污染事故和严重后果。如果是以原料利用为名，进口不能用做原料的固体废物，则构成走私废物罪。⑤两罪的成立条件不同。擅自进口固体废物罪的成立要求必须有造成重大环境污染事故的后果。走私废物罪是行为犯，以实施走私行为、情节严重为成立要件。根据最高人民法院《关于审理走私刑事案件具体应用法律若干问题的解释（二）》第六条的规定，逃避海关监管，走私国家禁止进口的废物或者国家限制进口的可用做原料的废物，具有下列情形之一的，属于情节严重：①走私国家禁止进口的危险性固体废物、液态废物分别或者合计达到1吨以上不满5吨的；②走私国家禁止进口的非危险性固体废物、液态废物分别或者合计达到5吨以上不满25吨的；③未经许可，走私国家限制进口的可用做原料的固体废物、液态废物分别或者合计达到20吨以上不满100吨的；④走私国家禁止进口的废物并造成重大环境污染事故。

（三）擅自进口固体废物罪特殊形态的认定

（1）停止形态的认定。擅自进口固体废物罪属于过失犯罪，未经国务院环境保护行政主管部门许可，擅自进口固体废物用做原料的行为，只有造成重大环境污染事故，致使公私财产遭受重大损失或者严重危害人体健康的，才构成该罪，因而不存在犯罪预备、未遂和中止的问题。

（2）罪数形态的认定。在实践中，非法处置往往是擅自进口的后续行为，即行为人在擅自进口固体废物后又对固体废物进行了非法处置。对这种情况，有人主张按牵连犯处理，有人主张按数罪并罚处理①，还有人认为应按固体废物是否列入禁止或限制进口目录来区分处理，即如果擅自进口的是可用做原料的限制进口的固体废物，行为人又进行非法处置的，应以擅自进口固体废物罪和非法处置进口的固体废物罪并罚处理，如果擅自进口的是可用做原料的禁止进口的或未列入进口目录的固体废物，行为人又进行非法处置的，应以非法处置进口的固体废物罪处罚。② 综合《刑法》第三百三十九条第一款和第二款的规定来看，第一款的"违反国家规定，将境外的固体废物进境"与第二款的"未经国务院有关主管部门许可，擅自进口固体废物"在实践中往往是一回事。因此，只要行为人是为非法处置而"违反国家规定，将境外的固体废物进境"的，其擅自进口的前期行为就被后期的处置行为吸收，直接按照第一款定罪处罚，而没有必要再区分固体废物属于哪种目录。这样既符合主客观相一致的定罪原则，也符合罪刑相适应的要求。否则，对进口废物属于限制进口的数罪并罚，而进口废物属于禁止进口的或未列入进口目录的反而只定一罪处罚，有失公允。但如果行为人确为用做原料而擅自进口，但后来情况发生变化，而在进口后将固体废物非法处置的，则其行为先后独立构成两罪，应按数罪并罚论处。如果其擅自进口的固体废物根本不能用做原料，则其行为不构成擅自进口固体废物罪，应按走私废物罪处罚。

四、擅自进口固体废物罪的刑事责任

（一）擅自进口固体废物罪的刑罚适用

根据《刑法》第三百三十九条第二款的规定，犯擅自进口固体废物罪

① 左坚卫，史丹如 .2006. 危害公共卫生和环境资源犯罪司法适用 . 北京：法律出版社：220.

② 熊选国 .2007. 刑法罪名疑难问题精析 . 第三卷 . 北京：人民法院出版社：2338.

的，处五年以下有期徒刑或者拘役，并处罚金；后果特别严重的，处五年以上十年以下有期徒刑，并处罚金。根据该条第三款的规定，以原料利用为名，进口不能用做原料的固体废物、液态废物和气态废物的，以走私废物罪论处。根据《刑法》第三百四十六条的规定，单位犯该罪的，对单位判处罚金，并对其直接负责的主管人员和其他直接责任人员，依照《刑法》第三百三十九条第二款和第三款的规定处罚。

擅自进口固体废物罪中"公私财产遭受重大损失"、"严重危害人体健康"、"后果特别严重"的认定标准与非法处置进口的固体废物罪相同，此处不再赘述。

（二）擅自进口固体废物罪的追诉标准

根据《立案追诉标准（一）》第六十二条的规定，未经国务院有关主管部门许可，擅自进口固体废物用做原料，造成重大环境污染事故，涉嫌下列情形之一的，应予立案追诉。

（1）致使公私财产损失 30 万元以上的。

（2）致使基本农田、防护林地、特种用途林地 5 亩以上，其他农用地 10 亩以上，其他土地 20 亩以上基本功能丧失或者遭受永久性破坏的。

（3）致使森林或者其他林木死亡 50 立方米以上，或者幼树死亡 2500 株以上的。

（4）致使 1 人以上死亡、3 人以上重伤、10 人以上轻伤，或者 1 人以上重伤并且 5 人以上轻伤的。

（5）致使传染病发生、流行或者人员中毒达到《国家突发公共卫生事件应急预案》中突发公共卫生事件分级Ⅲ级以上情形，严重危害人体健康的。

（6）其他致使公私财产遭受重大损失或者严重危害人体健康的情形。

第三章
破坏动物资源犯罪

第一节　非法捕捞水产品罪

根据《刑法》第三百四十条的规定，非法捕捞水产品罪，是指违反保护水产资源法规，在禁渔区、禁渔期或者使用禁用的工具、方法捕捞除珍贵、濒危水生野生动物之外的水产品，情节严重的行为。

一、非法捕捞水产品罪的立法演变

水产资源是国家的一项宝贵财富，确保渔业生产秩序，禁止酷渔滥捕，是保护水产资源的重要措施。我国非常重视渔业生产秩序相关立法工作，早在1955年6月8日国务院就下达了《关于渤海、黄海及东海机轮拖网渔业禁渔区的命令》，后于1964年6月25日批转了水产部制定的《水产资源繁殖保护条例（草案）》。后来我国又陆续颁布和实施了一系列的渔业法律、法规，主要有《水产资源繁殖保护条例》、《中华人民共和国渔业法》（简称《渔业法》）、《环境保护法》等。这些法律、法规均对我国水产资源的保护问题做出了具体规定，如《渔业法》第三十八条规定，使用炸鱼、毒鱼、电鱼等破坏渔业资源方法进行捕捞的，违反关于禁渔区、禁渔期的规定进行捕捞的，或者使用禁用的渔具、捕捞方法和小于最小网目尺寸的网具进行捕捞或者渔获物中幼鱼超过规定比例的，没收渔获物和违法所得，处5万元以下的罚款；情节严重的，没收渔具，吊销捕捞许可证；

情节特别严重的，可以没收渔船；构成犯罪的，依法追究刑事责任。

1979年《刑法》第一百二十九条规定，违反保护水产资源法规，在禁渔区、禁渔期或者使用禁用的工具、方法捕捞水产品，情节严重的，处两年以下有期徒刑、拘役或者罚金。在刑事立法中首次把情节严重的非法捕捞水产品的行为规定为犯罪，正式纳入刑法规范之中。但囿于当时立法理念，立法者将非法捕捞水产品罪认为是破坏经济秩序的犯罪，列于分则第三章"破坏社会主义经济秩序罪"中。1997年《刑法》，将非法捕捞水产品罪法定最高刑从两年提高到三年，增设了管制刑。同时，《刑法》第三百四十六条规定，单位也可成为非法捕捞水产品罪主体，改变了过去只有自然人才能构成该罪的规定。随着我国立法技术的提高和对环境资源保护的日益重视，1997年《刑法》在分则第六章"妨害社会管理秩序罪"中专门设置了第六节"破坏环境资源保护罪"，非法捕捞水产品罪相应置入其中。

最高人民法院《关于执行〈中华人民共和国刑法〉确定罪名的规定》（1997年12月11日，法释〔1997〕9号）根据修订的《刑法》第三百四十条规定了"非法捕捞水产品罪"罪名。

二、非法捕捞水产品罪的构成要件

（一）非法捕捞水产品罪的客体

非法捕捞水产品罪侵犯的客体是国家保护水产资源的管理制度。为了加强对水产资源的保护，国家通过一系列立法对水产资源繁殖、养殖和捕捞等方面作了具体的规定。水产资源，包括水生动物、植物及其卵子、孢子、种子等，是国家的一项宝贵财富，合理地开发和利用水产资源是保护生态环境的重要手段。急功近利、竭泽而渔，必将造成渔业资源的衰减甚至导致某些水产品濒临灭绝。从生态平衡的需要来看，人类适当捕捞、利用水产品，既是水产品相互平衡的需要，也是人类与环境相互平衡的需要。一旦捕捞过度，则会破坏这种平衡，破坏生态环境，进而威胁到全社会乃至全人类的利益。对非法捕捞水产品情节严重的行为予以刑罚处罚，既是社会秩序的需要，也是生态安全的需要，它关系到人们共同生存的环境秩序，属于公害犯罪的一种。

非法捕捞水产品罪的犯罪对象是除珍贵、濒危水生野生动植物之外的自然野生水产品。所谓水产品，是指具有经济价值的水生动物和水生植物。该罪的犯罪对象是否包括人工养殖的水产品，学界存在不同的认识。有学者认为，该罪的犯罪对象仅指自然野生的水产品，不应包括人工养殖的水产品。[①] 还有学者认为，该罪的水产品应包括除珍贵、濒危水生野生动植物以外的各种水产资源，即不仅应包括一般的水生动物，还应包括一般的水生植物（如藻类等）；不仅应包括自然野生的水产品，还应包括人工养殖的水产品。[②] 我国刑事法律文件当中至今未对此问题做出明确解释，我们认为，该罪的犯罪对象不应当包括人工养殖的水产品。因为该罪属于破坏环境资源保护方面的犯罪，非法捕捞行为只有危害到生态平衡和物种的生态安全时，才可能被刑法评价和规范。非法捕捞人工养殖的水产品，并不会破坏水生生物的自然生长周期，也不会破坏水生生物的链条，更谈不上破坏生态和环境秩序。《渔业法》虽然专门对水产品养殖做出了规定，但该法基本属于行政法范畴，既对水产品捕捞行为进行规范，又对水生动植物的保护和养殖做出规定，仅对于违反该法中水产品捕捞等行为规定了法律责任，对捕捞人工养殖的水产品行为未做出禁止性规定。根据《刑法》的谦抑性原则，此类行为不能为刑法所评价。此外，捕捞、收获人工喂养和种植的水生动植物行为未被国家相关法律、法规禁止。因此，我们认为，非法捕捞水产品罪的犯罪对象只能是野生自然水生动植物。

为了体现国家对水生动植物的保护，明确水产品的范围，规范公众行为，1979 年 2 月 10 日国务院发布的《水产资源繁殖保护条例》第四条对重要或名贵的水生动物和植物作了列举式的规定，具体包括各种鱼类（如带鱼、大黄鱼、小黄鱼、沙丁鱼、鲤鱼、青鱼等）、虾蟹类（如对虾、毛虾、青虾等）、贝类（如鲍鱼、牡蛎、西施舌、扇贝等）、海藻类（如紫菜、裙带菜、石花菜、江篱等）、淡水食用水生植物类（如莲藕、菱角、芡实）以及其他（如乌龟、鳖、乌贼、海参等）。但是非法捕捞水产品罪中所指的水产品不应当包括国家保护的珍贵、濒危的水生野生动物。《刑法》第三百四十一条规定了非法猎捕、杀害珍贵、濒危野生动物罪，专门针对珍稀野生动物进行了特殊保护，若行为人非法捕捞珍贵、濒危的水生野生动物，则构成非法猎捕、杀害珍贵、濒危野生动物罪，而不能构成非法捕捞水产品罪。

---

① 熊选国，任卫华.2007.刑法罪名适用指南——破坏环境资源保护罪.北京：中国人民公安大学出版社：11.

② 刘仁文.2004.环境资源保护与环境资源犯罪.北京：中信出版社：327.

（二）非法捕捞水产品罪的客观方面

非法捕捞水产品罪在客观方面表现为行为人实施了违反保护水产资源法规，在禁渔区、禁渔期或者使用禁用的工具、方法捕捞水产品，情节严重的行为。

首先，违反保护水产资源法规是构成非法捕捞水产品罪的前提条件。该罪属于空白罪状，即刑法条文并没有直接规定该罪的构成特征，但指明确定该罪的构成特征需要参照其他法律、法规的规定。我国制定了一系列法律、法规，以保护水产资源的正常、合理开发和利用。因此，构成该罪应以违反保护水资源法律、法规为前提，否则不能构成该罪。这些保护水产资源的法律、法规主要有 1979 年 2 月 10 日国务院发布的《水产资源繁殖保护条例》、1979 年 9 月 13 日全国人大常委会通过的《中华人民共和国环境保护法（试行）》（后被废止并被 1989 年 12 月 26 日通过的《环境保护法》取代）、1986 年 1 月 20 日全国人大常委会通过并于 2004 年第二次修正的《渔业法》、1987 年 10 月 20 日农牧渔业部发布的《中华人民共和国渔业法实施细则》，等等。这些法律、法规都对水产品的捕捞时间、地点、方法及手段做出了具体规定。例如，《渔业法》规定，在内水、近海从事捕捞作业的单位和个人，必须按照捕捞许可证关于作业类型、场所、时限、渔具数量和捕捞限额的规定进行作业，并遵守国家有关保护渔业资源的规定，大中型渔船应当填写渔捞日志；禁止炸鱼、毒鱼、电鱼，禁止在禁渔区、禁渔期进行捕捞，禁止使用禁用的渔具、捕捞方法和小于最小网目尺寸的网具进行捕捞。

需要指出的是，"保护水产资源法规"主要是指全国人大及其常委会制定的法律、国务院制定的行政法规和国务院各部委制定的部门规章，如《渔业法》、《中华人民共和国渔业法实施细则》等。但是对违反地方人大及其常委会制定的地方性法规及地方政府制定的地方政府规章等规范性文件能否构成非法捕捞水产品罪则存在争议。否定意见认为，违反地方性法规和地方政府规章的，不能构成非法捕捞水产品罪。因为我国是单一制国家，在构成犯罪和量刑上当然也需要条件一致，这是罪刑法定原则的要求，否则会导致司法不一，导致法律执行过程中的混乱。肯定意见认为，我国地域辽阔，国家不可能包揽所有决策权，授权省级地方人民政府根据本区域内气候、渔业资源生长时间和特点等决定禁渔区和禁渔期，故违反地方性法规和地方政府规章的，也可构成非法捕捞水产品罪。我们认为，根据法律、法规的授权，地方性法规和地方政府规章做出了具体规定，行为人违反此类地方性法规和地方政府规章的，可以构成该罪。例如，《渔业法》第二十三条规定，"国家对捕捞业实行捕捞许可证制度。海洋大型拖网、围网作业以及到中华人民共和国与有关国家缔结的协定确定的共同管理的渔区或者公海从事捕捞作业的捕捞许可证，由国务院渔业行政主管部门批准发放。其他作业的捕捞许可证，由县级以上地方人民政府渔业行政主管部门批准发放；但是，批准发放海洋作业的捕捞许可证不得超过国家下达的船网工具控制指标，具体办法由省、自治区、直辖市人民政府规定"。该法明确将船网工具控制指标的批准权限授权给县级以上地方人民政府行使。因此，违反此类地方性法规或地方政府规章的，也可以构成非法捕捞水产品罪；但如果全国性法律、法规没有授权性规定，仅违反地方性法规或地方政府规章规定的，不能构成该罪。

其次，行为人必须实施了非法捕捞的行为，这是构成非法捕捞水产品罪的关键。不仅要求捕捞行为违反上述法律、法规，还要求非法捕捞水产品的行为必须发生在特定时间、特定地域内，或者使用了禁止使用的工具和方法，这是构成该罪在时间、空间等条件上的特殊要求。具体讲，指的是在禁渔区、禁渔期或者使用禁用的工具、方法进行捕捞的行为。

所谓禁渔区，是指根据国际间协定、法律、行政法规或者地方性法规、规章等的规定，对某些重要的水生野生动植物的产卵场、索饵场、越冬场和洄游通道，以及自然保护区，划定一定的范围，禁止所有或者禁止某种渔业生产作业的区域。我国划定的渔业水域、自然保护区等都属于禁渔区。例如，1997 年 10 月 17 日农业部发布的《水生动植物自然保护区管理办法》规定，禁止在水生动植物自然保护区进行捕捞活动。禁止在水生动植物自然保护区的缓冲区开展旅游和生产经营活动。因科学研究、教学实习需要进入自然保护区的缓冲区，应当事先向自然保护区管理机构提交申请和活动计划，经自然保护区管理机构批准。这里所讲的自然保护区即为典型的禁渔区域。《渔业法》第二十九条规定，国家保护水产种质资源及其生存环境，并在具有较高经济价值和遗传育种价值的水产种质资源的主要生长繁育区域建立水产种质资源保护区。未经国务院渔业行政主管部门批准，任何单位或者个人不得在水产种质资源保护区内从事捕捞活动。

所谓禁渔期，是指根据国际间协定、法律、行政法规或者地方性法规、规章等的规定，对某些重要水生野生动植物的产卵场、索饵场、越冬场和洄游通道等场所，规定的禁止渔业生产作业或者限制渔业生产作业的一定期限。不同流域的禁渔期要根据本地区的气候和水生动植物的生长条件做出具体规定，不可能一概而论。例如，农业部《关于在长江流域试行春季禁渔制度的通知》规定，自 2002 年起决定在长江流域试行春季禁渔。2003 年，农业部决定正式实施长江禁渔期制度，共涉及长江流域 10 个省（市），810 多公里江段，禁渔范围是从云南省德钦县以下至长江河口的长江干流、部分一级通江支流，以及鄱阳湖区和洞庭湖区。云南省德钦县以下至葛洲坝以上水域禁渔时间为每年 2 月 1 日 12 时到 4 月 30 日 12 时，葛洲坝以下至长江河口水域为每年 4 月 1 日 12 时到 6 月 30 日 12 时。

所谓禁用的工具，是指禁止使用的超过国家对不同捕捞对象所分别规定的最小网目尺寸的渔具。例如，2004 年 2 月 12 日农业部发布的《渤海生物资源养护规定》第三十条规定，禁止使用三重流网、底拖网、浮拖网及变水层拖网作业，但网口网衣拉直周长小于 30 米的桁杆、框架型拖网类渔具除外。近年来，渔业生产者使用不符合标准的工具进行捕捞的现象日益增多，造成水生生物的逐渐减少，严重破坏生态平衡。因此，农业部《关于做好全面实施海洋捕捞网具最小网目尺寸制度准备工作的通知》对渔业生产工具的标准进一步做出了具体规定，自 2004 年 7 月 1 日起，东海、黄海区拖网网囊最小网目尺寸：54 毫米（GB11779—1989）。南海区（含北部湾）拖网网囊最小网目尺寸：39 毫米（GP11780—1989）。东海、黄海、渤海银鲳流刺网最小网目尺寸：137 毫米（SC119—1983）。东海、黄海鳓鱼流刺网最小网目尺寸：90 毫米（SC120—1983）。东海、黄海、渤海蓝点马鲛流刺网最小网目尺寸：90 毫米（SC121—1983）。主捕带鱼的有翼张网网囊最小网目尺寸：50 毫米（SC4013—1995）。至此我国渔业捕捞的工具有了明确标准，且正逐步与国际标准统一。

所谓禁用的方法，是指禁止采用的能够损害水产资源正常繁殖、生长的方法，如炸鱼、毒鱼、电鱼及用鱼鹰捕鱼等严重损害水产资源的方法。例如，《湖南省渔业条例》第二十五条规定："禁止炸鱼、毒鱼、电力捕鱼。禁止使用迷魂阵、拦江网、布围子（沙套网）、虾阵、二密网、麻布网、布亳、密亳、麻亳、放涵筒、塞春湖（港）。禁止使用机动船拖带铁爪耙捕捞河蚌和其他水生动物。禁止拦河、拦湖截捕或在鱼类洄游通道以及闸门上套网捕鱼。禁止使用鸬鹚捕鱼。在特定水域确有必要使用鸬鹚捕鱼时，须经省渔业行政主管部门或其授权的机构批准。禁止使用矮围子（含泥围子）捕鱼。血防矮围应当常年蓄水灭螺，不准放水捕鱼。"

行为人在禁渔区捕捞、在禁渔期捕捞、利用禁用的方法捕捞、使用禁用的工具捕捞这四类行为都属于非法捕捞的行为。在司法实践中，通常情况下犯罪分子往往会使用禁用的工具和方法，在禁渔区、禁渔期非法捕捞水产品，这样会严重地破坏我国的水产资源，必将受到刑法的严惩。如果行为人只实施了这四种行为方式中的一种，但是情节严重的，也可以构成非法捕捞水产品罪，无须四种行为方式同时符合。仅符合其中某一种或几种方式的，也可以按照非法捕捞水产品罪定罪处罚。

再次，实施上述非法捕捞行为，必须达到情节严重。非法捕捞水产品罪要求情节严重才能构成，虽然《立案追诉标准（一）》第六十三条做出了相应规定，但在该标准中仍使用了模糊性用语，对某些行为要求"重要经济价值"、"造成严重影响"，"其他情节严重的情形"等才能立案。这就仍然需要对该规定进行解释。我们认为，认定非法捕捞水产品罪情节严重的标准，除根据上述规定外，还可参考学界观点和司法实践中的一般做法。有学者认为，情节严重是指，非法捕捞水产品数额较大的；为首组织或者聚众非法捕捞水产品的；一贯非法捕捞而屡教不改；多次使用禁用的方法捕捞水产品，严重破坏水产资源的；抗拒渔政管理、行凶殴打渔政管理人员的；等等。还有学者认为，情节严重仅指聚众非法捕捞水产品或捕捞数量巨大的；一贯非法捕捞而屡教不改，采用毁灭性方法捕捞，破坏水产资源损失重大的和暴力抗拒渔业渔政管理的……[1]在司法实践中，情节严重通常被理解为如下内容：①非法捕捞水产品数量较大的；②为首组织或者聚众非法捕捞水产品的；③经常非法捕捞水产品，屡教不改的；④非法捕捞重点保护的重要或者名贵的水生动物的；⑤以禁止使用的炸鱼、毒鱼、电鱼等方法捕捞水产品，造成水产资源较大损失的；⑥非法抗拒渔政管理，行凶殴打渔政管理人员的……不具备情节严重的非法捕捞水产品的行为，如未按《渔业法》规定取得捕捞许可证而擅自进行捕捞，数量不大的；使用禁用的渔具和方法捕捞水产品但尚未造成严重危害后果的；偶尔违反捕捞许可证关于作业类型、场所、时限等方面的规定进行捕捞的，属于一般违法行为，尚未构成犯罪，由渔业行政主管部门或公安机关予以行政处罚。情节是否严重，是区分非法捕捞水产品罪罪与非罪的标准。

（三）非法捕捞水产品罪的主体

非法捕捞水产品罪的主体为一般主体，即凡是达到刑事责任年龄并具有刑事责任能力的自然人均可成为该罪的主体，不需要具备特定身份。尽

---

① 宣炳昭.2002.刑法各罪的法理与实用.北京：中国政法大学出版社：333.

管在实践中，实施该罪的多为渔民，但是也不排除其他人实施该罪的情况。根据《刑法》第三百四十六条的规定，单位也可以成为该罪的主体。但是在实践中，犯该罪的单位主要是渔业企业，当然也不排除其他单位。

（四）非法捕捞水产品罪的主观方面

非法捕捞水产品罪在主观方面表现为故意，既包括直接故意也包括间接故意，过失不构成该罪。这也就是说，行为人明知自己的行为违反了水产资源管理法规，而仍然实施非法捕捞行为，并且追求或者放任水产资源遭受严重破坏的结果发生的心理状态。非法捕捞的行为通常是以营利为目的的，但非法捕捞水产品罪并非目的犯，行为人究竟是出于营利目的还是出于其他目的，均不影响该罪的成立。至于行为人是否明知行政性法律、法规，是否明知在特定时间、地点，使用了禁止使用的工具和方法，一般不影响该罪的成立。一般而言，只要客观上大部分公众能够知道上述违法情节的，就认定行为人也应当明知。但如有事实和证据能够证明，行为人确实不明知的，则免除行为人的责任。在出现疑罪的案件中，应当做出有利于被告人的判决，坚持疑罪从无。

三、非法捕捞水产品罪的认定

（一）非法捕捞水产品罪与非罪的界限

认定非法捕捞水产品罪罪与非罪主要考察以下四点。①从客体的角度看，行为人的行为侵犯的是否是环境保护管理秩序。如果行为人的捕捞行为只侵犯了他人的财产权利而没有对环境造成破坏，则不属于该罪。②从客观方面的角度看，捕捞水产品的行为发生在禁渔区、禁渔期或者行为人使用禁用的方法、工具进行捕捞的才能成立该罪，即捕捞行为必须违反了水产资源法律、法规，如果捕捞行为没有违反水产资源法律、法规则不构成该罪。例如，《中华人民共和国渔业法实施细则》第十九条规定，因科学研究等特殊需要，在禁渔区、禁渔期捕捞，或者使用禁用的渔具、捕捞方法，或者捕捞重点保护的渔业资源品种，必须经省级以上人民政府渔业行政主管部门批准。③从主观方面的角度看，行为人的行为只能是故意的心理状态，过失不构成该罪。④从危害结果的角度看，只有情节严重才能构成该罪。

> 2006 年 7 月，重庆某县人奚某让他人帮忙购买甲氰菊酯乳油（灭扫利）农药，并于 2006 年 8 月 2 日凌晨 2 时许，取走农药后，找到亲友张某、王某一道去毒鱼。三人带上渔网、塑料桶、矿灯和笆篓前往河边，为了捕鱼，奚某、张某和王某将 150 瓶甲氰菊酯乳油农药倒在塑料桶里，提到某村河边倒入河中，致使修齐河段近 10 公里的野生鱼类大量死亡，后经有关部门评估鉴定，直接经济损失 7 万余元。最终，奚某、张某和王某三人被人民法院以非法捕捞水产品罪判刑。

奚某、张某和王某的行为违反了保护环境资源法律、法规，利用禁用的毒鱼方法对野生鱼类进行捕捞，造成了直接经济损失 7 万余元，即造成了巨大的水产资源损失，属于情节严重的情况，应认定为非法捕捞水产品罪。

此外，《渔业法》对非法捕捞水产品但未构成犯罪的行为，承担行政责任问题做出了规定。该法第三十八条规定，使用炸鱼、毒鱼、电鱼等破坏渔业资源方法进行捕捞的，违反关于禁渔区、禁渔期的规定进行捕捞的，或者使用禁用的渔具、捕捞方法和小于最小网目尺寸的网具进行捕捞或者渔获物中幼鱼超过规定比例的，没收渔获物和违法所得，处 5 万元以下的罚款；情节严重的，没收渔具，吊销捕捞许可证；情节特别严重的，可以没收渔船；构成犯罪的，依法追究刑事责任。在禁渔区或者禁渔期内销售非法捕捞的渔获物的，县级以上地方人民政府渔业行政主管部门应当及时进行调查处理。制造、销售禁用的渔具的，没收非法制造、销售的渔具和违法所得，并处 1 万元以下的罚款。

（二）非法捕捞水产品罪与其他犯罪的界限

1. 非法捕捞水产品罪与盗窃罪的界限

盗窃罪是以非法占有为目的，窃取公私财物数额较大，或者多次窃取公私财物的行为。两罪在主观上都是故意的心理状态，但是故意的内容不同。非法捕捞水产品罪的故意内容是明知非法捕捞的行为违反了保护水产资源法规而仍然追求或者放任这种结果的发生；盗窃罪故意的内容是以非法占有为目的而为的秘密窃取的行为。二者是不同性质的犯罪，其主要区别有以下四点。第一，二者侵犯的客体不同。非法捕捞水产品罪所侵犯的客体是国家保护的水产资源的管理制度，属于破坏环境资源保护的犯罪；而盗窃罪侵犯的客体是公私财产的所有权，属于侵犯财产的犯罪。第二，二者客观方面表现的行为方式不同。非法捕捞水产品罪表现为违反国家保护水产资源法规而非法捕捞水产品的行为；而盗窃罪表现为以秘密窃取的方法非法占有他人公私财物数额较大或者多次非法窃取他人财物的行为。因此，在司法实践中，以非法占有为目的，在水面或他人承包的鱼塘中，毒死或炸死较大数量的鱼将其偷走并且尚未引起其他严重后果的，应以盗窃罪论处。第三，二者的主体不同。非法捕捞水产品罪的主体既包括自然人又包括单位；而盗窃罪的主体只能是自然人。第四，二者的犯罪对象不同。非法捕捞水产品罪的对象是特定的，仅局限于除了珍贵、濒危水生野生动物以外的其他所有水产资源；而盗窃罪的对象则是非常广泛的，包括所有的公私财物。如果行为人违反国家渔业保护法规，非法秘密捕捞水产品的，则同时触犯非法捕捞水产品罪和盗窃罪。如果行为人的行为尚未达到后果严重的程度，但已经达到了盗窃罪的数额，则应按盗窃罪处理。如果同时符合非法捕捞水产品罪和盗窃罪，属于想象竞合犯，应择一重罪论处。

2. 非法捕捞水产品罪与非法狩猎罪的界限

非法狩猎罪，是指违反狩猎法规，在禁猎区、禁猎期或者使用禁用的工具、方法进行狩猎，破坏野生动物资源，情节严重的行为。两罪都是对环境资源保护和管理制度的侵犯，但两罪所侵犯的直接客体有所不同，非法狩猎罪所侵犯的直接客体为国家保护野生动物资源的管理制度；而非法捕捞水产品罪所侵犯的客体为国家保护水产资源的管理制度。因此，二者的区别主要体现为以下两点。第一，犯罪对象不同。非法捕捞水产品罪的犯罪对象是除国家重点保护的珍贵、濒危水生野生动物资源以外的其他水产品资源。这些水产品资源不仅包括水生野生动物，还包括海藻类、淡水食用水生植物类等水产品。而非法狩猎罪的犯罪对象则是除国家重点保护的珍贵、濒危野生动物资源、水生野生动物资源以外的陆生野生动物资源。第二，客观方面不同。非法捕捞水产品罪是在禁渔区、禁渔期或使用禁用的工具、方法非法捕捞水产品，情节严重的行为，打击的是危及水产资源的"捕捞"行为。而非法狩猎罪是在禁猎区、禁猎期或者使用禁用的工具、方法进行狩猎，情节严重的行为，打击的则是与危害陆生动物相关的"狩猎"行为。在非法捕捞水产品的过程中，误捕、误杀珍贵、濒危水生野生动物的，如对非法捕捞行为明知，但对捕捞的对象是珍贵、濒危水生野生动物不明知的，可作为非法捕捞水产品罪的从重处罚情节考虑。如对非法捕捞行为明知，对捕捞的对象是珍贵、濒危水生野生动物也明知的，则一行为同时触犯数个罪名，符合想象竞合犯的特征，则从非法捕捞水产品罪和非法猎捕、杀害珍贵、濒危野生动物罪中择一重罪从重处罚。

3. 非法捕捞水产品罪与污染环境罪的界限

污染环境罪，是指违反国家规定，排放、倾倒或者处置有放射性的废物、含传染病病原体的废物、有毒物质或者其他有害物质，严重污染环境的行为。二者侵犯的客体都是环境资源保护的管理秩序，但二者的区别也非常明显。第一，侵犯的直接客体有所不同。非法捕捞水产品罪侵犯的是国家保护水产资源的管理制度；而污染环境罪侵犯的是国家环境保护制度。第二，行为方式不同。非法捕捞水产品罪的行为方式是在禁渔区、禁渔期或者利用禁用的工具、方法进行捕捞；而污染环境罪的行为方式表现为行为人违反国家规定，排放、倾倒或者处置有放射性的废物、含传染病病原体的废物、有毒物质或者其他有害物质。第三，主观方面不同。非法捕捞水产品罪是典型的故意犯罪，其故意形态包括直接故意和间接故意；而污染环境罪的主观方面为过失。如果行为人在非法捕捞行为过程中严重污染环境，同时构成两罪的，属一行为触犯数个罪名的情况，应根据刑法理论按照想象竞合犯从一重罪处断。

（三）非法捕捞水产品罪特殊形态的认定

1. 共同犯罪的认定

二人以上共同实施非法捕捞行为，构成犯罪的，属于非法捕捞水产品罪的共同犯罪。

案　　例

　　被告人李某单独或分别伙同被告人史某（另案）、扈某，于2006年2月9日在青海湖北岸某水域非法捕捞湟鱼100斤。① 被告人潘某以每斤1元的价格收购，在运往西宁途中被某渔政支队

------

① 1斤＝500克。

查扣。2007 年 6 月 2 日至 7 月 14 日晚，被告人李某、扈某、史某分别或合伙 4 次在青海湖北岸某水域非法盗捕湟鱼。其中 3 次由被告人潘某指使冯某及潘某本人以每公斤 1 元的价格收购并在西宁市销售。2007 年 11 月 18 日被告人扈某主动到公安机关投案，并供述了在青海湖北岸某水域伙同被告人李某等人非法捕鱼的事实经过。人民法院审理后依据有关法律，以非法捕捞水产品罪，分别判处被告人李某有期徒刑 1 年 6 个月，缓刑 2 年；判处被告人扈某有期徒刑 1 年，缓刑 1 年；以犯掩饰、隐瞒犯罪所得收益罪，判处被告人潘某有期徒刑 10 个月，缓刑 1 年，并处罚金 5000 元。

在此案中，被告人李某和扈某基于共同的犯罪故意，一起实施非法捕鱼行为，彼此之间有意思联络，因此构成非法捕捞水产品罪的共犯。

2. 罪数形态的认定

行为人在非法捕捞水产品过程中，对渔政管理人员依法履行公务的行为实施暴力、威胁，同时构成妨害公务罪的，如果非法捕捞水产品行为不独立构成犯罪的，则以妨害公务罪处断。如果非法捕捞水产品行为和妨害公务行为均构成犯罪的，则应当数罪并罚。如果对渔政管理人员实施暴力，发生致人重伤或者死亡的结果，则该行为既符合非法捕捞水产品罪的构成要件又符合故意伤害罪或者故意杀人罪的构成要件，应按非法捕捞水产品罪和故意伤害罪或者故意杀人罪数罪并罚。另外，如果行为人为了捕捞水产品，故意利用毒鱼、炸鱼、电鱼的手段非法进行捕捞作业，触犯环境保护法规，导致环境受到影响，情节严重的行为，构成非法捕捞水产品罪。但与此同时，如果利用毒鱼、炸鱼、电鱼的方法进行非法捕捞危及他人的财产和健康甚至危及公共安全的，不能以非法捕捞水产品罪一概论之，应当视具体情况而确定行为的性质。如果行为人为捕捞水产品，不顾人畜安危，向供饮用的池塘中投掷大量剧毒药物，或者向堤坝、其他公共设施附近的水库中投掷大量炸药，严重危害公共安全的，属于危害公共安全类犯罪和非法捕捞水产品罪的想象竞合犯，按照想象竞合犯的处罚原则，应定性为危害公共安全类的犯罪，如投放危险物质罪、爆炸罪等，不适用数罪并罚。

四、非法捕捞水产品罪的刑事责任

(一) 非法捕捞水产品罪的刑罚适用

根据《刑法》第三百四十条的规定，违反保护水产资源法规，在禁渔区、禁渔期或者使用禁用的工具、方法捕捞水产品，情节严重的，处三年以下有期徒刑、拘役、管制或者罚金。

《刑法》第三百四十六条是对单位犯非法捕捞水产品罪的处罚。单位犯非法捕捞水产品罪的，对单位实行双罚制，即对单位判处罚金，并对其直接负责的主管人员和其他直接责任人员，依照自然人犯非法捕捞水产品罪的规定处罚。

(二) 非法捕捞水产品罪的追诉标准

根据《立案追诉标准 (一)》第六十三条的规定，违反保护水产资源法规，在禁渔区、禁渔期或者使用禁用的工具、方法捕捞水产品，涉嫌下列情形之一的，应予以非法捕捞水产品罪立案追诉。①在内陆水域非法捕捞水产品 500 公斤以上或者价值 5000 元以上，或者在海洋水域非法捕捞水产品 2000 公斤以上或者价值 2 万元以上的。内陆水域和海洋水域是对水域所作的一种划分。内陆水域是大陆海岸线以内的水域，包括湖泊、河流、水库、坑塘等；海洋水域是大陆海岸线以外的水域。由于内陆水域水产资源相对有限，所以《立案追诉标准 (一)》规定在内陆水域非法捕捞水产品罪的立案追诉标准要低于在海洋水域非法捕捞水产品罪的立案追诉标准，以突出对内陆水域水产资源的保护。②非法捕捞有重要经济价值的水生动物苗种、怀卵亲体或者在水产种质资源保护区内捕捞水产品，在内陆水域 50 公斤以上或者价值 500 元以上，或者在海洋水域 200 公斤以上或者价值 2000 元以上的。根据 2005 年农业部公布的《水产苗种管理办法》的规定，水生动物的苗种，是指用于繁育、增养殖生产和科研试验、观赏的水产动物的亲体、稚体、幼体、受精卵及其遗传育种材料。怀卵亲体，是指怀有受精卵的水生动物。水产种质资源保护区，是指为保护和合理利用水产种质资源及其生存环境，在保护对象的产卵场、索饵场、越冬场、洄游通道等主要生长繁育区域依法划出一定面积的水域滩涂和必要的土地，予以特殊保护和管理的区域。水产种质资源保护区分为国家级和省级。其中，国家级水产种质资源保护区，是指在国内、国际有重大影响，具有重要经济价值、遗传育种价值或特殊生态保护和科研价值，保护对象为重要的、洄游性的共用水产种质资源或分布区域跨省（自治区、直辖市）际行政区划或海域管辖权限的，经国务院或农业部批准并公布的水产种质资源保护区。③在禁渔区内使用禁用的工具或者禁用的方法捕捞的。④在禁渔期内使用禁用的工具或者禁用的方法捕捞的。⑤在公海使用禁用渔具从事捕捞作业，造成严重影响的。根据 1982 年《联合国海洋法公约》，"公海"部分的规定适用于不包括在国家的专属经济区，领海或内水或群岛国的群岛水域内的全部海域。世界人口增加、捕鱼技术日益进步和捕鱼量不断增加，造成了鱼源普遍枯竭。各国经济技术发展又不平衡，发达国家发展远洋渔业，到别国近海滥行捞捕，对沿海国的渔业资源造成严重威胁。但公海捕鱼并非毫无限制，必须照顾到各个国家的利益和整个世界的共同利益。早在 1958 年联合国第一次海洋法会议制定的《捕鱼及养护公海生物资源公约》就规定公海捕鱼自由受该公约关于养护的各项规定的限制，并须尊重沿海国权益。该公约指出，所谓"养护"是使公海生物资源能保持最适当的持久产量，以保证食物及其他海产的供应。所有国家，特别是沿海国和有国民在某区域捕鱼的国家，必须与其他国家合作实施养护措施。在公海使用禁用渔具从事捕捞作业破坏了公海生物资源养护制度的规定，如果造成严重影响的，应当立案。⑥其他情节严重的情形。这属于概括性的规定，凡是违反保护水产资源法规，在禁渔区、禁渔期或者使用禁用的工具、方法捕捞水产品，具有与上述手段同等危害性的情节，都应当立案追诉。

第二节　非法猎捕、杀害珍贵、濒危野生动物罪

　　根据《刑法》第三百四十一条第一款的规定，非法猎捕、杀害珍贵、濒危野生动物罪，是指违反国家野生动物保护法规，猎捕、杀害国家重点保护的珍贵、濒危野生动物的行为。一般表现为未取得有关主管部门颁发的特许猎捕证，或者虽取得特许猎捕证但未按规定的种类、数量、地点、期限猎捕、杀害珍贵、濒危野生动物的行为。

一、非法猎捕、杀害珍贵、濒危野生动物罪的立法演变

1979 年《刑法》规定了非法狩猎罪和非法捕捞水产品罪，这是我国《刑法》第一次规定破坏野生动物资源犯罪，但是立法较为概括，没有将珍贵、濒危野生动物资源加以区别保护，且最高法定刑仅为 2 年有期徒刑，不能有效保护珍贵、濒危野生动物。进入 20 世纪 80 年代，国家完成了《野生动物保护法》、《中华人民共和国陆生野生动物保护实施条例》（简称《陆生野生动物保护实施条例》）等一系列法律、法规的制定。在上述法律、法规中，首次规定了非法捕杀国家重点保护野生动物的行为应当追究刑事责任。与之相匹配，1988 年 11 月 8 日全国人大常委会公布了《关于惩治捕杀国家重点保护的珍贵、濒危野生动物犯罪的补充规定》。该补充规定将非法捕杀国家重点保护的珍贵、濒危野生动物的行为规定为犯罪，并将最高法定刑提高到七年有期徒刑。但是该补充规定仍不够完善，表现为无论情节多么严重，最高只能判处七年有期徒刑，不能适应抑制该类犯罪的实践需要。1997 年《刑法》在以往立法基础上，单独规定了非法猎捕、杀害珍贵、濒危野生动物罪，增加规定了单位犯罪，区分了不同的犯罪情节，在法定刑幅度上作了较大调整，将最高法定刑提升至 15 年有期徒刑，加大了对该行为的惩处力度。最高人民法院《关于执行〈中华人民共和国刑法〉确定罪名的规定》（1997 年 12 月 11 日，法释〔1997〕9 号）根据修订的《刑法》第三百四十一条第一款规定了"非法猎捕、杀害珍贵、濒危野生动物罪"罪名。

二、非法猎捕、杀害珍贵、濒危野生动物罪的构成要件

（一）非法猎捕、杀害珍贵、濒危野生动物罪的客体

非法猎捕、杀害珍贵、濒危野生动物罪侵犯的客体是国家对重点保护的珍贵、濒危野生动物的管理秩序。珍贵、濒危野生动物是国家的一项宝贵自然资源，不仅具有重要的经济价值，而且具有重要的文化价值、社会价值及政治价值，因此，国家通过制定一系列保护野生动物的法律、法规，对珍贵、濒危野生动物予以重点保护。例如，《野生动物保护法》、

《陆生野生动物保护实施条例》、《中华人民共和国水生野生动物保护实施条例》等，这些法律、法规共同构建了有关国家重点保护的珍贵、濒危野生动物的管理制度体系。例如，《野生动物保护法》第九条规定，"国家对珍贵、濒危的野生动物实行重点保护"。《陆生野生动物保护实施条例》第十一条规定，禁止猎捕、杀害国家重点保护野生动物。有法定情形需要猎捕国家重点保护野生动物的，必须申请特许猎捕证。非法捕杀珍贵、濒危动物的行为，致使国家重点保护的珍贵、濒危野生动物濒临灭绝的危险，严重侵犯了国家对野生动物资源的保护和管理秩序，应当依法予以惩处。

非法猎捕、杀害珍贵、濒危野生动物罪的犯罪对象不同于其他破坏野生动物资源犯罪，仅指国家重点保护的珍贵、濒危野生动物，具有特定性。《野生动物保护法》第九条第一款规定："国家对珍贵、濒危的野生动物实行重点保护。国家重点保护的野生动物分为一级保护野生动物和二级保护野生动物。国家重点保护的野生动物名录及其调整，由国务院野生动物行政主管部门制定，报国务院批准公布。"1988 年 12 月 10 日由国务院批准的、1989 年 1 月 14 日由林业部和农业部联合发布的《国家重点保护野生动物名录》中，共计包含 389 种国家重点保护野生动物。2003 年 2 月 21 日经国务院批准国家林业局第七号令对该名录进行了微调。2000 年 11 月 27 日最高人民法院公布的《关于审理破坏野生动物资源刑事案件具体应用法律若干问题的解释》第一条规定，该罪规定的"珍贵、濒危野生动物"，包括列入《国家重点保护野生动物名录》的国家一、二级保护野生动物，列入《濒危野生动植物种国际贸易公约》附录一、附录二的野生动物，以及驯养繁殖的上述物种。国家重点保护的珍贵、濒危野生动物，包括陆生野生动物和水生野生动物。陆生野生动物，是指依法受保护的珍贵、濒危、有益的和有重要经济、科学研究价值的陆生野生动物；水生野生动物，是指珍贵、濒危的水生野生动物。其中珍贵野生动物，是指在生态、科学研究、经济、文化等方面具有重要价值的野生动物。非珍贵、濒危野生动物不能成为该罪的犯罪对象。目前我国重点保护的野生动物分为两级：一级保护野生动物和二级保护野生动物，前者指我国特产的或者濒于绝种的野生动物；后者则指数量极少的或者有濒于灭绝危险的野生动物。

在实践中，认定非法猎捕、杀害珍贵、濒危野生动物罪的犯罪对象应注意以下四个方面的问题。

一是珍贵、濒危野生动物范围的界定。《国家重点保护野生动物名录》是界定非法猎捕、杀害珍贵、濒危野生动物罪犯罪对象范围的标准。凡列入名录的野生动物才能被认定为珍贵、濒危野生动物,行为人捕杀名录以外的其他野生动物,一般不构成该罪。例如,在禁猎区、禁猎期,以及使用禁用的工具或方法捕杀其他野生动物情节严重的,可构成非法狩猎罪。国家重点保护的野生动物名录如有调整,应以国务院批准公布的为准。某些野生动物在被列入名录之前不属于该罪犯罪对象,行为人捕杀的,亦不构成该罪;如果在被增列为国家重点保护野生动物之后而被行为人非法捕杀的,应以该罪论。

我国于 1981 年加入《濒危野生动植物种国际贸易公约》,该公约附录所列濒危野生动物共计 12 纲、63 目、178 科、850 属种(此处统计数字截止到生效日期),皆为非法猎捕、杀害珍贵、濒危野生动物罪犯罪对象。例如,金带喙凤蝶虽未被列入《国家重点保护野生动物名录》,但原产地在我国,并已被列入《濒危野生动植物种国际贸易公约》附录,我国是该公约的成员国,因此,金带喙凤蝶属于国家重点保护的野生动物,亦属于该罪的犯罪对象。此外,根据 1993 年 4 月 14 日林业部发布的《关于核准部分濒危野生动物为国家重点保护野生动物的通知》,我国已将该公约附录一和附录二所列非原产于我国的所有野生动物,分别核准为国家一级和国家二级保护野生动物。对这些野生动物及其产品(包括任何可辨认部分或其衍生物)的管理,同原产于我国的国家一级和国家二级保护野生动物一样,按照国家现行法律、法规和规章的规定实施管理。

二是关于未定名或定名不明确的野生动物种类问题。其一,未定名的野生动物种类应如何认定。新发现的野生动物种类在没有经权威机构鉴定以前,不属非法猎捕、杀害珍贵、濒危野生动物罪的犯罪对象;如经鉴定后,补入《国家重点保护野生动物名录》之中,应以该罪犯罪对象认定。其二,《国家重点保护野生动物名录》中的中文学名与拉丁文学名不一致时应如何认定。例如,三尾褐凤蝶(非东川亚种)是否属于国家重点保护野生动物问题。林业部 1995 年 8 月 30 日关于三尾褐凤蝶问题所作的答复指出,《国家重点保护野生动物名录》中所列三尾褐凤蝶的中文学名与拉丁文学名不一致。但是,中文是我国的法定文字,在《国家重点保护野生动物名录》施行以后的有关野生动物管理文件中,均以中文学名为准。因此,当《国家重点保护野生动物名录》中所列野生动物的中文学名与拉丁文学名不一致时,应当以野生动物的中文学名为准。因此,凡《国家重点保护野生动物名录》已确定中文学名的野生动物,就是国家重点保护野生动物。

三是地方重点保护野生动物问题。地方重点保护野生动物,是指国家重点保护野生动物以外，由省（自治区、直辖市）重点保护的野生动物。根据《野生动物保护法》第九条的规定，地方重点保护的野生动物名录，由省（自治区、直辖市）政府制定并公布，报国务院备案。这说明地方重点保护野生动物名录是与国家重点保护野生动物名录相互衔接、相互补充的，其保护范围亦与《野生动物保护法》相吻合。地方重点保护野生动物不能一概以非法猎捕、杀害珍贵、濒危野生动物罪犯罪对象论，其中与国家重点保护野生动物相互重叠的部分，即那些载入《国家重点保护野生动物名录》的野生动物自然属于该罪犯罪对象，其他地方重点保护野生动物，一般不属于该罪犯罪对象。

四是特定环境中珍贵、濒危野生动物问题。在某些特定环境中，珍贵、濒危野生动物能否作为非法猎捕、杀害珍贵、濒危野生动物罪犯罪对象来认定，如动物园或公园中经人工驯养的野生动物，以及科学研究过程中使用的野生动物等。行为人构成该罪的决定因素是捕杀对象。只有非法捕杀《国家重点保护野生动物名录》中所列野生动物，才可构成该罪。现行有关法律、法规未就捕杀野生动物的区域及捕杀特定环境中的野生动物做出任何限制性规定。因此，无论行为人于何处非法捕杀珍贵、濒危野生动物，都可以构成该罪。另外，特定环境中的动物仍属于野生动物的范畴。野生的本意为未经人工驯养。根据《野生动物保护法》第二条的规定，野生动物，是指珍贵、濒危的陆生、水生野生动物和有益的或者有重要经济、科学研究价值的陆生野生动物。该条同时规定，在我国境内从事野生动物的保护、驯养繁殖、开发利用活动，必须遵守《野生动物保护法》。由此可见，野生动物经人工驯养只是使其生存环境发生变化，而野生动物自身的属性并未发生转变。至于野生动物是否处于特定环境中，对行为人非法捕杀行为的成立并不产生影响。公园、动物园或者科研机构这种特定环境中的野生动物除具有自身属性外，还具有财产的属性。这种情况下，行为人侵犯的对象，则具有双重属性。行为人实施的非法捕杀行为并非一种单纯的捕杀野生动物的行为，可能是其他犯罪行为的手段行为。这种情况应当按牵连犯处理。[①]

（二）非法猎捕、杀害珍贵、濒危野生动物罪的客观方面

非法猎捕、杀害珍贵、濒危野生动物罪在客观方面表现为违反《野生

---

① 赵秉志.2004.中国刑法案例与学理研究.北京：法律出版社：269－271.

动物保护法》的规定，进行猎捕、杀害国家重点保护的珍贵、濒危野生动物的行为。所谓猎捕，是指以猎具、药物或其他器具及方法捕捉或捕捞野生动物的行为；所谓杀害，是指以任何方式害死野生动物的行为。根据《野生动物保护法》第十六条的规定，禁止猎捕、杀害国家重点保护野生动物。如因科学研究、驯养繁殖、展览或者其他特殊情况，需要捕捉、捕捞国家一级保护野生动物的，必须向国务院野生动物行政主管部门申请特许猎捕证；猎捕国家二级保护野生动物的，必须向省、自治区、直辖市政府野生动物行政主管部门申请特许猎捕证。猎捕者必须根据猎捕证所规定的种类、数量、地点和期限进行猎捕，不得使用军用武器、毒药、炸药进行猎捕，违反上述规定猎捕、杀害珍贵、濒危野生动物的，均属非法。在实践中，具有非法猎捕和杀害两种方式之一的，即可构成非法猎捕、杀害珍贵、濒危野生动物罪，同时具备两种方式的，也只构成一罪，不能按数罪并罚处理。

非法猎捕、杀害珍贵、濒危野生动物的行为方式多种多样，但可以归纳为三类：猎取珍贵、濒危的陆生野生动物，捕捞珍贵、濒危的水生野生动物，杀害珍贵、濒危的陆生或水生野生动物。非法猎捕、杀害珍贵、濒危野生动物罪属于行为犯，只要行为人实施了非法猎捕、杀害珍贵、濒危野生动物的行为，就构成犯罪。不以其是否具备"情节严重"为犯罪成立的条件，行为人只要故意实施了非法猎捕、杀害国家重点保护的珍贵、濒危野生动物的行为，不管结果如何，均可构成该罪。

在合法使用、驯养、繁殖、展览珍贵野生动物等活动中，致使野生动物死亡的，认定时应具体情况具体分析。一般情况下，在对珍贵、濒危野生动物进行科学研究和驯养、繁殖过程中，如非人为因素，而是野生动物在适应环境中自然死亡的，则属意外事件；如因人为管理不善或其他人为因素，如对野生动物的习性不完全了解而喂养不当等，造成野生动物死亡的，亦不构成犯罪；如在科学研究或驯养、繁殖过程中，故意杀害这些野生动物的，则应以非法猎捕、杀害珍贵、濒危野生动物罪论处。

（三）非法猎捕、杀害珍贵、濒危野生动物罪的主体

非法猎捕、杀害珍贵、濒危野生动物罪的犯罪主体为一般主体，既可以是达到刑事责任年龄、具有刑事责任能力的自然人，又可以是单位。在市场经济条件下，一些单位为谋取单位的利益，不顾国家法律的规定，非

法猎捕、杀害珍贵、濒危野生动物，同样可以构成该罪。

（四）非法猎捕、杀害珍贵、濒危野生动物罪的主观方面

非法猎捕、杀害珍贵、濒危野生动物罪在主观方面表现为故意，包括直接故意和间接故意，行为人的主观认识因素必须是明知行为对象是或可能是国家重点保护的珍贵、濒危野生动物而仍加以猎捕、杀害，意志因素既可以是希望也可以是放任。如果缺乏必要的认识，误捕误杀的，即行为人在主观上没有认识到自己行为的违法性的，不构成该罪。行为人可能是为了出卖牟利、自食自用、馈赠亲友或者取乐的目的，不论动机如何，都不影响该罪的构成。

三、非法猎捕、杀害珍贵、濒危野生动物罪的认定

（一）非法猎捕、杀害珍贵、濒危野生动物罪与其他犯罪的界限

1. 非法猎捕、杀害珍贵、濒危野生动物罪与非法捕捞水产品罪的界限

两罪在犯罪主体、犯罪主观方面相同，同类客体都是环境资源保护秩序。其区别主要包括以下三点。第一，直接客体不同。非法猎捕、杀害珍贵、濒危野生动物罪所侵犯的直接客体为国家对珍贵、濒危野生动物资源的重点保护制度；而非法捕捞水产品罪所侵犯的直接客体为国家对水产资源的保护秩序。第二，犯罪客观方面不同。非法猎捕、杀害珍贵、濒危野生动物罪表现为非法猎捕、杀害珍贵、濒危野生动物的行为，不受犯罪情节的限制；而非法捕捞水产品罪则表现为在禁渔区、禁渔期捕捞水产品，或者使用禁用的工具、方法捕捞水产品，情节严重的行为。第三，犯罪对象不同。非法猎捕、杀害珍贵、濒危野生动物罪的犯罪对象为国家重点保护的珍贵、濒危野生动物，既包括陆生的野生动物，也包括水生的野生动物；而非法捕捞水产品罪的犯罪对象指除珍贵、濒危的水生野生动物以外的其他水生动植物，不仅包括水生野生动物，还包括人工养殖的水生动物，以及海藻类、淡水食用水生植物类等水产品。例如，河南省某县农民汪某与其妻李某分别于 1995 年 4 月和 1996 年 3 月、

1996年4~5月，到本村娃娃鱼保护区的某河道上逮娃娃鱼。两年来，汪某夫妻共非法捕获娃娃鱼19条，获赃款3320元。从表面上看，这是一起非法捕捞水产品的犯罪案件。但是，由于娃娃鱼系国家二级保护的珍贵、濒危野生动物，所以，本案应当以该罪定罪处罚，而不能以非法捕捞水产品罪处理。[①]

2. 非法猎捕、杀害珍贵、濒危野生动物罪与非法狩猎罪的界限

《刑法》对一般的野生动物的猎捕也有明确的保护规定。这些野生动物虽不属于珍贵、濒危野生动物，但过量捕杀也会造成对野生动物资源的破坏，打破生态平衡，最终破坏人类生存的环境。因此国家虽没有绝对禁止猎捕，但出于保护我们人类自身的长远利益的考虑，对猎捕这些野生动物的活动，如对狩猎活动的区域、季节和狩猎使用的方法，都作了严格的规定。如果违反了这些规定而从事狩猎活动，情节严重的，就构成了非法狩猎罪。两罪在犯罪主体、主观方面都相同，均是一般主体、皆属故意犯罪。两罪的主要区别有三点。①两罪侵犯的客体不尽相同。其同类客体都是对环境资源保护和管理制度的侵犯，只是犯罪所侵犯的直接客体有所不同，非法猎捕、杀害珍贵、濒危野生动物罪所侵犯的直接客体为国家对珍贵、濒危野生动物资源的重点保护制度；而非法狩猎罪所侵犯的直接客体为国家保护野生动物资源的管理制度。②犯罪客观方面不同。非法猎捕、杀害珍贵、濒危野生动物罪表现为非法猎捕、杀害珍贵、濒危野生动物的行为，行为人只要客观上对国家重点保护的珍贵、濒危野生动物实施了非法捕杀行为，即可构成犯罪，不受任何禁止性条件和情节是否严重的限制；而非法狩猎罪是以特定的时间、地点、方法为必要条件，即行为人必须在禁猎区、禁猎期狩猎或使用禁用的工具、方法狩猎，并且非法狩猎罪是情节犯，情节严重的才能构成犯罪。③犯罪对象不同。非法猎捕、杀害珍贵、濒危野生动物罪的犯罪对象为列入《国家重点保护野生动物名录》的珍贵、濒危野生动物，既包括陆生的野生动物，也包括水生的野生动物；而非法狩猎罪的犯罪对象是除珍贵、濒危的陆生野生动物和水生野生动物以外的一般陆生野生动物，即未列入《国家重点保护野生动物名录》的其他所有陆生野生动物。

---

① 王作富.2003.刑法分则实务研究.第二版.下.北京：中国方正出版社：1720，1721.

案　　例

　　2008 年 4 月 8 日晚，赵某携带电瓶照明灯，在甲村的油菜田里，采用灯照等手段，猎得猫头鹰 1 只，猫头鹰属于国家二级重点保护野生动物。随后，他又在乙村北面的竹林里（该地区属于禁猎区），采用上述手段，猎得属于国家保护的"三有"动物（有益的或者有重要经济、科学研究价值的陆生野生动物）山斑鸠 4 只。次日上午，赵某在乙村马路市场出售上述鸟类时被公安人员发现，人赃并获。最终，被告人赵某因犯非法猎捕珍贵野生动物罪和非法狩猎罪被人民法院一审判处有期徒刑 11 个月，并处罚金人民币 2000 元。

　　在上述案例中，赵某在一夜之间，基于概括的犯意，先后实施了猎捕一般野生动物和国家二级重点保护野生动物的行为，但是由于犯罪对象性质的不同，触犯罪名也不同。行为人猎捕国家二级重点保护野生动物猫头鹰的行为，已经成立非法猎捕珍贵野生动物罪。其后赵某猎捕山斑鸠 4 只的行为，虽然没有达到 20 只的数额标准，但是其属于在禁猎区猎捕，使用了禁用的夜间照明方式，根据最高人民法院《关于审理破坏野生动物资源刑事案件具体应用法律若干问题的解释》第六条的规定，违反狩猎法规，在禁猎区、禁猎期或者使用禁用的工具、方法狩猎的，属于非法狩猎"情节严重"，成立非法狩猎罪，所以应数罪并罚。

（二）非法猎捕、杀害珍贵、濒危野生动物罪特殊形态的认定

1. 共同犯罪的认定

　　二人以上共同实施非法猎捕、杀害珍贵、濒危野生动物的行为，构成犯罪的，以共同犯罪论处。

案　　例

　　1996 年 5 月，被告人冶某、谭某明在谭某沙（在逃）的组织策划下，与他人一起组成 8 人捕猎团伙（6 人在逃）。他们驾驶两辆北京吉普车和一辆"东风"牌货车，携带两支小口径步枪及子

弹 6000 余发，从格尔木市出发，在新疆、甘肃、青海三省区交界处的阿克赛沙滩附近，非法捕杀国家一级保护动物藏羚羊 170 只。返回格尔木后将 120 张藏羚羊皮倒卖，得赃款 30 000 余元，剩余 50 张藏匿于被告人冶某家，案发后被格尔木市公安局查获并依法没收。1998 年 7 月 23 日，青海省某自治州人民检察院以被告人冶某、谭某明犯非法猎捕、杀害珍贵、濒危野生动物罪，向青海省某自治州中级人民法院提起公诉。被告人冶某辩称，自己只是受雇于谭某沙，负责给打猎的人做饭，系从犯。其辩护人也认为，被告人冶某虽然参与了非法捕杀珍贵濒危野生动物的犯罪活动，但其系受雇于他人，所起作用较小，请求法庭予以从轻处罚。被告人谭某明辩称，自己受雇于谭某沙，负责开车，系从犯。其辩护人认为，被告人谭某明在共同犯罪中起次要作用，系从犯，应从轻、减轻或免除处罚。青海省某自治州中级人民法院经公开审理后认为：被告人冶某、谭某明违反国家对野生动物资源的保护管理制度，参与捕猎团伙捕杀国家一级保护动物藏羚羊，其行为均已构成非法猎捕、杀害珍贵、濒危野生动物罪，且情节严重，应予严惩。公诉机关指控的犯罪事实清楚、证据确凿，罪名成立。被告人冶某在共同犯罪中起主要作用，系主犯，其本人的辩解和辩护人的辩护意见均与事实不符，本院不予采纳。被告人谭某明在共同犯罪中起次要作用，系从犯，应予以减轻处罚，其本人的辩解和辩护人的辩护意见成立，本院予以采纳。据此，该院依照《刑法》第三百四十一条第一款、第二十六条、第二十七条的规定，于 1998 年 10 月 19 日做出〔1998〕西中刑初学第 24 号刑事判决如下：被告人冶某犯非法猎捕、杀害珍贵、濒危野生动物罪，判处有期徒刑 8 年，并处罚金 1 万元。被告人谭某明犯非法猎捕、杀害珍贵、濒危野生动物罪，判处有期徒刑 4 年，并处罚金 8000 元。[①]

在上述案例中，被告人冶某、谭某明伙同他人，基于共同猎杀藏羚羊的故意，实施猎杀藏羚羊的行为，构成非法猎捕、杀害珍贵、濒危野生动

---

① 佚名.2011.冶某、谭某明非法猎捕、杀害珍贵、濒危野生动物案.北大法律信息网.http://vip.chinalawinfo.com.

物罪的共犯，因此人民法院的判决是正确的。

2.罪数形态的认定

非法猎捕、杀害珍贵、濒危野生动物罪是选择性罪名。行为人实施了猎捕、杀害中的任一种行为就构成该罪；实施了两种行为的，仍然构成该罪，而不适用数罪并罚。

在实践中，认定非法猎捕、杀害珍贵、濒危野生动物还应注意以下问题。①行为人为非法猎捕、杀害珍贵、濒危野生动物而伪造主管机关的批文、许可证的，属于手段行为和目的行为的牵连犯，从一重罪论处，应以该罪定罪处罚。如果行为人还向他人提供伪造的批文、许可证，则构成数罪，以该罪和伪造、变造、买卖国家机关公文、证件、印章罪数罪并罚。②行为人非法猎捕、杀害珍贵、濒危野生动物，而后又走私的，如果能够证明行为人是出于走私的目的非法猎捕、杀害珍贵、濒危野生动物的，则属于手段行为和目的行为的牵连犯，从一重罪论处；反之，构成数罪，以该罪和走私珍贵动物罪实行数罪并罚。③如果行为人在非法猎捕、杀害珍贵、濒危野生动物过程中，伤害他人或威胁公共安全的，我们认为，如果是猎捕、杀害的同时伤害了他人或足以危害公共安全，则以想象竞合犯，从一重罪论处；如果出于另一个目的而故意伤害他人或危害公共安全的，则构成数罪。④如果在行为人非法捕杀的野生动物中，既有国家重点保护的珍贵、濒危野生动物，又有一般野生动物，对此应当具体分析。如果行为人不知道捕杀的是国家重点保护的珍贵、濒危野生动物，当然不构成该罪。至于是否构成非法狩猎罪，要看其是否符合特定的时间、地点、方法或者工具及情节是否严重等条件。如果行为人明知既有国家重点保护的珍贵、濒危野生动物，又有一般野生动物而非法捕杀，而且捕杀后者也达到犯罪程度的，则应分别定罪，实行数罪并罚。

另外，根据最高人民法院《关于审理破坏野生动物资源刑事案件具体应用法律若干问题的解释》第七至第九条的规定。①使用爆炸、投毒、设置电网等危险方法破坏野生动物资源，构成非法猎捕、杀害珍贵、濒危野生动物罪，同时构成《刑法》第一百一十四条或者第一百一十五条规定之罪的，依照处罚较重的规定定罪处罚。②实施该罪行为，又以暴力、威胁方法抗拒查处，构成其他犯罪的，依照数罪并罚的规定处罚。③伪造、变造、买卖国家机关颁发的野生动物允许进出口证明书、特许猎捕证、狩猎证、驯养繁殖许可证等公文、证件构成犯罪的，依照《刑法》第二百八十条第一款的规定以伪造、变造、买卖国家机关公文、证件罪定罪处罚。实施上述行为构成犯罪，同时构成《刑法》第二百二十五条第二项规定的非法经营罪的，依照处罚较重的规定定罪处罚。

四、非法猎捕、杀害珍贵、濒危野生动物罪的刑事责任

（一）非法猎捕、杀害珍贵、濒危野生动物罪的刑罚适用

《刑法》第三百四十一条第一款规定，犯非法猎捕、杀害珍贵、濒危野生动物罪的，处五年以下有期徒刑或者拘役，并处罚金；情节严重的，处五年以上十年以下有期徒刑，并处罚金；情节特别严重的，处十年以上有期徒刑，并处罚金或者没收财产。《刑法》第三百四十六条规定，单位犯该罪的，对单位判处罚金，并对其直接负责的主管人员和其他直接责任人员，依照对自然人的规定处罚。

根据最高人民法院《关于审理破坏野生动物资源刑事案件具体应用法律若干问题的解释》第三条和第四条的规定，具有下列情形之一的，属于"情节严重"。①达到该解释附表所列相应数量标准的；②非法猎捕、杀害不同种类的珍贵、濒危野生动物，其中两种以上分别达到附表所列"情节严重"数量标准一半以上的。具有下列情形之一的，属于"情节特别严重"：①达到该解释附表所列相应数量标准的；②非法猎捕、杀害不同种类的珍贵、濒危野生动物，其中两种以上分别达到附表所列"情节特别严重"数量标准一半以上的。

非法猎捕、杀害珍贵、濒危野生动物构成犯罪，具有下列情形之一的，可以认定为情节严重：①犯罪集团的首要分子；②严重影响野生动物的科研、养殖等工作顺利进行的；③以武装掩护方法实施犯罪的；④使用特种车、军用车等交通工具实施犯罪的；⑤造成其他重大损失的。非法猎捕、杀害珍贵、濒危野生动物的行为，具有上述情形之一的，并且符合"情节严重"①、②项的规定，也可以认定为"情节特别严重"。

（二）非法猎捕、杀害珍贵、濒危野生动物罪的追诉标准

关于非法猎捕、杀害珍贵、濒危野生动物罪的立案追诉标准，可参考

2001 年 4 月 16 日国家林业局、公安部印发的《关于森林和陆生野生动物刑事案件管辖及立案标准》及《立案追诉标准（一）》中的相关规定。国家林业局、公安部《关于森林和陆生野生动物刑事案件管辖及立案标准》规定，凡非法猎捕、杀害国家重点保护的珍贵、濒危陆生野生动物的应当立案。《立案追诉标准（一）》第六十四条第一款规定："非法猎捕、杀害国家重点保护的珍贵、濒危野生动物的，应予立案追诉。"从上述规定可以看出，该罪在立案追诉时不以猎捕的数量多少为衡量标准。一般来说，只要故意实施了非法猎捕、杀害国家重点保护的珍贵、濒危野生动物的行为，不管是否得逞，结果如何，都可以构成该罪。但是，如果行为人出于过失或者意外事件，如受到动物的侵袭而采取紧急避险措施，杀死了珍贵、濒危野生动物的，则不构成该罪。

另外，《陆生野生动物保护实施条例》第三十三条规定："非法捕杀国家重点保护野生动物的……情节显著轻微危害不大的，或者犯罪情节轻微不需要判处刑罚的，由野生动物行政主管部门没收猎获物、猎捕工具和违法所得，吊销特许猎捕证，并处以相当于猎获物价值十倍以下的罚款，没有猎获物的处一万元以下罚款。"《中华人民共和国水生野生动物保护实施条例》第二十六条规定："非法捕杀国家重点保护的水生野生动物的……情节显著轻微危害不大的，或者犯罪情节轻微不需要判处刑罚的，由渔业行政主管部门没收捕获物、捕捉工具和违法所得，吊销特许捕捉证，并处以相当于捕获物价值十倍以下的罚款，没有捕获物的处以一万元以下的罚款。"根据上述规定，对那些情节显著轻微危害不大的，或者犯罪情节轻微不需要判处刑罚的，均不以该罪论处。

第三节　非法收购、运输、出售珍贵、濒危野生动物、珍贵、濒危野生动物制品罪

根据《刑法》第三百四十一条第一款的规定，非法收购、运输、出售珍贵、濒危野生动物、珍贵、濒危野生动物制品罪，是指故意违反国家野生动物保护法律、法规，非法收购、运输、出售国家重点保护的珍贵、濒危野生动物及其制品的行为。

一、非法收购、运输、出售珍贵、濒危野生动物、珍贵、濒危野生动物制品罪的立法演变

　　1979 年《刑法》制定时，立法者把关注重点放在侵犯计划经济犯罪、侵犯公民人身权利、民主权利等关系到民众切身利益的传统犯罪上，对破坏环境资源和动植物的保护这类没有直接受害人的犯罪重视程度普遍不够，且缺乏前瞻性，立法粗疏，没有规定非法收购、运输、出售珍贵、濒危野生动物、珍贵、濒危野生动物制品罪。对于出现的破坏野生动物资源等犯罪，在实践中做法不一。有的地方按照投机倒把罪定罪处罚，有的地方按照破坏公私财物罪定罪处罚，甚至有的地方则不以犯罪论处，这严重损害了《刑法》的严肃性，为随意出入人罪提供了可能，也有公民因对自己行为的后果不能预期而导致行为萎缩的危险。后来随着改革开放的深入，重大环境污染事故、破坏野生动植物资源等新型犯罪逐渐增多，其中有的犯罪社会危害性很大，群众和司法实务界要求惩治该类犯罪的呼声高涨，1988 年 11 月 8 日全国人大常委会《关于惩治捕杀国家重点保护的珍贵、濒危野生动物犯罪的补充规定》规定，非法捕杀国家重点保护的珍贵、濒危野生动物的，处七年以下有期徒刑或者拘役，可以并处或者单处罚金；非法出售倒卖、走私的，按投机倒把罪、走私罪处刑。这一规定对严密法网，惩治非法猎捕、杀害国家重点保护的珍贵、濒危野生动物犯罪行为具有积极意义。但是，该补充规定却在立法上留有瑕疵，即关于非法出售倒卖、走私国家重点保护的珍贵、濒危野生动物的行为，该补充规定是创设了独立罪名还是"按投机倒把罪、走私罪处刑"，这在学界引起很大争议，也给司法实务界造成困惑。1997 年《刑法》取消了投机倒把罪，针对该补充规定存在的不足，《刑法》第三百四十一条第一款规定了非法收购、运输、出售珍贵、濒危野生动物、珍贵、濒危野生动物制品罪这一明确的新罪，且区分"情节严重"和"情节特别严重"两种情形，规定了独立的法定刑。同时《刑法》第三百四十六条也对单位犯该罪的处罚原则做出了明确规定。最高人民法院《关于执行〈中华人民共和国刑法〉确定罪名的规定》（1997 年 12 月 11 日，法释〔1997〕9 号）根据修订的《刑法》第三百四十一条第一款规定了"非法收购、运输、出售珍贵、濒危野生动物、珍贵、濒危野生动物制品罪"罪名。

二、非法收购、运输、出售珍贵、濒危野生动物、珍贵、濒危野生动物制品罪的构成要件

（一）非法收购、运输、出售珍贵、濒危野生动物、珍贵、濒危野生动物制品罪的客体

非法收购、运输、出售珍贵、濒危野生动物、珍贵、濒危野生动物制品罪侵犯的客体是国家对珍贵、濒危野生动物资源的保护和管理制度。该罪从法律层面上来看，直接侵害了国家对珍贵、濒危野生动物保护的法律、法规，属法定犯范畴。但间接来看，该类行为破坏了地球物种的多样性，一旦地球物种多样性受到破坏，千万年形成的生态网络再也不能恢复，人类本身的生存也必然受到威胁，这也正是国家加强对珍贵、濒危野生动物予以立法保护的根本原因。

非法收购、运输、出售珍贵、濒危野生动物、珍贵、濒危野生动物制品罪侵害的对象是珍贵、濒危野生动物及其制品。根据最高人民法院《关于审理破坏野生动物资源刑事案件具体应用法律若干问题的解释》第一条的规定，"珍贵、濒危野生动物"，包括列入《国家重点保护野生动物名录》的国家一、二级保护野生动物、列入《濒危野生动植物种国际贸易公约》附录一、附录二的野生动物及驯养繁殖的上述物种。上述物种，包括陆生野生动物，也包括水生野生动物。特别需要说明的是，该罪罪名虽然指向的对象是珍贵、濒危野生动物及其制品，但出于科研、物种保护等目的而进行人工驯养繁殖的珍贵、濒危动物物种及其制品，也是该罪侵害的对象。没有列入上述名录的动物，包括未列入上述名录但列入地方野生动物保护名录的动物，不能成为该罪侵害的对象。

根据《野生动物保护法》的规定，我国重点保护的野生动物分为一级保护野生动物和二级保护野生动物两个等级。《国家重点保护野生动物名录》中规定国家重点保护的珍贵、濒危野生动物共计389种，常见的有大熊猫、白鳍豚、中华鲟、雪豹等。珍贵、濒危野生动物制品，是指珍贵、濒危野生动物通过人为加工而获得的物品，如标本、皮张和其他具有较高经济价值的动物部位、器官（如熊掌、虎骨）等。

此外，我国于1981年加入《濒危野生动植物种国际贸易公约》，该公约作为我国刑法的渊源，已是学界共识。1993年4月14日林业部《关于

核准部分濒危野生动物为国家重点保护野生动物的通知》，将该公约附录一、附录二所列非原产于我国的所有野生动物（如食蟹猴、非洲象等）分别核准为国家一级和二级保护野生动物。对这些野生动物及其产品（包括任何可辨认部分或其衍生物）的管理，同原产我国的野生保护动物一样，予以同等保护。

对非法收购、运输、出售珍贵、濒危野生动物、珍贵、濒危野生动物制品罪犯罪对象的认定，应注意以下四点。

第一，该罪对象应主要是指列入《国家重点保护野生动物名录》的国家一、二级保护野生动物和列入《濒危野生动植物种国际贸易公约》附录一和附录二的野生动物及驯养繁殖的物种。人类探索、认知世界是逐渐深入的过程，目前还有很多物种尚未被人类认知，当然也未被列入上述名录。随着新的物种被不断发现，这些被新发现的珍贵野生动物物种能否成为该罪犯罪对象是实践中迫切需要解决的问题。1992年12月26日林业部《关于对办理非法猎捕昆虫和向国外寄运昆虫标本案件中有关问题请示的答复》规定，凡经野生动物行政主管部门委托或者确定的野生动物科学研究机构及国家级野生动物科学研究机构鉴定的野生动物种类，其鉴定结果具有法律效力。符合《国家重点保护野生动物名录》规定的，应当按国家重点保护野生动物进行管理；《国家重点保护野生动物名录》没有规定，但属于未定名物种的，同样受国家法律保护。可见，该答复明确认为，对未定名物种，经过法定鉴定机构确认的，亦可成为该罪犯罪对象。对此，学界有不同观点。有人认为，刑法规范应具有规制性、明确性特点，犯罪构成应具备封闭性，这是罪刑法定原则这一刑法帝王原则的必然要求。空白刑法的出现显然违背了刑法规范的这一要求，违背了刑法基本原则。在实践中，对于非野生动物专家而言，熟知《国家重点保护野生动物名录》中的动物种类已经是勉为其难，如果再要求他们对新发现、新鉴定的物种也熟知，显然缺乏期待可能性。原林业部这一答复存在不合理之处，对未定名动物物种进行收购、运输和出售的行为进行行政处罚已存在不合理之处，更何况动用更为严厉的刑罚。这侵害了公众善良的法感情，在案件实际处理上也不利于操作。我们认为这一理解是正确的，但如何在空白刑法和罪刑法定原则之间合理平衡，是学界目前尚未很好解决的难题。

第二，对非人为原因而死亡的珍贵、濒危野生动物进行处理后，行为人进行收购等行为的，如何处理？有人认为，刑法把非法收购珍贵、濒危野生动物行为规定为犯罪，立法目的是保护动物物种多样性，对因疾病等非人为原因死亡的珍贵、濒危野生动物的尸体进行收购，或加工和处理后，再运输和出售的，不会对物种多样性造成侵害，按照该罪处罚不合理。我们认为，这种理解是片面的，上述行为虽然不会直接侵害对野生动物物种的保护，但对珍贵、濒危野生动物的尸体进行科学研究和利用，研究其致死原因，为更好地保护这些动物提供科学依据，是国家和公众的责任，如果任由公众随意处理，势必会给珍贵、濒危野生动物保护制造障碍和困难。更主要的是，因为珍贵、濒危野生动物及其制品存在巨大经济价值，国家如果放弃对这些动物尸体的保护和管理，必然吸引和刺激不法犯罪人铤而走险，大肆猎捕、杀害国家珍贵、濒危野生动物，从源头上加大了对珍贵、濒危野生动物的保护难度。正是出于这种考量，无论是国内法还是国际公约都规定，不论这些动物的死亡原因，只要是对珍贵、濒危野生动物的制品进行收购、运输和出售的行为，都是被禁止的行为，甚至可以以犯罪论处。

第三，对含有珍贵、濒危野生动物成分的药品、工艺品等进行收购、运输和出售的行为，如何处理？国际野生动物保护组织早在1977年将犀牛列为濒危动物，严禁犀牛角和犀牛其他器官进入市场，严厉打击犀牛角走私活动。我国于1993年5月29日由国务院发布了《关于禁止犀牛角和虎骨贸易的通知》，规定严禁进出口犀牛角和虎骨（包括其任何可辨认部分和含其成分的药品、工艺品等，下同）。任何单位和个人不得运输、携带、邮寄犀牛角和虎骨进出国境。此外，凡包装上标有犀牛角和虎骨字样的，也均按含有犀牛角和虎骨对待。该通知取消了犀牛角和虎骨药用标准，规定今后不得再用犀牛角和虎骨制药。凡违反该通知规定，出售、收购、运输、携带、邮寄犀牛角和虎骨构成投机倒把罪、走私罪的，由司法机关依法追究其刑事责任。该通知发布于1997年《刑法》之前，对非法收购、运输、出售珍贵、濒危野生动物制品的行为按投机倒把罪、走私罪处理存在合理性。1997年《刑法》修订施行后，对上述行为按照该罪处理应无异议。根据上述规定，那些只含有部分珍贵、濒危野生动物成分的制品，也属于本罪的犯罪对象。

第四，仅对珍贵、濒危野生动物部分器官、组织及其制品（如熊掌、熊胆汁、麝香等），而非这些动物的全部进行非法收购、运输、出售的，也按照该罪处理。

（二）非法收购、运输、出售珍贵、濒危野生动物、珍贵、濒危野生动物制品罪的客观方面

非法收购、运输、出售珍贵、濒危野生动物、珍贵、濒危野生动物制

品罪在客观方面表现为行为人故意违反国家野生动物保护法律、法规，非法收购、运输、出售国家重点保护的珍贵、濒危野生动物及其制品的行为。构成该罪客观上要求同时具备以下两个条件，缺一不可。

第一，以违反国家野生动物保护法律、法规为前提。国家野生动物保护法律、法规，既包括《野生动物保护法》，也包括其他有关野生动物保护的法律、法规和规章。这里的法规和规章，仅指由国务院及其各部委制定颁布的全国性法规和规章，违反地方性法规和地方政府规章的，不能构成该罪。因为我国是单一制国家，在全国范围内法律统一，在构成犯罪和量刑上当然也需要条件一致，这是罪刑法定原则的要求，否则会导致司法不一，造成法律执行过程中的混乱，损害刑法的完整性和严肃性。《野生动物保护法》第二十二条规定，禁止出售、收购国家重点保护野生动物或者其产品。因科学研究、驯养繁殖、展览等特殊情况，需要出售、收购、利用国家一级保护野生动物或者其产品的，必须经国务院野生动物行政主管部门或者其授权的单位批准；需要出售、收购、利用国家二级保护野生动物或者其产品的，必须经省、自治区、直辖市政府野生动物行政主管部门或者其授权的单位批准。此外，国家先后出台了《森林和野生动物类型自然保护区管理办法》、《陆生野生动物保护实施条例》、《中华人民共和国水生野生动物保护实施条例》及《中华人民共和国自然保护区条例》等有关野生动物保护的行政法规。

第二，以实施非法收购、运输、出售国家重点保护的珍贵、濒危野生动物及其制品行为为关键，即要求行为人在违反野生动物保护法律、法规基础上，实施了收购、运输、出售三项行为中的部分或全部行为，才能构成犯罪。最高人民法院《关于审理破坏野生动物资源刑事案件具体应用法律若干问题的解释》第二条对"收购"、"运输"、"出售"的具体含义进行了明确界定。所谓收购，是指未经有关部门依法批准，以出让金钱或实物为代价，取得相对人珍贵、濒危野生动物及其制品的行为，包括以营利、自用等为目的的购买行为。至于双方的交易是否等价，是否采取欺诈、胁迫等违反民法诚实信用原则的手段，一般不影响该罪的成立。但如果行为人突破民法范围，实施了抢夺、抢劫、诈骗等刑法范围内的犯罪行为的，对出售人可按照该罪处理，但实施抢夺等行为的人不能构成该罪。即使行为人误以为是珍贵、濒危野生动物及其制品而实施抢夺等行为的，也不能构成该罪。构成犯罪的，可按抢夺等犯罪定罪处罚。但问题在于，抢夺等犯罪，一般要求数额较大才能构成，如何认定珍贵、濒危野生动物及其制品的价值成为关键。所谓运输，是指未经批准，利用器械、人身等非法携带、邮寄珍贵、濒危野生动物及其制品并使其发生物理空间上的移动，包括采用携带、邮寄、利用他人、使用交通工具等方法进行运送的行为。运输以在我国境内为限，如非法走私出境的，按照走私珍贵动物、珍贵动物制品罪定罪处罚。所谓出售，是指未经批准，以获得金钱或实物为条件，把珍贵、濒危野生动物及其制品出让给他人的行为，包括出卖和以营利为目的的加工利用行为。至于行为人的出售行为是否实际获利，不影响该罪的成立。

珍贵、濒危野生动物及其制品必须是真实的，如果行为人用其他动物、制品冒充珍贵、濒危野生保护动物及其制品的，不能构成该罪，构成犯罪的，可按诈骗等犯罪定罪处罚。

该罪是选择性罪名，行为人只要实施了出售、收购、运输三项行为中的一项或全部行为，即可构成该罪。实施全部行为的，以该罪从重处罚，不实行数罪并罚。上述三项行为既互相关联，又彼此独立。收购行为与出售行为是双向行为，有出售行为才会有收购行为，收购的后续行为一般是出售（个别以收藏为目的是例外情形），而收购后也往往实施运输行为，单纯的运输行为构成该罪的非常少见。但如果运输人因被蒙蔽、受雇等原因，不知是珍贵、濒危野生动物及其制品而运输的，不构成该罪。上述三项行为又彼此独立，三项行为之间不是有此必有彼的关系，如出售行为人一般仅实施出售行为，没有收购、运输等行为。

（三）非法收购、运输、出售珍贵、濒危野生动物、珍贵、濒危野生动物制品罪的主体

非法收购、运输、出售珍贵、濒危野生动物、珍贵、濒危野生动物制品罪的犯罪主体一般是自然人，根据《刑法》第十七条的规定，自然人犯该罪，只要求已满16周岁和具备刑事责任能力这两个要素，不要求行为人还需要具备特定身份，因此该罪犯罪主体属于一般主体。另外，《刑法》第三百四十六条规定，单位也可成为该罪主体。一般认为，当该罪由单位构成时，应是公司、企业、事业单位、机关、团体为本单位或者本单位全体成员谋取非法利益，由单位决策机构按照决策程序决定，由直接责任人员以单位名义实施。

--案　　例--

2001年11月至2002年5月，被告单位北京某公司从安徽某县农民苏某标、王某，县工商局某工商所干部贾某飞，阜阳农民马某等人手中分别非法收购国家二级重点保护野生动物猕猴1587

只。被告人贾某胜时任该公司总经理，具体负责收购。另贾某胜于 2002 年 11 月在承包北京某公司期间从北京向王某、贾某飞非法收购猕猴 140 只，2002 年 10 月至 2003 年 3 月通过广东省某市农业局畜牧办副主任周某在广东从化向苏某标、马某等人非法收购猕猴 392 只，并先后 3 次从北京向广东非法运输猕猴 111 只。被告人苏某标伙同其父苏某法及白某、孙某、田某等于 2000 年 4 月至 2002 年 11 月非法运输、出售猕猴 1700 余只，其中 766 只出售给北京某公司；被告人王某、贾某飞、马某于 2001 年 5 月至 2003 年非法运输、出售猕猴 1400 余只，其中 1091 只售给了北京某公司。公诉人指控北京某公司及贾某胜、苏某标等 10 名被告人分别构成非法收购、运输珍贵、濒危野生动物罪和非法运输、出售珍贵、濒危野生动物罪。①

（四）非法收购、运输、出售珍贵、濒危野生动物、珍贵、濒危野生动物制品罪的主观方面

非法收购、运输、出售珍贵、濒危野生动物、珍贵、濒危野生动物制品罪主观方面只能是故意，包括直接故意和间接故意，过失不能构成该罪。对是否要求明知、对该罪的违法性有认识，学界存在争议。一般认为，如果行为人确实不知是国家重点保护的珍贵、濒危野生动物或者出于过失而收购、运输的，则不构成该罪。② 该观点没有对因主观上过失而出售的行为进行分析，其用意不甚明了。我们认为，虽然学界有人主张，在追究破坏环境资源犯罪过程中，查清行为人主观罪过非常困难，应借鉴西方国家法律规定，对该类型犯罪实行严格责任原则，即不论行为人主观上是出于故意还是过失，只要客观上造成了一定后果或实施了一定危害行为，就按照犯罪处理。但该主张与我国主客观相统一的犯罪构成理论存在严重冲突，且难与客观归罪划清界限，故该主张尚未成为主流学说。对于普通公众而言，只要客观上大部分公众知道案件中涉及的动物是国家重点保护的物种的，就认定行为人也应当明知。但如有事实和证据能够证明，

---

① 孙剑博，陈玉明．2004．全国最大的非法收购、运输、出售珍贵濒危野生动物案庭审目击．中国法院网．www.chinacourt.org.
② 杜澎．2000．破坏环境资源犯罪研究．北京：中国方正出版社：243.

行为人确实不明知的，则免除行为人的责任。同时，要求行为人明知国家重点保护的野生动物的范围、品种，甚至对新发现的物种也熟知，显然勉为其难。如果一般公众不熟知某类野生动物被列入《国家重点保护野生动物名录》而实施收购、运输和出售行为的，不构成该罪。在出现疑罪的案件中，应当做出有利于被告人的判决，坚持疑罪从无。

非法收购、运输、出售珍贵、濒危野生动物、珍贵、濒危野生动物制品罪的动机如何，不影响犯罪的成立。虽然在实践中大部分行为人主观上以获取高额非法利益特别是经济利益为目的，但立法上没有要求该罪"以营利为目的"，故该罪不是目的犯，有无特定目的不影响该罪的成立。

三、非法收购、运输、出售珍贵、濒危野生动物、珍贵、濒危野生动物制品罪的认定

（一）非法收购、运输、出售珍贵、濒危野生动物、珍贵、濒危野生动物制品罪与其他犯罪的界限

1. 与走私珍贵动物、珍贵动物制品罪的界限

非法收购、运输、出售珍贵、濒危野生动物、珍贵、濒危野生动物制品罪与走私珍贵动物、珍贵动物制品罪在犯罪对象上有一致之处，且在客观方面，走私珍贵动物及其制品的犯罪分子往往具有收买、倒卖的行为表现，故而两罪有一定相似之处。区分两罪的关键在于两罪侵犯的客体不同：走私珍贵动物、珍贵动物制品罪侵犯的客体是国家海关监管制度，而非法收购、运输、出售珍贵、濒危野生动物、珍贵、濒危野生动物制品罪侵犯的客体则是国家对野生动物资源的保护制度。因此在实践中，行为人在内海、领海运输、收购、贩卖国家禁止出口的珍贵动物及其制品，或者走私集团的成员分工在国内负责收购珍贵动物及其制品，以及受走私集团的收买、指使，帮助收购珍贵动物及其制品，这些行为均应认定为走私珍贵动物、珍贵动物制品罪，而不是非法收购、运输、出售珍贵、濒危野生动物、珍贵、濒危野生动物制品罪。

2. 与非法经营罪的界限

1997年《刑法》修订前，非法收购、运输、出售珍贵、濒危野生动物、珍贵、濒危野生动物制品罪在实践中一般按照投机倒把罪处理。1997

年《刑法》，用非法经营罪取代了投机倒把罪，增设了该罪，二罪之间存在一定渊源联系。非法经营罪，是指违反国家规定，进行非法经营，扰乱市场秩序，情节严重的行为。该罪与非法经营罪具有很多相同之处，如两罪主体既可以是自然人也可以是单位，主观上一般以营利为目的，故意实施了法律、法规禁止实施的行为。二者的区别有以下两点。①二罪侵害的客体和对象不同。非法经营罪侵害的是国家对市场的管理秩序，犯罪对象可以是任何国家禁止经营的物品，甚至有的非法经营行为没有具体行为对象，其范围非常宽泛；而非法收购、运输、出售珍贵、濒危野生动物、珍贵、濒危野生动物制品罪侵害的是国家对珍贵、濒危野生动物的保护制度，犯罪对象仅限于珍贵、濒危野生动物及其制品。②二罪行为方式不同。非法经营罪表现为非法经营国家专营、专卖物品或者其他限制买卖的物品，倒卖进出口许可证等批文，非法从事某种经营活动等行为，具体表现为以下四种行为：未经许可经营法律、行政法规规定的专营、专卖物品或者其他限制买卖的物品；买卖进出口许可证、进出口原产地证明，以及其他法律、行政法规规定的经营许可证或者批准文件；未经国家有关主管部门批准非法经营证券、期货、保险业务的，或者非法从事资金支付结算业务的；其他严重扰乱市场秩序的非法经营行为。实施上述行为之一，情节严重的，可构成非法经营罪。而非法收购、运输、出售珍贵、濒危野生动物、珍贵、濒危野生动物制品罪则只能是实施收购、运输或者出售三项行为中的部分行为或全部行为，否则不构成该罪。

（二）非法收购、运输、出售珍贵、濒危野生动物、珍贵、濒危野生动物制品罪的特殊形态的认定

1. 停止形态的认定

非法收购、运输、出售珍贵、濒危野生动物、珍贵、濒危野生动物制品罪属于故意犯罪，当然也就存在故意犯罪的停止形态，即可能存在犯罪预备、未遂和中止的问题。对于一般案件而言，区分犯罪不同停止形态并准确定性不是很困难，但由于该罪的特殊性，在具体案件处理上还应根据具体案情具体分析。

<hr>

案　例

2001 年年初，江苏盐城人苏某欲出售其藏有的一张成年东北虎虎皮，其找到邻居曹某，请曹某帮助联系买主，并许诺事成之

后给曹某好处费，曹某即四处联系买主。当年3月，曹某找到无锡好友居某，又请居帮忙联系虎皮的买主，并将数张虎皮的照片交给居某。居某便在无锡四处打听、联系买主。当年6月19日，苏某、曹某携带虎皮前往无锡出售虎皮。当日深夜，在曹某、居某等人与化装的侦查人员进行交易时，被伏击的警方当场抓获，并缴获虎皮一张。2001年12月，曹某、居某犯非法出售珍贵濒危野生动物制品罪，分别被人民法院依法判处有期徒刑13年和10年。

在办理上述案例所述案件过程中，办案人员对曹某、居某二人的出售虎皮行为构成非法出售珍贵、濒危野生动物制品罪认识一致，但对该罪的犯罪形态是既遂还是未遂存在分歧。审查起诉阶段，办案人员中有人认为此案犯罪嫌疑人的犯罪形态属未遂。

我国刑法理论一般认为，犯罪既遂的类型有结果犯、行为犯、危险犯和举动犯。所谓结果犯，是指行为人实行了犯罪构成要件的危害行为，而且必须发生了构成要件要求的特定的危害结果成立既遂的犯罪，如故意杀人罪。行为犯，是指行为人完成了法定的犯罪行为成立既遂的犯罪。行为犯并不要求造成物质性的和有形的犯罪结果，既遂的标准以法定行为的完成为标志。学界一般认为该罪属于行为犯。首先，从字面意义上理解，"收购、运输、出售"强调的是行为的一种运动状态，并不包含行为完成时必须有一种结果状态。如上所述，最高人民法院《关于审理破坏野生动物资源刑事案件具体应用法律若干问题的解释》对"收购"、"运输"、"出售"也作了具体的解释，把"收购"、"运输"、"出售"均解释为"行为"。可见，收购、运输和出售是对构成要件客观方面行为方式的表述。显然，非法出售珍贵、濒危野生动物制品罪既遂形态的类型是行为犯而非结果犯。其次，从立法原意上分析，刑法规定非法出售珍贵、濒危野生动物制品罪的目的，是为了从源头上阻断非法猎捕、杀害珍贵、濒危野生动物的行为的发生。因为不法分子猎捕、杀害动物的目的是出卖动物制品以获取高额利润。收购、运输、出售行为其实是猎捕、杀害行为的后续行为，非法出售行为的社会危害性也是猎捕、杀害行为危害性的延续。既然如此，立法者没有必要将该罪的既遂类型规定为结果犯。案例中，曹某、居某为非法出售虎皮，实施了寻找买主、协商价格、验货交货等出售行为的各个组成环节，虽最终未实现卖出的目的，但其出售行为实质上已经实施终了。综上，曹某、居某的非法出售行为已构成非法出售珍贵、濒危野生动物制品罪的既遂状态。

2. 罪数形态的认定

行为人在实施非法收购、运输、出售珍贵、濒危野生动物及其制品犯罪过程中，又实施了非法猎捕、杀害珍贵、濒危野生动物行为的，是按照一罪还是数罪处理。有学者认为，在实践中，先猎杀珍贵、濒危野生动物，后运输、出售的行为，如其猎杀行为构成犯罪，而后续的运输、出售行为没有构成犯罪的，应以前罪论处，运输、出售行为可作为从重处罚情节予以考虑；如猎杀行为不构成犯罪，而运输、出售行为构成犯罪的，以该罪论处；如猎杀行为和运输、出售行为均构成犯罪的，则应数罪并罚；如以牟利为目的而实施猎杀行为的，则应按照牵连犯的处罚原则，从二罪中择一重罪定罪，从重处罚。① 对猎杀和运输、出售二行为中只有一行为构成犯罪的，按照一罪论处，这是毫无疑问的。关键在于两种行为均构成犯罪时，是按照牵连犯的处理原则择一重罪论处，还是数罪并罚。我们认为，对出于牟利目的而先猎杀后运输、出售珍贵、濒危野生动物及其制品，并且均构成犯罪的，前罪和后罪之间形成手段行为和目的行为之间的关系，应当按牵连犯的处罚原则择一重罪论处；如果猎杀行为和后续的运输、出售行为之间不具有目的的联系性，均构成犯罪的，不能按牵连犯处罚，应当实行数罪并罚。

如前所述，我国对珍贵、濒危野生动物不是不区分任何情形一律禁止收购、运输和出售，而是采用严格审批制度。如果行为人仅实施了伪造、变造、买卖国家机关颁布的野生动物允许进出口证明书、特许猎捕证、狩猎证、驯养繁殖许可证等公文、证件，构成犯罪的，依照《刑法》第二百八十条第一款的规定以伪造、变造、买卖国家机关公文、证件罪定罪处罚。如果行为人未经批准，采取伪造、变造、买卖野生动物允许进出口证明书等公文后实施非法收购、运输、出售珍贵、濒危野生动物、珍贵、濒危野生动物制品罪行为，同时构成伪造、变造、买卖国家机关公文、证件罪和非法收购、运输、出售珍贵、濒危野生动物、珍贵、濒危野生动物制品罪的，一般认为，二罪之间存在牵连关系，应按照牵连犯的处罚原则定罪处罚。非法收购、运输、出售珍贵、濒危野生动物、珍贵、濒危野生动物制品罪的法定最低刑是 5 年以下有期徒刑或者拘役，并处罚金，法定最高刑是 15 年有期徒刑，并处罚金或者没收财产。伪造、变造、买卖国家机关公文、证件罪的法定最低刑是 3 年以下有期徒刑、拘役、管制或者剥夺政治权利，法定最高刑是 10 年以下有期徒刑。通过比较不难发现，无论是

---

① 王秀梅.1999.破坏环境资源保护罪的定罪与量刑.北京：人民法院出版社：291，292.

最低刑还是最高刑，非法收购、运输、出售珍贵、濒危野生动物、珍贵、濒危野生动物制品罪都要高于伪造、变造、买卖国家机关公文、证件罪，按照牵连犯的处罚原则，应以非法收购、运输、出售珍贵、濒危野生动物、珍贵、濒危野生动物制品罪处罚。

根据最高人民法院《关于审理破坏野生动物资源刑事案件具体应用法律若干问题的解释》第八条的规定，实施非法收购、运输、出售珍贵、濒危野生动物及其制品犯罪，又以暴力、威胁方法抗拒查处，构成其他犯罪的，依照数罪并罚的规定处罚，即以非法收购、运输、出售珍贵、濒危野生动物、珍贵、濒危野生动物制品罪和妨碍公务罪实行数罪并罚。如果妨碍公务行为致人重伤或者死亡的，其妨碍公务的行为被《刑法》评价为故意伤害罪或故意杀人罪，则应按照非法收购、运输、出售珍贵、濒危野生动物、珍贵、濒危野生动物制品罪与故意伤害罪或故意杀人罪数罪并罚。

四、非法收购、运输、出售珍贵、濒危野生动物、珍贵、濒危野生动物制品罪的刑事责任

（一）非法收购、运输、出售珍贵、濒危野生动物、珍贵、濒危野生动物制品罪的刑罚适用

根据《刑法》第三百四十一条第一款的规定，犯非法收购、运输、出售珍贵、濒危野生动物、珍贵、濒危野生动物制品罪的，处 5 年以下有期徒刑或者拘役，并处罚金；情节严重的，处 5 年以上 10 年以下有期徒刑，并处罚金；情节特别严重的，处 10 年以上有期徒刑，并处罚金或者没收财产。

非法收购、运输、出售珍贵、濒危野生动物行为的社会危害性，主要表现在野生动物的数量上。因此，行为"情节严重"、"情节特别严重"的标准，也应该主要以野生动物的数量为根据。除此之外，行为的社会危害性还表现在是否是犯罪集团的首要分子，是否严重影响对野生动物的科研、养殖等工作顺利进行，是否以武装掩护方法实施犯罪，是否以特种车、军用车等特种车辆、船舶、航空器作掩护实施犯罪等情形。因此，最高人民法院《关于审理破坏野生动物资源刑事案件具体应用法律若干问题的解释》在确定该罪"情节严重"、"情节特别严重"的标准时，主要参考了上述因素。具体分为以下四种情况。

（1）非法收购、运输、出售珍贵、濒危野生动物具有下列情形之一的，属于"情节严重"：达到该解释附表所列相应数量标准的；非法收购、运输、出售不同种类的珍贵、濒危野生动物，其中两种以上分别达到附表所列"情节严重"数量标准一半以上的。

（2）非法收购、运输、出售珍贵、濒危野生动物具有下列情形之一的，属于"情节特别严重"：达到该解释附表所列相应数量标准的；非法收购、运输、出售不同种类的珍贵、濒危野生动物，其中两种以上分别达到附表所列"情节特别严重"数量标准一半以上的。

另外，非法收购、运输、出售珍贵、濒危野生动物构成犯罪，具有下列情形之一的，可以认定为"情节严重"；非法收购、运输、出售珍贵、濒危野生动物。符合该解释第三条第一款的规定，并具有下列情形之一的，可以认定为"情节特别严重"：①犯罪集团的首要分子；②严重影响对野生动物的科研、养殖等工作顺利进行的；③以武装掩护方法实施犯罪的；④使用特种车、军用车等交通工具实施犯罪的；⑤造成其他重大损失的。

（3）非法收购、运输、出售珍贵、濒危野生动物制品具有下列情形之一的，属于"情节严重"：价值在 10 万元以上的；非法获利 5 万元以上的；具有其他严重情节的。

（4）非法收购、运输、出售珍贵、濒危野生动物制品具有下列情形之一的，属于"情节特别严重"：价值在 20 万元以上的；非法获利 10 万元以上的；具有其他特别严重情节的。

另外，依照《刑法》第三百四十六条的规定，单位犯非法收购、运输、出售珍贵、濒危野生动物、珍贵、濒危野生动物制品罪的，对单位判处罚金，并对其直接负责的主管人员和其他直接责任人员，判处刑罚。由于该罪的犯罪对象主要是国家重点保护的珍贵、濒危野生动物资源，无论是自然人还是单位实施非法收购、运输、出售珍贵、濒危野生动物、珍贵、濒危野生动物制品的行为，对野生动物资源具有同样的危害性；况且《刑法》第三百四十一条并没有区分单位犯该罪与自然人犯该罪在法定刑适用上的差异，所以单位犯该罪的，在刑罚裁量上适用上述规定。

（二）非法收购、运输、出售珍贵、濒危野生动物、珍贵、濒危野生动物制品罪的追诉标准

根据《刑法》第三百四十一条的规定，非法收购、运输、出售珍贵、

濒危野生动物、珍贵、濒危野生动物制品罪的成立，没有数量上的要求，只有在已经构成犯罪的基础上，当出现"情节严重"或"情节特别严重"时，《刑法》提高了法定刑。最高人民法院《关于审理破坏野生动物资源刑事案件具体应用法律若干问题的解释》也只是明确了认定该罪"情节严重"和"情节特别严重"的标准，没有对基本犯罪成立标准做出明确规定。国家林业局、公安部《关于森林和陆生野生动物刑事案件管辖及立案标准》也只是简单规定，非法收购、运输、出售珍贵、濒危陆生野生动物、珍贵、濒危陆生野生动物制品案由森林公安机关管辖，以及非法收购、运输、出售国家重点保护的珍贵、濒危陆生野生动物及其制品的应当立案。该规范性法律文件没有对该罪罪与非罪之间的具体界限做出明确规定，且仅就陆生野生动物立案标准做出规定，未对水生野生动物的具体适用法律问题做出规定。《立案追诉标准（一）》第六十五条也仅泛泛规定，"非法收购、运输、出售国家重点保护的珍贵、濒危野生动物及其制品的，应予立案追诉"。

鉴于《刑法》和相关司法解释没有对该罪基本犯罪成立的条件做出明确规定，我们应当根据《刑法》对犯罪的规定，结合其他法律、法规来决定应否立案追诉。《陆生野生动物保护实施条例》第三十七条规定，违反野生动物保护法规，出售、收购、运输、携带国家或者地方重点保护野生动物或者其产品的，由工商行政管理部门或者其授权的野生动物行政主管部门没收实物和违法所得，可以并处相当于实物价值 10 倍以下的罚款。根据《陆生野生动物保护实施条例》第二条的规定，这里的陆生野生动物，包括了依法受保护的珍贵、濒危陆生野生动物。所以，在理解《立案追诉标准（一）》对非法收购、运输、出售珍贵、濒危野生动物、珍贵、濒危野生动物制品罪立案标准的规定时，应当坚持刑法的谦抑性原则，对于情节显著轻微、危害不大的，不宜作为犯罪来处理，可以进行适当的行政处罚。

第四节　非法狩猎罪

根据《刑法》第三百四十一条第二款的规定，非法狩猎罪，是指违反狩猎法规，在禁猎区、禁猎期或者使用禁用的工具、方法进行狩猎，破坏野生动物资源，情节严重的行为。

一、非法狩猎罪的立法演变

野生动物是一个国家或地区的重要自然资源，保护野生动物对生态平衡和保持生物多样性具有重要意义，同时野生动物资源具有很高的科学研究价值，我国历来重视对野生动物的保护，严禁非法的捕猎、捕杀行为。1979 年《刑法》在"破坏社会主义经济秩序罪"一章第一百三十条首次对非法狩猎罪进行了规定，即"违反狩猎法规，在禁猎区、禁猎期或者使用禁用的工具、方法进行狩猎，破坏珍禽、珍兽或者其他野生动物资源，情节严重的，处二年以下有期徒刑、拘役或者罚金"。为了加强对国家重点保护的珍贵、濒危野生动物的保护，1988 年 11 月 8 日第七届全国人大常委会第四次会议通过了《关于惩治捕杀国家重点保护的珍贵、濒危野生动物犯罪的补充规定》。后来，为了解决国家改革开放中出现的新情况、新问题，适应惩治、防范环境犯罪的实际需要，1997 年《刑法》将非法狩猎罪归入"妨害社会管理秩序罪"一章，并增加规定了单位犯罪，提高了法定刑的刑度。《刑法》第三百四十一条第二款规定，"违反狩猎法规，在禁猎区、禁猎期或者使用禁用的工具、方法进行狩猎，破坏野生动物资源，情节严重的，处三年以下有期徒刑、拘役、管制或者罚金"。第三百四十六条规定，"单位犯本节第三百三十八条至第三百四十五条规定之罪的，对单位判处罚金，并对其直接负责的主管人员和其他直接责任人员，依照本节各该条的规定处罚"。最高人民法院《关于执行〈中华人民共和国刑法〉确定罪名的规定》(1997 年 12 月 11 日，法释〔1997〕9 号)根据修订的《刑法》第三百四十一条第二款规定了"非法狩猎罪"罪名。

二、非法狩猎罪的构成要件

（一）非法狩猎罪的客体

非法狩猎罪侵犯的客体是国家野生动物资源保护的管理制度。《野生动物保护法》第八条规定："国家保护野生动物及其生存环境，禁止任何单位和个人非法猎捕或者破坏。"非法狩猎的行为违反了我国相关法律、法规，破坏了国家野生动物资源保护的管理制度，对情节严重的行为必须以犯罪论处。

《野生动物保护法》第二条规定，"本法规定保护的野生动物，是指珍贵、濒危的陆生、水生野生动物和有益的或者有重要经济、科学研究价值的陆生野生动物。本法各条款所提野生动物，均系指前款规定的受保护的野生动物。珍贵、濒危的水生野生动物以外的其他水生野生动物的保护，适用渔业法的规定"。因此，非法狩猎罪的对象，是指除珍贵、濒危的陆生野生动物和水生野生动物以外的一般陆生野生动物。非法狩猎的对象如果涉及属于国家重点保护的珍贵、濒危野生动物，应按非法猎捕、杀害珍贵、濒危野生动物罪论处；如果非法狩猎涉及一般水生动物，归入非法捕捞水产品罪的犯罪对象之中。可见，非法狩猎罪的犯罪对象仅指一般陆生野生动物，即未列入《国家重点保护野生动物名录》的其他所有陆生野生动物。

值得注意的是，在特定环境或区域下的"野生"动物资源能否成为非法狩猎罪的犯罪对象，如经过人工驯化、驯养繁殖的动物。根据最高人民法院《关于审理破坏野生动物资源刑事案件具体应用法律若干问题的解释》的规定，《刑法》第三百四十一条第一款规定的"珍贵、濒危野生动物"包括驯养繁殖的物种在内，其意图在于加大对珍贵、濒危野生动物的保护力度，增加种群数量，挽救其濒危境地。那么，作为《刑法》中非法狩猎罪犯罪对象的一般陆生野生动物是否也包括驯养繁殖的物种呢？我们认为，野生动物应指生活在自然环境中未经驯养的野生动物，而不应包括在人工环境下驯养繁殖的物种，在没对作为非法狩猎罪犯罪对象的野生动物做出有效力的扩大解释的情况下，对其理解应采用通常的含义，即不应包括驯养繁殖的物种。

（二）非法狩猎罪的客观方面

非法狩猎罪在客观方面表现为违反狩猎法规，在禁猎区、禁猎期或者使用禁用的工具、方法进行狩猎，破坏野生动物资源，情节严重的行为。

第一，行为须违反有关法规，主要是违反《野生动物保护法》、《陆生野生动物保护实施条例》等相关野生动物保护的法律、法规。《野生动物保护法》第八条规定，"国家保护野生动物及其生存环境，禁止任何单位和个人非法猎捕或者破坏"。第三十二条规定，"违反本法规定，在禁猎区、禁猎期或者使用禁用的工具、方法猎捕野生动物的，由野生动物行政主管部门没收猎获物、猎捕工具和违法所得，处以罚款；情节严重、构成犯罪的，依照刑法有关规定追究刑事责任"。《陆生野生动物保护实施条例》对何谓禁用的工具、方法进行了界定，其第十八条规定："禁止使用军用武器、汽枪、毒药、炸药、地枪、排铳、非人为直接操作并危害人畜安全的狩猎装置、夜间照明行猎、歼灭性围猎、火攻、烟熏以及县级以上各级人民政府或者其野生动物行政主管部门规定禁止使用的其他狩猎工具和方法狩猎。"

第二，实施了在禁猎区、禁猎期或者使用禁用的工具、方法进行狩猎，破坏野生动物资源的行为。所谓禁猎区，是指为了保护野生动物资源而划定的禁止狩猎的特定地区。禁猎区有两种类型。①永久性禁猎区。永久性禁猎区，以保护珍稀或濒危野生动物种群栖息和繁殖为目的，在区内任何时期都不准进行生产性狩猎。②有禁猎期限的禁猎区。有禁猎期限的禁猎区，是指为了使重要野生动物得到自然繁殖，并保持一定的贮存量，在规定的禁猎期限内不准进行狩猎活动的地区，如国家自然保护区、风景名胜区、城镇、工矿区、革命圣地、名胜古迹等特殊区域为保护野生动物而划定的禁止狩猎的区域。所谓禁猎期，是指为保护野生动物资源所规定的禁止进行狩猎活动的一定时间期限。禁猎期一般是国家为了充分保护和合理利用野生动物资源，根据野生动物的繁殖和生长期（如肉食、皮毛的成熟季节），而分别划定的禁止狩猎的期间。其目的在于保证野生动物能够拥有良好的繁殖环境，使其正常发展，保持并增加种群数量，维护生态平衡。禁猎期由县级以上人民政府或野生动物行政主管部门按照自然规律规定。所谓禁用的工具，是指足以破坏野生动物资源，危害人畜安全及破坏森林的工具。《野生动物保护法》第二十一条第一款明确规定："禁止使用军用武器、毒药、炸药进行猎捕。"《陆生野生动物保护实施条例》第十八条规定："禁止使用军用武器、汽枪、毒药、炸药、地枪、排铳、非人为直接操作并危害人畜安全的狩猎装置……"禁用工具还包括地弓、大铁夹、大桃杆子等。所谓禁用的方法，是指破坏、妨害野生动物正常繁殖和生长的方法，如投毒、爆炸、火攻、烟熏、掏窝、拣蛋、夜间照明行猎、歼灭性围攻等。使用其中任何一种形式或是数种形式非法猎捕野生动物，且情节严重的，即可构成犯罪。

第三，非法狩猎行为必须情节严重的才能构成犯罪。根据最高人民法院《关于审理破坏野生动物资源刑事案件具体应用法律若干问题的解释》第六条的规定，违反狩猎法规，在禁猎区、禁猎期或者使用禁用的工具、方法狩猎，具有下列情形之一的，属于非法狩猎"情节严重"：①非法狩猎野生动物 20 只以上的；②违反狩猎法规，在禁猎区或者禁猎期使用禁用的工具、方法狩猎的；③具有其他严重情节的。"其他严重情节"在司法实践中通常从以下几方面认定：为首组织或者聚众非法狩猎的；在禁猎区或者禁猎期内，多次猎捕野生动物的；使用禁用工具或者方法狩猎，使野生动物资源遭受重大损失的；长期非法狩猎屡教不改的；非法狩猎不听劝阻，威胁、殴打保护、管理人员的；其他手段特别恶劣的。

（三）非法狩猎罪的主体

非法狩猎罪主体是一般主体，既可以是自然人，也可以是单位。无论是专门从事狩猎的人员还是其他公民，只要达到刑事责任年龄、具备刑事责任能力，都可以构成该罪。

（四）非法狩猎罪的主观方面

非法狩猎罪在主观方面表现为故意，即明知是在禁猎区、禁猎期或者明知使用的是禁用的工具、方法而从事狩猎行为。至于是否是出于营利或者其他目的，均不影响该罪的成立。过失不能构成该罪。对明知的认定问题，一般来说，只要国家有明确的禁止性规定，而且予以公布的，不能因为行为人主张不知法而免除其责任。

三、非法狩猎罪的认定

（一）停止形态的认定

非法狩猎的，只要违反了野生动物保护法律、法规，在禁猎区、禁猎期或者使用禁用的工具、方法进行狩猎，破坏野生动物资源，情节严重的，就构成非法狩猎罪既遂。如果已经着手实施犯罪，但是由于行为人意志以外的原因而未达犯罪既遂的，以未遂犯处罚。

案　例

2006年7月，杨某伙同刘某、张某等人，经事先预谋，在某镇某风景区非法猎捕野生动物粟苇鸟61只，被当场抓获。据了解，当时该区域处于禁猎期，杨某等也未取得合法的狩猎证。人民法院审理后认为，杨某破坏野生动物资源，情节严重，已构成非法狩猎罪。鉴于其犯罪行为未得逞，系未遂，故予以从轻处罚，判处杨某拘役5个月。

人民法院在审理过程中，有两种意见：第一种意见认为，杨某在未取得合法的狩猎证情况下，在禁猎期内非法猎捕野生动物粟苇鸟 61 只，破坏野生动物资源，情节严重，已构成犯罪既遂；第二种意见认为，杨某构成非法捕猎罪，但是应该认定为犯罪未遂，因其在猎捕过程中被当场抓获，虽然情节严重，但犯罪行为仍在进行中，属于未实行终了的犯罪未遂，应从轻处罚。最终人民法院采纳了第二种意见。

在此案中，争论的焦点就是情节犯的未遂问题，这关系到"情节严重"在犯罪构成要件中的地位问题。在刑法理论中，对情节犯有以下两种观点。第一种观点认为，情节犯以是否达到"情节严重"或"情节恶劣"为必要条件，因而只有犯罪成立与不成立之分，而不可能出现未遂、中止、预备之停止形态。第二种观点认为，对于情节犯而言，行为人实施构成要件行为时同样会经历从准备到完成的发展过程。当危害行为发展到一定阶段而停止时，就形成了一定的停止状态；但是，这时并不能认为其已经符合该罪的修正的犯罪构成而构成犯罪，而需要另外判断是否已经达到了"情节严重"或"情节恶劣"的程度。如果从事实判断和价值判断认为已经达到了这一程度，那么即便该危害行为没有最终完成，同样可以进行处罚。这时，由于该危害行为没有完成而处于停止状态，只能以犯罪未遂或者其他犯罪形态来追究。就此案而言，杨某的非法狩猎行为虽然已经达到了情节严重的程度，但是其非法狩猎的危害行为仍在进行当中，而且当场被抓获，出于犯罪人意志外的原因而停下来，因此可以依照非法狩猎罪（未遂）来处理。

（二）罪数形态的认定

1. 非法狩猎过程中抗拒执法，殴打管理人员致人伤残、死亡的定性

在司法实践中，实施非法狩猎的行为人所持有和使用的狩猎工具通常都具有一定的危险性。因此，非法狩猎者在非法狩猎过程中，如果不服管理，抗拒抓捕，行凶殴打管理人员，一般都会对管理人员造成不同程度的伤害。最高人民法院《关于审理破坏野生动物资源刑事案件具体应用法律若干问题的解释》第八条规定，实施《刑法》第三百四十一条规定的犯罪，又以暴力、威胁方法抗拒查处，构成其他犯罪的，依照数罪并罚的规定处罚。根据上述规定，如果非法狩猎者殴打管理人员的行为导致被害人轻微伤未构成犯罪的，则应将殴打行为视为非法狩猎罪的"情节严重"的情形之一，按非法狩猎罪论处；如果非法狩猎者殴打管理人员的行为构成妨害公务罪的，则应以非法狩猎罪和妨害公务罪数罪并罚；如果非法狩猎

者的殴打行为致管理人员伤残、死亡的，则应按照数罪并罚的原则，以故意伤害罪或故意杀人罪与非法狩猎罪实行并罚。

案　例

　　犯罪嫌疑人米某俊、鄢某、米某于 2006 年 10 月 11 日，未经林业主管部门批准，在没有任何合法手续的情况下，擅自持三支自制小口径步枪，自制的 50 多发子弹在宁夏某国家级自然保护区非法狩猎。进山后，因目标距离远而不得以放弃，休息时，被该国家级自然保护区管理局护林员孙某、张某、马某三人当场发现，米某俊被孙某抓获后奋力挣扎，并从腰间抽出匕首，将孙某的手掌划破。在抓捕过程中犯罪嫌疑人鄢某、米某开枪拒捕，幸未打中，随后，米某和鄢某要求护林员们放了米某俊，护林员们要求 2 人将枪上交，双方均不同意。最后，双方达成协议：米某和鄢某交枪，护林员放人。最终采取了折中的办法，米某和鄢某用枪带和撕开的长衣袖将孙某绑在一棵小杨树上，双方各有一人往后退了 100 米。米某和鄢某喊"一、二、三……"后，双方同时放人。放人后，犯罪嫌疑人米某俊、鄢某、米某逃跑。经审理，人民法院认为，被告人米某俊无视国法，违反枪支管理规定，非法持有非制式小口径步枪一支和多发子弹，其行为已构成非法持有枪支、弹药罪；米某俊与他人在禁猎期进入禁猎区持枪进行狩猎，其行为已构成非法狩猎罪；护林员在抓捕米某俊及同案嫌疑犯时，米某俊与他人使用暴力抗拒抓捕，并致一名护林员手部被划伤，其行为已构成妨害公务罪。最终，人民法院判处米某俊有期徒刑 2 年，并处罚金 5000 元。

　　此案中，被告人违反《野生动物保护法》，进入禁猎区，并且携带禁用的工具——枪支、子弹，情节严重，已然成立非法狩猎罪和非法持有枪支、弹药罪。行为人米某俊在护林员抓捕过程中，用刀将护林员手部划伤，属于轻微伤，因此成立妨害公务罪。其他两名行为人鄢某、米某在抗拒抓捕过程中，首先开枪拒捕，如果造成护林员重伤或者死亡，就超出了妨害公务罪的范畴，转化为故意伤害罪或故意杀人罪，因未打中，成立妨害公务罪；其后两人将护林员孙某捆绑在树上，威胁护林员放人的行为，符合妨害公务罪中暴力的含义（是指行为人对正在依法执行职务的国家工作人员的身体实施了暴力打击或者人身强制，如殴打行为、捆绑行为等）。因此，被告人米某俊、鄢某、米某三人均构成非法持有枪支、弹药罪，妨害公务罪和非法狩猎罪，应数罪并罚。

2. 非法狩猎罪与危害公共安全犯罪的相关问题

非法狩猎罪是一种严重破坏野生动物资源的行为，行为人通常采取破坏性手段来获取猎物，如采用投撒毒饵、私设电网等危害公共安全的方式来获取不法利益，不仅造成野生动物大量死伤，还可能造成人畜的误食、误伤，危害公共安全。在这种情况下，其行为可能触犯数个罪名。最高人民法院《关于审理破坏野生动物资源刑事案件具体应用法律若干问题的解释》第七条规定，使用爆炸、投毒、设置电网等危险方法破坏野生动物资源，构成非法猎捕、杀害珍贵、濒危野生动物罪或者非法狩猎罪，同时构成《刑法》第一百一十四条或者第一百一十五条规定之罪的，依照处罚较重的规定定罪处罚。据此，以爆炸、投毒或私设电网等方式非法狩猎，危害或足以危害公共安全的，依照《刑法》第一百一十四条的爆炸罪、投放危险物质罪或以危险方法危害公共安全罪定罪量刑；如果行为人在狩猎过程中使用爆炸、投毒或私设电网等方式，因疏忽大意或过于自信而造成较大人身损害或者财产损失的，依照《刑法》第一百一十五条过失爆炸罪、过失投放危险物质罪或者过失以危险方法危害公共安全罪定罪量刑；如果以爆炸、投毒或私设电网等方式狩猎，未造成人身损害或财产损失或不足以危害公共安全的，以非法狩猎罪定罪量刑。

案　　例

2003 年 2 月 14 日，被告人蔡某在某县某林场布设电网用于捕杀野猪。2003 年 3 月 10 日晚 7 时许，被告人蔡某确定"其头坪"山场无人员活动后，就用安装在家中的电子捕猎器向电网送电，当天晚上刮风，致使电网触地短路，引发森林大火。案发时被告人蔡某积极扑救，嗣后补种林木，支付扑火和造林费用。该县人民法院经审理认为，被告人蔡某擅自在森林内布设电网捕杀野猪，烧毁森林 79 亩，造成经济损失 7025 元，其行为已构成过失以危险方法危害公共安全罪。案发时，被告人蔡某积极扑救，嗣后主动补种林木和支付扑火、造林工资，可以酌情从轻处罚。故依照《刑法》的有关规定，判处其有期徒刑 2 年，缓刑 3 年。

此案中，行为人用设置电网方式捕杀野猪，鉴于电网属于禁用的工具，且情节严重，已经构成了非法狩猎罪，但其行为同时毁坏了大片林地，危害了公共安全，按照法律规定，从一重罪处罚。因此人民法院最终判处被告蔡某犯过失以危险方法危害公共安全罪。

在司法实践中，行为人自造枪支、非法使用枪支非法狩猎的，如何定罪量刑，是数罪并罚还是定非法狩猎罪一罪值得探讨。

案　　例

王某非法持有一支火药枪，已有数年时间，王某有用火药枪打野鸟的习惯，2006年某日王某偷偷用该火药枪在某保护区打了56只国家非重点保护的野生鸟类。因有人举报，在回家途中被派出所民警当场抓获。该案起诉到人民法院以后，人民法院以非法持有枪支罪、非法狩猎罪两罪对王某做出了数罪并罚的判决。

人民法院在裁判过程中有两种分歧意见。第一种意见认为，王某的行为应定非法持有枪支罪、非法狩猎罪两罪，对其数罪并罚。王某在用火药枪非法狩猎之前持有该枪支已长达数年时间，王某的行为已经构成非法持有枪支罪，在之后使用枪支狩猎的行为与之前持有枪支的行为属于两个危害行为。因此王某在两个不同的犯罪故意支配下，做出了两个不同的行为，应定非法持有枪支罪、非法狩猎罪两罪，对其数罪并罚，如果只定非法持有枪支一罪，则对王某后面打死野生鸟类的行为没有予以刑罚评价，无疑是放纵了犯罪。第二种意见认为，王某的行为应定非法持有枪支罪一罪。王某的行为属于牵连犯，应当择一重处，定非法持有枪支罪。理由是，虽然看上去是两个行为，但是王某持有枪支是为了狩猎打鸟，其主观目的只有一个，即捕鸟，其持有枪支不过是狩猎的手段行为。因此，王某的行为，应属于手段牵连犯，应从一重罪处罚。并且，从量刑上看，定非法持有枪支罪不会导致王某量刑失当，比照这两罪的量刑档次，非法持有枪支除了3年以下这一量刑档次外，还有3~7年有期徒刑另外一个档次，因此，两罪相较，非法持有枪支罪仍然是重罪。

在上述案件中，争论的症结在于是定一罪还是数罪，是否可以依据牵连犯的原则定罪量刑。牵连犯从主观上讲，行为人通常只有一个犯罪目的；从客观上讲，数行为之间具有密切的牵连关系。这种牵连关系应该从主观和客观两方面考察，从主观上看，行为人具有牵连的意思，从客观上看具有通常的方法或结果（目的）关系。如果只有主观上的目的联系，没有客观上的内在联系，只是在案件中偶然地把一个犯罪行为当做另一个犯罪行为的手段，不应视做牵连犯。虽然行为人王某有用枪支打猎的习惯，但是使用枪支并不是非法狩猎罪必然的行为方法，偶然的一个或几个案件中使用了枪支，并不能认定两种行为之间有必然的方法行为与目的行为的关系。所以王某非法持有枪支的行为与非法狩猎的行为之间有主观的牵连关系，但是缺乏客观的牵连关系，应当判处非法持有枪支罪和非法狩猎罪，实行数罪并罚。

四、非法狩猎罪的刑事责任

（一）非法狩猎罪的刑罚适用

根据《刑法》第三百四十一条第二款的规定，犯非法狩猎罪的，处 3 年以下有期徒刑、拘役、管制或者罚金。另外，《刑法》第三百四十六条规定，单位犯该罪的，对单位判处罚金，并对其直接负责的主管人员和其他直接责任人员，按照自然人犯罪的规定处罚，追究其刑事责任。在司法实践中，初犯或者行为人捕猎的野生动物无伤亡、能放归大自然的，或行为人有自首等悔改表现的，可以处以较轻的刑罚。

（二）非法狩猎罪的追诉标准

1997 年《刑法》修订后，为了解决非法狩猎罪的立案标准问题，国家林业局、公安部根据《刑法》、《中华人民共和国刑事诉讼法》（简称《刑事诉讼法》），在 2001 年 4 月 16 日印发的《关于森林和陆生野生动物刑事案件管辖及立案标准》中，明确了非法狩猎罪的立案标准，结合最高人民法院《关于审理破坏野生动物资源刑事案件具体应用法律若干问题的解释》，使非法狩猎罪的立案、判决标准统一。但是由于在该立案标准的制定过程中检察机关没有参与，在一定程度上影响了立案活动的实际效果，所以公安部于 2008 年 6 月 25 日协同最高人民检察院印发了《立案追诉标准（一）》。《立案追诉标准（一）》第六十六条规定，违反狩猎法规，在禁猎区、禁猎期或者使用禁用的工具、方法进行狩猎，破坏野生动物资源，涉嫌下列情形之一的，应予立案追诉：①非法狩猎野生动物 20 只以上的；②在禁猎区或者禁猎期内使用禁用的工具或者禁用的方法狩猎的；③其他情节严重的情形。单位犯罪的，执行上述立案标准。这里所指的"以上"，均包括该数在内。此外，国家林业局、公安部《关于森林和陆生野生动物刑事案件管辖及立案标准》规定，各省（自治区、直辖市）公安厅（局）和林业主管部门可根据本地的实际情况，在该规定的幅度内确定本地区非法狩猎案的立案起点及重大、特别重大案件的起点。

在非法狩猎罪的认定过程中，应当注意区分罪与非罪的界限。《野生动物保护法》第三十二条规定："违反本法规定，在禁猎区、禁猎期或者使用禁用的工具、方法猎捕野生动物的，由野生动物行政主管部门没收猎获物、猎捕工具和违法所得，处以罚款；情节严重、构成犯罪的，依照刑法有关规定追究刑事责任。"由此可见，区别一般违法狩猎行为与非法狩猎罪的关键在于行为人的狩猎行为是否属于情节严重，只有情节严重的违法狩猎行为才构成犯罪。而一般的违法狩猎行为虽也造成了野生动物的死伤，但由于其情节显著轻微，不会对野生动物资源造成严重破坏，所以不宜作为犯罪论处。

案　例

　　某市森林公安局接到一市民报案，称有一位农民模样的老人在市区集市上公开叫卖死野猪，由于被叫卖的野猪身上既没有枪伤，也没有血迹，估计是私设电网捕猎得来的。接警后，森林公安民警随即前往调查，得知叫卖野猪的老人为刘某，是该市郊区某村的农民。森林公安民警随即又赶赴刘某的家中，果然找到一台非法安装的电网。据刘某交代，由于自己家后面的树林里经常有野猪出没，大片庄稼遭到野猪的侵害，而近年来公安部门到农村将所有的土铳收缴，为了捕猎这些害人的野猪，他就安装了电网。由于刘某态度较好，森林公安民警对其进行批评教育后，将其非法安装的电网予以收缴。

近年来，由于野生动物保护工作持续良好地展开，我国的野生动物无论是种群还是数量都有所恢复，但是人与野生动物争夺生存土地的情形也时有发生，甚至出现野生动物伤人的情形。村民为了保护人身安全或者财产安全，猎杀了一些野生动物。在此案中，行为人刘某用私设电网的方式，猎杀了野生动物，但是其目的是保护庄稼等财产，情节显著轻微，危害不大，并且改正态度较好，批评教育即可，不应视做犯罪追究刑事责任。

第四章
破坏国土资源犯罪

第一节 非法占用农用地罪

根据《刑法》第三百四十二条的规定，非法占用农用地罪，是指违反土地管理法规，非法占用耕地、林地等农用地，改变被占用土地的用途，数量较大，造成耕地、林地等农用地大量毁坏的行为。

一、非法占用农用地罪的立法演变

随着改革开放后社会经济的迅猛发展，各地区为了发展经济，对土地资源的需求大量增加，而土地资源是人类生存和发展的最基本、最宝贵的自然资源，也是其他各种资源赖以存在的基础，农用地作为土地资源的精华，对于我国这个人口大国来说尤为重要。有鉴于此，我国采取了大量的措施，并于 20 世纪八九十年代颁布了《土地管理法》、《中华人民共和国土地管理法实施条例》、《基本农田保护条例》等法律、法规，为有效保护土地资源提供了法律依据。但 1979 年《刑法》及相关保护土地或者耕地的法律都没有将此类行为作为犯罪处理，对该罪的处罚力度较小，不能够有效地控制非法侵占、破坏耕地，将有限的耕地资源转做他用的现象。在实践中，由改革开放带来的工业化、城市化进程所衍生和导致的圈地热，使我国现有耕地面积不断减少，耕地保护形势十分严峻。在 1997 年《刑法》修订以前，土地管理法对于乱占耕地和破坏耕地的行为，只按照一般违法行为进行处罚，如《土地管理法》第四十三条规定，未经批准或者采取欺骗手段骗取批准，非法占用土地的，责令退还非法占用的土地，限期拆除或者没收在非法占用的土地上新建的建筑物和其他设施，并处罚款。① 由于当时法律体系中没有相应的《刑法》条款对这种行为进行惩治和预防，在相当长的一段时间里，占用土地尤其是非法占用耕地的现象比较严重。为了有效遏制此类现象，1997 年修订《刑法》时在分则第六章"妨害社会管理秩序罪"的第六节"破坏环境资源保护罪"的第三百四十二条规定了非法占用耕地罪，即"违反土地管理法规，非法占用耕地改做他用，数量较大，造成耕地大量毁坏的，处五年以下有期徒刑或者拘役，并处或者单处罚金"。但是随着 1997 年《刑法》的实施，在实践中又出现了一些新情况和新问题，如一些地方、单位和个人以各种名义毁林开荒，非法占用林地并改做他用，对森林资源和林地造成了极大的破坏。破坏农用地的现象不再局限于耕地领域，更向着草地、林地、滩涂等领域扩展。为了惩治毁林开荒和乱占林地、草地等行为，切实保护林地、草地等资源，2001 年 8 月 31 日第九届全国人民代表大会常务委员会第二十三次会议通过的《刑法修正案（二）》在 1997 年《刑法》规定基础上，增加了对非法占用林地等农用地行为追究刑事责任的规定，将《刑法》第三百四十二条修改为"违反土地管理法规，非法占用耕地、林地等农用地，改变被占用土地用途，数量较大，造成耕地、林地等农用地大量毁坏的，处五年以下有期徒刑或者拘役，并处或者单处罚金"。最高人民法院《关于执行〈中华人民共和国刑法〉确定罪名的规定》（1997 年 12 月 11 日，法释〔1997〕9 号）根据修订的《刑法》第三百四十二条规定了"非法占用耕地罪"罪名。最高人民法院、最高人民检察院《关于执行〈中华人民共和国刑法〉确定罪名的补充规定》（2002 年 3 月 15 日，法释〔2002〕7 号）根据《刑法修正案（二）》将"非法占用耕地罪"修改为"非法占用农用地罪"，取消了"非法占用耕地罪"罪名。

二、非法占用农用地罪的构成要件

（一）非法占用农用地罪的客体

非法占用农用地罪的客体是国家对农用地的保护和管理制度，犯

---

① 高铭暄，马克昌 . 2005. 中国刑法解释 . 上卷 . 北京：中国社会科学出版社：2371.

罪对象是农用地。如前所述，1997 年《刑法》规定的该罪犯罪对象是耕地，由于该规定的犯罪对象范围比较窄，不能够及时、有效地打击破坏其他农用地的现象，所以立法机关在《刑法修正案（二）》中对之进行了修改，将该罪的犯罪对象由原来的耕地扩大到包括耕地、林地、草地等在内的农用地。根据《土地管理法》第四条第三款的规定，农用地是指直接用于农业生产的土地，包括耕地、林地、草地、农田水利用地、养殖水面等。耕地一般包括三种：①种植农作物的耕地，包括新开荒地、休闲地、轮歇地等；②以种植农作物为主，兼有零星果树、桑树或者其他树木的土地；③耕种 3 年以上的滩涂和 3 年内曾用于耕种农作物的土地。林地包括郁闭度 0.2 以上的乔木林地、竹林地、灌木林地疏林地、采伐迹地、火烧迹地、未成林造林地、苗圃地和县级以上人民政府规划的宜林地。

（二）非法占用农用地罪的客观方面

非法占用农用地罪的客观方面表现为违反土地管理法规，非法占用林地、耕地等农用地，改为他用，数量较大，造成农用地大量毁坏的行为，具体包括以下三个方面的内容。

（1）必须以违反了土地管理法规的规定为前提。根据全国人大常委会《关于〈中华人民共和国刑法〉第二百二十八条、第三百四十二条、第四百一十条的解释》的规定，违反土地管理法规，是指违反《土地管理法》、《森林法》、《中华人民共和国草原法》等法律及有关行政法规中关于土地管理的规定。这一解释为司法实践中确定违反土地管理法规的具体范围提供了操作依据。根据上述解释，土地管理法规应以全国人大及其常委会制定的法律和国务院制定的行政法规中有关土地管理的规定为限，而不包括地方性法规和部门规章等。《土地管理法》第四条规定，国家实行土地用途管制制度。国家编制土地利用总体规划，规定土地用途，将土地分为农用地、建设用地和未利用地。严格限制农用地转为建设用地，控制建设用地总量，对耕地实行特殊保护。使用土地的单位和个人必须严格按照土地利用总体规划确定的用途使用土地。《中华人民共和国草原法》第三十八条规定："进行矿藏开采和工程建设，应当不占或者少占草原；确需征用或者使用草原的，必须经省级以上人民政府草原行政主管部门审核同意后，依照有关土地管理的法律、行政法规办理建设用地审批手续。"除上述规定外，《中华人民共和国水土保持法》、《土地复垦条例》、《基本农田保护条例》等法律、法规中也包括有关农用地保护的规定。通过上述规定可以看出，凡是对耕地、林地、草原等进行占用，改变用途的，必须向土地、林业、草原等行政主管部门申请，并获得批准方可进行，否则即为违法行为。

（2）必须有非法占用耕地、林地等农用地，改变被占用土地用途的行为。非法占用农用地，是指未经审批、登记、核发证书、确认土地使用权等法律规定的程序，或者使用欺诈等不正当手段取得使用权等，违反了土地利用的总体规划或者计划，擅自占用耕地、林地等农用地的行为。一般的非法占用农用地行为表现为以下五种情形：①未经批准而占用农用地，即未经国家土地管理机关审查，并报经有审核和决定权的相应级别的政府批准，而擅自占用农用地的；②少批而多占用农用地的，即虽合法取得了一部分农用地使用权，但超出被批准的农用地的范围而多占了农用地，超出批准范围的土地是非法占用的土地；③超过土地使用权的使用期限而未办理继续使用农用地手续的；④以欺诈方式骗取农用地的，即以提供虚假文件、谎报土地用途、盗用他人名义申请等欺诈性的方式和手段获取农用地的；⑤以其他非法的方式取得农用地的。

改变土地的用途，是指改变被占农用地的原来用途，即原来的耕种环境、条件等，使农用地不能继续进行相应的农业生产活动，或者使原来的农业生产活动不能得以继续，而改做其他类型的农业生产活动，主要包括以下两个方面。①改变原来农用地的生产环境、生产条件，使之不能够进行农业生产活动。例如，改变耕地、林地等农用地的生产条件，在这些土地上开办企业、建造房屋、挖沙、取土、采石、建窑、建坟、堆放固体废弃物或者进行其他非农业建设等。在这种情况下，原来的农用地彻底丧失了农业生产的条件与环境，不能够恢复，或者恢复的费用极高而不适宜恢复等。在这里要强调的是，如果仅仅有上述行为而没有造成农业生产条件的破坏，或者破坏没有达到数量较大的程度，其仍不属于这里的改变土地用途。例如，行为人在自己承包的鱼塘里挖沙，没有毁坏鱼塘的养殖环境，或者行为人在自己的林地里取土，但并没有破坏林地的生产条件，这种情况就不属于这里的改变土地用途，但是有可能构成其他犯罪，如构成非法采矿罪等。②改变了原来农用地的生产条件，但是却适合另外一种农业生产条件。我国对农用地，尤其是耕地采取了严格的保护措施，作了相应的规划，在没有正当合法程序对此规划修改以前，均不能够对农用地进行性质上的变更。这种情况在实际生活中突出地表现为将林地、草地毁坏变为耕地，在耕地上开挖鱼塘等行为，在司法实践中对上述行为也要纳入非法占用农用地罪的行为方式中。

（3）必须达到"数量较大，造成农用地大量毁坏"的程度。非法占用农用地数量较大，造成耕地、林地等农用地大量毁坏是构成非法占用农用地罪的必要条件，是区分罪与非罪的重要标准，故准确把握该标准对认定该罪尤为重要。根据 2000 年 6 月 19 日最高人民法院《关于审理破坏土地资源刑事案件具体应用法律若干问题的解释》第三条的规定，违反土地管理法规，非法占用耕地改做他用，数量较大，造成耕地大量毁坏的，依照《刑法》第三百四十二条的规定，以非法占用耕地罪定罪处罚：①非法占用耕地"数量较大"，是指非法占用基本农田 5 亩以上或者非法占用基本农田以外的耕地 10 亩以上；②非法占用耕地"造成耕地大量毁坏"，是指行为人非法占用耕地建窑、建坟、建房、挖沙、采石、采矿、取土、堆放固体废弃物或者进行其他非农业建设，造成基本农田 5 亩以上或者基本农田以外的耕地 10 亩以上种植条件严重毁坏或者严重污染。根据 2005 年 12 月 26 日最高人民法院《关于审理破坏林地资源刑事案件具体应用法律若干问题的解释》第一条的规定，违反土地管理法规，非法占用林地，改变被占用林地用途，在非法占用的林地上实施建窑、建坟、建房、挖沙、采石、采矿、取土、种植农作物、堆放或排泄废弃物等行为或者进行其他非林业生产、建设，造成林地的原有植被或林业种植条件严重毁坏或者严重污染，并具有下列情形之一的，属于《刑法》第三百四十二条规定的犯罪行为，应当以非法占用农用地罪判处 5 年以下有期徒刑或者拘役，并处或者单处罚金：①非法占用并毁坏防护林地、特种用途林地数量分别或者合计达到 5 亩以上；②非法占用并毁坏其他林地数量达到 10 亩以上；③非法占用并毁坏①、②项规定的林地，数量分别达到相应规定的数量标准的 50％以上；④非法占用并毁坏①、②项规定的林地，其中一项数量达到相应规定的数量标准的 50％以上，且两项数量合计达到该项规定的数量标准。但是上述两个司法解释的内容尚不能涵盖所有破坏农用地的行为，如破坏草原、滩涂等。在目前对非法占用草地、滩涂等土地尚无明确的司法解释的情况下，我们认为可以参照上述两个司法解释规定的标准执行。

对构成非法占用农用地罪是否必须同时具备"改变被占用土地用途，数量较大"与"造成耕地、林地等农用地大量毁坏"的问题，我们认为需要同时具备上述两个要件。尽管刑法条文并未明确表示这两个要件之间的关系，但是根据语言表达的习惯，表示并列关系的词语，如"和"、"且"是可以省略的，但表示选择关系的"或"却是不能被全部省略的，选择关系的存在必须依靠特定的词语，如"或者"、"还是"等，或者用疑问语气，以形成一定的选择语境。该罪中的"改变被占用土地用途，数量较大"与"造成耕地、林地等农用地大量毁坏"两个标准之间存在着并列关系是毫无疑问的，通过条文的上下语境来辨别是可以得出上述结论的。而且根据最高人民法院《关于审理破坏林地资源刑事案件具体应用法律若干问题的解释》第一条的规定，认定"数量较大，造成农用地大量毁坏"时，必须要求同时具备"非法占用并毁坏"林地达到法定的数量才可构成。根据该司法解释的精神不难看出，构成该罪应当同时具备"改变被占用土地用途，数量较大"与"造成耕地、林地等农用地大量毁坏"两方面的条件，如果只是单纯地占用，但并未改变农用地原有的用途，没有造成土地资源大量毁损的，不构成该罪。

（三）非法占用农用地罪的主体

非法占用农用地罪的犯罪主体包括自然人和单位。自然人犯罪主体须达到年满 16 周岁，具有刑事责任能力。在实践中，自然人犯该罪的多为农村居民或是基层组织负责人，主要是在建造居民住宅时，不经审批或违反审批程序非法占用农用地造成土地毁损。在司法实践中单位成为该罪主体的情形也时有发生，单位构成该罪的，既包括国有公司、企业、事业单位，也包括外资企业、私营企业，以及各级国家权力机关和人民团体、社会团体等。一般情况下，单位构成该罪是容易判断的，但是有很多以单位为幌子或者貌似单位的犯罪，在这种情况下应该以自然人犯罪来对待。根据最高人民法院《关于审理单位犯罪案件具体应用法律有关问题的解释》第二条、第三条的规定，个人为进行违法犯罪活动而设立的公司、企业、事业单位实施犯罪的，或者公司、企业、事业单位设立后，以实施犯罪为主要活动的，不以单位犯罪论处；盗用单位名义实施犯罪，违法所得由实施犯罪的个人私分的，依照刑法有关自然人犯罪的规定定罪处罚。例如，被告人马某见房地产市场利润丰厚，就想购买土地搞房地产，为此马某挂靠一房地产公司，开办了自己的公司。马某以公司的名义在某郊区的农村通过贿赂等方式未办理任何法律手续承包了 50 余亩基本农田，用来建别墅，造成基本农田被大量毁坏。后村民屡次上访，此案被立案侦查。马某最后以非法占用农用地罪被判处有期徒刑。在此案中马某就是以单位（公司）的名义实施的非法占用农用地的行为，并且造成了大量的农用地被破坏的结果，故根据上述司法解释，该单位不构成该罪，而应该以自然人犯罪定罪处罚。

（四）非法占用农用地罪的主观方面

非法占用农用地罪的主观方面是故意，包括直接故意和间接故意。详言之，就是行为人明知道自己非法占用大量的农用地，改变农用地的用途，仍旧希望或者放任造成大量农用地被破坏的结果的发生。犯罪的认识因素是行为人认识到了自己占用农用地，改变农用地的用途，数量较大的行为会造成大量农用地遭到或者可能遭到破坏。其意志因素是希望或者放任这种大量农用地被破坏的结果的发生。

案　　例

被告人蔡某系广东省某县的一名教师。2002年1月22日，蔡某选择该县某基本农田保护区内的耕地，作为其筹办的民办学校建校地点，在未办理合法手续的情况下，擅自在这片耕地上施工建设学校。同年4月9日，该县国土资源局工作人员到现场制止其非法占地行为，并向被告人送达《责令停止土地违法行为通知书》，被告人拒不签收，仍继续施工建设。至6月底，学校基本建成。经该县国土资源局现场勘查，被告人非法占用耕地面积达10.4061亩，造成这片耕地的种植条件严重毁坏。2002年12月9日，该县人民法院经审理后认为，被告人违反土地管理法规，非法占用基本农田5亩以上改做他用，造成耕地大量毁坏，其行为构成非法占用农用地罪，依法对这一宗非法占用基本农田犯罪案件做出判决：被告人蔡某构成非法占用农用地罪，判处有期徒刑2年，并处罚金2万元。

在此案中，被告人蔡某在未获得相关审批手续的情况下，擅自将基本农田保护区内的耕地用于建设学校，该县国土资源局工作人员到现场制止其非法占地行为，并向被告人送达《责令停止土地违法行为通知书》，被告人拒不签收，仍继续施工建设。被告人明知自己的行为会造成耕地资源的严重破坏，侵犯国家耕地保护制度，仍对土地管理机关工作人员的处理决定置若罔闻，其主观方面实属故意。不能否认其非法占用耕地的动机是为改善乡村教学环境，但无论其动机如何，并不能够影响非法占用农用地罪的成立。①

---

① 韩玉胜.2004.刑法各论案例分析.第二版.北京：中国人民大学出版社：388.

三、非法占用农用地罪的认定

（一）非法占用农用地罪与其他犯罪的界限

1. 非法占用农用地罪与非法转让、倒卖土地使用权罪的界限

非法转让、倒卖土地使用权罪，是指以牟利为目的，违反土地管理法规，非法转让、倒卖土地使用权，情节严重的行为。尽管都是与土地有关、违反土地管理法规的犯罪，但是二者有很大的不同，主要表现在以下四个方面。①犯罪客体不同。非法占用农用地罪的犯罪客体是国家对农用地的保护和管理制度；而非法转让、倒卖土地使用权罪的犯罪客体是国家对土地使用权合法转让的制度和管理秩序。②犯罪对象不同。非法占用农用地罪的犯罪对象是林地、耕地等农用地；而非法转让、倒卖土地使用权罪的犯罪对象是一般意义上的土地，后者的范围广于前者。③犯罪客观方面不同。非法占用农用地罪表现为违反土地管理法规，非法占用农用地，数量较大，改变被占农用地的用途，造成大量农用地毁坏的行为，是结果犯；而非法转让、倒卖土地使用权罪表现为非法倒卖、转让土地使用权，情节严重的行为，是情节犯。④对犯罪目的的要求不同。非法占用农用地罪不要求犯罪目的；而非法转让、倒卖土地使用权罪要求具有谋取非法利益的目的，是目的犯。一般情况下二者具有明显的区别，但是某些情况下并不容易区分清楚。例如，贾某独自承包了村里的 50 亩农田，同村王某为开办企业欲寻找一些土地，便找贾某商量。为了得到巨额的土地使用费，贾某明知将基本农田承包给王某会造成农用地被非法占用、毁坏的后果，仍将耕地 11 亩转让给王某使用，王某得到耕地后修建工厂、挖掘池塘养鱼，造成耕地大量毁坏，后来经举报案发。在这个案例中将王某的行为认定为非法占用农用地罪没有争议，但贾某的行为如何认定存在争议，是与王某共同构成非法占用农用地罪的共犯，还是单独构成非法转让、倒卖土地使用权罪？我们认为，该情形王某与贾某并不构成共同犯罪，前后两罪也不构成牵连或者竞合关系，因为贾某主观上并无与王某实施非法占用农用地行为的共同故意，客观上实施的是非法转让土地使用权的行为，不能构成与王某的共犯，二者的行为符合不同犯罪构成要件，是前后相继的两个行为，应分别定罪。

2. 非法占用农用地罪与非法批准征收、征用、占用土地罪的界限

全国人民代表大会常务委员会《关于修改部分法律的决定》（2009 年 8 月 27 日中华人民共和国主席令第 18 号公布）已将《刑法》中的"征用"修改为"征收、征用"。根据《刑法》第四百一十条的规定，非法批准征收、征用、占用土地罪，是指国家机关工作人员徇私舞弊，违反土地管理法规，滥用职权，非法批准征收、征用、占用土地，情节严重的行为。非法占用农用地罪与非法批准征收、征用、占用土地罪的区别表现在以下四个方面。①犯罪客体不同。前者的客体是国家对农用地的保护和管理制度；而后者的客体是国家机关工作人员对土地管理职责的正当性和国家土地利益。②犯罪对象不同。前者的犯罪对象是耕地、林地等农用地；而后者的犯罪对象是土地，后者的范围大于前者。③犯罪主体不同。前者的犯罪主体是一般主体，包括单位和个人；而后者是特殊主体，即国家机关工作人员，主要是各级政府的土地主管部门负责人，以及土地管理、规划等部门的工作人员，其他不具有此特殊身份的人除可以构成共同犯罪以外，不能够单独构成此罪，并且在犯罪主体上仅包括自然人而不包括单位。④客观方面不同。前者主要表现为违反土地管理法规，非法占用农用地，数量较大，改做其他用途，造成农用地大量毁坏的行为；而后者则表现为行为人徇私舞弊，滥用职权，违反土地管理法规，非法批准征收、征用、占用土地，情节严重的行为。

3. 非法占用农用地罪与非法低价出让国有土地使用权罪的界限

非法低价出让国有土地使用权罪，是指国家机关工作人员徇私舞弊，违反土地管理法规，非法低价出让国有土地使用权，情节严重的行为。非法占用农用地罪与非法低价出让国有土地使用权罪在犯罪构成上主要区别表现如下。①犯罪对象不同，前者为农用地，而后者为国有土地使用权。②行为方式不同。前者主要表现为违反土地管理法规，非法占用农用地，数量较大，改做其他用途，造成农用地大量毁坏的行为；而后者表现为国家机关工作人员徇私舞弊、滥用职权，非法低价出让国有土地使用权的行为。③犯罪主体不同。前者的犯罪主体是一般主体，包括单位和个人；而后者是特殊主体，即国家机关工作人员。

（二）非法占用农用地罪特殊形态的认定

非法占用农用地罪是典型的结果犯，只有当行为人造成了一定的犯罪结果才可能构成犯罪既遂。

（1）犯罪中止形态。这种形态可以发生在预备阶段和实行阶段。在预备阶段由于行为人积极地停止了预备行为，没有着手实施实行行为，其危害性极小，一般不以犯罪论处。在非法占用农用地的实行阶段，犯罪人在实施犯罪行为时基于自己的意志积极地阻止了犯罪结果的发生，或者停止了犯罪行为，就构成了实行阶段的中止。就同一案件而言，犯罪中止的社会危害性一般比预备阶段的社会危害性严重，一般应以犯罪来处理。但应该遵循犯罪中止的处罚原则，即造成损害的，应当减轻处罚；没有造成损害的，应当免除处罚。

（2）犯罪未遂形态。在非法占用农用地的着手实行阶段，由意志以外的因素致使行为人的行为停止，而没有发生大量的农用地被破坏的是非法占用农用地罪的未遂形态。其和实行阶段的犯罪中止的区别在于是否是基于自己的意志而停止犯罪行为或者有效地阻止了犯罪结果的发生。

案　　例

　　被告人武某为了种地获得利润，在未经任何部门批准的情况下，于2005年10月31日至2005年11月2日，擅自雇用被告人王某用东方红60推土机在某林业局一林场开垦林地，在开垦林地过程中被公安局森侦大队发现并立案侦查。经鉴定开垦林地面积为7200平方米，毁坏林木269株。2005年12月14日，公安机关以被告人武某、王某涉嫌非法占用农用地罪移送审查起诉。办案人承办该案后，经过严格审查，认为被告人武某、王某二人非法开垦的林地，是准备用于种植农作物的，其种植行为还没有进行，同时经某国有林管理分局鉴定，被非法开垦的林地为"宜林荒地"，即被非法开垦林地的用途尚未改变，所以武某、王某二人的行为应为犯罪未遂。遂于2005年12月28日以被告人武某、王某涉嫌非法占用农用地罪，且系犯罪未遂向某林区基层人民法院提起公诉，同时提起附带民事诉讼。该林区基层人民法院于2006年1月11日以被告人武某、王某犯非法占用农用地罪（未遂），判处被告人武某有期徒刑2年，缓刑3年，并处罚金人民币3000元，赔偿某林业局经济损失人民币1000元；判处被告人王某有期徒刑1年，缓刑2年，并处罚金人民币1000元，赔偿某林业局经济损失人民币452.6元。[1]

---

　　[1]　刘景昌.2006.严格审查　保证质量——某林区人民检察院成功起诉一起新罪名案件.龙剑网.http://www.hl.jcy.gov.cn.

四、非法占用农用地罪的刑事责任

（一）非法占用农用地罪的刑罚适用

根据《刑法》第三百四十二条的规定，自然人犯非法占用农用地罪的，处 5 年以下有期徒刑或者拘役，并处或者单处罚金。根据《刑法》第三百四十六条的规定，单位犯该罪的，对单位判处罚金，并对其直接负责的主管人员和其他直接责任人员依照自然人犯该罪的规定处罚。

（二）非法占用农用地罪的追诉标准

关于非法占用农用地罪的立案追诉标准，可参考《立案追诉标准（一）》中的相关规定。根据《立案追诉标准（一）》第六十七条的规定，违反土地管理法规，非法占用耕地、林地等农用地，改变被占用土地用途，造成耕地、林地等农用地大量毁坏，涉嫌下列情形之一的，应予立案追诉。①非法占用基本农田 5 亩以上或者基本农田以外的耕地 10 亩以上的。根据《基本农田保护条例》第二条的规定，所谓基本农田，是指按照一定时期人口和社会经济发展对农产品的需求，依据土地利用总体规划确定的不得占用的耕地。②非法占用防护林地或者特种用途林地数量单种或者合计 5 亩以上的。③非法占用其他林地数量 10 亩以上的。④非法占用②、③项规定的林地，其中一项数量达到相应规定的数量标准的 50% 以上，且两项数量合计达到该项规定的数量标准的。⑤非法占用其他农用地数量较大的情形。违反土地管理法规，非法占用耕地建窑、建坟、建房、挖沙、采石、采矿、取土、堆放固体废弃物或者进行其他非农业建设，造成耕地种植条件严重毁坏或者严重污染，被毁坏耕地数量达到以上规定的，属于"造成耕地大量毁坏"。违反土地管理法规，非法占用林地，改变被占用林地用途，在非法占用的林地上实施建窑、建坟、建房、挖沙、采石、采矿、取土、种植农作物、堆放或者排泄废弃物等行为或者进行其他非林业生产、建设，造成林地的原有植被或者林业种植条件严重毁坏或者严重污染，被毁坏林地数量达到以上规定的，属于"造成林地大量毁坏"。

如果行为人非法占用农用地的数量未达到上述规定的标准，应当认定为一般违法行为，给予行政处罚。《土地管理法》第七十六条规定："未经批准或者采取欺骗手段骗取批准，非法占用土地的，由县级以上人民政府土地行政主管部门责令退还非法占用的土地，对违反土地利用总体规划擅自将农用地改为建设用地的，限期拆除在非法占用的土地上新建的建筑物和其他设施，恢复土地原状，对符合土地利用总体规划的，没收在非法占用的土地上新建的建筑物和其他设施，可以并处罚款；对非法占用土地单位的直接负责的主管人员和其他直接责任人员，依法给予行政处分；构成犯罪的，依法追究刑事责任。超过批准的数量占用土地，多占的土地以非法占用土地论处。"

第二节　非法采矿罪

根据《刑法》第三百四十三条第一款的规定，非法采矿罪，是指违反矿产资源法的规定，未取得采矿许可证擅自采矿，擅自进入国家规划矿区、对国民经济具有重要价值的矿区和他人矿区范围采矿，或者擅自开采国家规定实行保护性开采的特定矿种，情节严重的行为。

一、非法采矿罪的立法演变

20 世纪 70 年代之前，由于我国工业生产对矿产资源的需求并不紧张，矿产资源保护的重要性没有得到充分的重视，所以 1979 年《刑法》没有规定此类犯罪。但是改革开放以来，随着经济迅速发展，工业生产对矿产资源的需求量急剧增加。从实际情况看，我国矿产资源总量居于世界前列，但是以人均资源占有量来计算的话，很多矿产资源的排名居于非常靠后的位置，并且已经成为制约我国经济社会发展的瓶颈，如石油、钢铁等资源近些年来在很大程度上都需要进口。尽管我国的矿产资源面临着很严峻的形势，但是面对利益诱惑，各地出现了大量的乱挖、滥采矿产资源，擅自挖掘国家列入保护性开采的矿种等现象，破坏矿产资源的行为经常发生，并且这种形势得不到有效遏制。这对国家的矿产资源造成了很大的破坏，使矿产资源开采中的伴生资源等得不到有效利用。为有效保护矿产资源，实现国民经济的健康可持续发展，维护正常的经济秩序，国家加强了对矿产资源勘查、开采、利用等环节的管理和保护工作。1986 年 3 月 19 日第六届全国人大常委会第十五次会议通过的并于 1996 年修正的《矿产资源法》第三十九条以附属刑法的方式将非法采矿行为规定为犯罪行为，并按照故意毁坏公私财物罪定罪处罚。该条第一款规定："违反本法规定，未取得采矿许可证擅自采矿的，擅自进入国家规划矿区、对国民经济具有重要价值的矿区范围采矿的，擅自开采国家规定实行保护性开采的特定矿种的，责令停止开采、赔偿损失，没收采出的矿产品和违法所得，可以并处罚款；拒不停止开采，造成矿产资源破坏的，依照刑法有关规定对直接责任人员追究刑事责任。"

1997 年对《刑法》进行修订时，沿用了上述附属刑法规定的内容，将其作为一个独立的个罪规定在了《刑法》分则第六章第六节的"破坏环境资源保护罪"之中，即违反矿产资源法的规定，未取得采矿许可证擅自采矿的，擅自进入国家规划矿区、对国民经济具有重要价值的矿区和他人矿区范围采矿的，擅自开采国家规定实行保护性开采的特定矿种，经责令停止开采后拒不停止开采，造成矿产资源破坏的，处三年以下有期徒刑、拘役或者管制，并处或者单处罚金；造成矿产资源严重破坏的，处三年以上七年以下有期徒刑，并处罚金。最高人民法院《关于执行〈中华人民共和国刑法〉确定罪名的规定》（1997 年 12 月 11 日，法释〔1997〕9 号）根据修订的《刑法》第三百四十三条第一款规定了"非法采矿罪"罪名。2011 年 2 月 25 日，第十一届全国人民代表大会常务委员会第十九次会议通过的《中华人民共和国刑法修正案（八）》，将该罪修改为"违反矿产资源法的规定，未取得采矿许可证擅自采矿，擅自进入国家规划矿区、对国民经济具有重要价值的矿区和他人矿区范围采矿，或者擅自开采国家规定实行保护性开采的特定矿种，情节严重的，处三年以下有期徒刑、拘役或者管制，并处或者单处罚金；情节特别严重的，处三年以上七年以下有期徒刑，并处罚金"。

二、非法采矿罪的构成要件

（一）非法采矿罪的客体

非法采矿罪的客体是国家对矿产资源、矿产资源开采利用的保护和管理制度。根据《中华人民共和国宪法》和《矿产资源法》的规定，矿产资源属于国家所有，国家保障矿产资源的合理开发利用，禁止任何组织或个人利用任何手段破坏矿产资源。该罪的犯罪对象是矿产资源。所谓矿产资源，是指由地质作用形成的，埋藏在地壳之中，在可预计时间内对人类具有利用价值或经济价值，呈固态、液态、气态的富集物，属于不可再生的自然资源。矿产资源与其他资源的最大区别在于再生速度慢，或者不可再生。根据《矿产资源法》、《矿产资源分类细目》的规定，国家公布的矿产有 4 类共 168 种，这些都是该罪的犯罪对象。但是人工合成的、类似于天然矿产的，如人工钻石等不属于该罪的犯罪对象。其他未发现的或者未定名的矿种一般不属于该罪的犯罪对象，新发现的矿种经国务院地质矿产主管部门报国务院批准公布后才属于该罪的犯罪对象。

确认该罪客体时应当注意，根据《中华人民共和国宪法》和《矿产资源法》的规定，国家拥有的是矿产资源的所有权，但是国家在不改变矿产资源所有权性质的基础上，按照所有权和采矿权适度分离的原则，将矿产资源的开采权依法转让给个人或组织，并对开采矿产资源的个人或组织进行监管。有的人以自己拥有矿产资源的所有权或采矿权为由，认为其开采行为不应受干涉，这些认识是错误的，其并不影响该罪的成立。

（二）非法采矿罪的客观方面

非法采矿罪的客观方面是违反矿产资源法的规定，未取得采矿许可证擅自采矿，擅自进入国家规划矿区、对国民经济具有重要价值的矿区和他人依法设立的国有矿山企业和其他矿山企业矿区范围采矿，擅自开采国家规定实行保护性开采的特定矿种，情节严重的行为。在准确把握该罪的客观方面时，应当注意以下三个问题。

1. 对"违反矿产资源法"的理解

违反矿产资源法是构成该罪的前提条件，只有在违反了矿产资源法的前提下造成矿产资源破坏的，才有可能以非法采矿罪定罪处罚。如果行为人没有违反矿产资源法的相关规定就不可能构成该罪。但是如何确定矿产资源法的具体范围呢？我们认为，前述矿产资源法应当作广义的理解，包括与保护矿产资源有关的一切现行有效的法律、法规和规章，既包括全国人大及其常委会制定的关于矿产资源保护的法律或者发布的相关决定，也包括国务院制定的有关矿产资源保护的行政法规、部门规章等，如国务院1988 年 10 月 30 日发布的《关于对黄金矿产实行保护性开采的通知》、1998 年 2 月 12 日发布的《矿产资源勘查区块登记管理办法》等。

2. 非法采矿罪的具体行为方式

非法采矿罪的行为方式表现为以下三种情况。

一是未取得采矿许可证擅自采矿的行为。根据矿产资源法的规定，任何采矿的企业无论是国有还是私营单位及个人采矿都必须符合采矿条件并且办理采矿许可证。没有办理相关许可证的就属于无证开采。根据2003年5月29日最高人民法院《关于审理非法采矿、破坏性采矿刑事案件具体应用法律若干问题的解释》第二条的规定，未取得采矿许可证擅自采矿的情况是指：①无采矿许可证开采矿产资源的；②采矿许可证被注销、吊销后继续开采矿产资源的；③超越采矿许可证规定的矿区范围开采矿产资源的；④未按采矿许可证规定的矿种开采矿产资源的（共生、伴生矿种除外）；⑤其他未取得采矿许可证开采矿产资源的情形。同时，根据《立案追诉标准（一）》第六十八条的规定，在采矿许可证被依法暂扣期间擅自开采的，视为"未取得采矿许可证擅自采矿"。

二是擅自进入国家规划矿区、对国民经济具有重要价值的矿区和他人矿区范围采矿的行为。国家根据社会经济的发展需要，或者考虑社会、政治、军事、生态建设等特殊因素划定了不能随意开采矿产的范围，在这些范围内开采必须经过有关部门的同意。根据《矿产资源法》第二十条的规定，非经国务院授权的有关主管部门同意，不得在下列地区开采矿产资源：①港口、机场、国防工程设施圈定地区以内；②重要工业区、大型水利工程设施、城镇市政工程设施附近一定距离以内；③铁路、重要公路两侧一定距离以内；④重要河流、堤坝两侧一定距离以内；⑤国家规定的自然保护区、重要风景区，国家重点保护的不能移动的历史文物和名胜古迹所在地；⑥国家规定不得开采矿产资源的其他地区。在上述地区及其他需要有关部门批准范围内未经批准随意开采的就可能构成非法采矿罪。

对国民经济具有重要价值的矿区，是指对国民经济具有举足轻重的作用、经济价值重大、效益很高，对国家经济建设和发展具有全局性、战略性意义的矿区。对这些矿区无计划地开采会造成国家矿产资源的大量破坏，给国家经济、社会发展带来重大的损失。

进入他人依法设立的国有矿山企业和其他矿山企业矿区范围内采矿的行为，是指超出了采矿许可证上划定的采矿范围，到他人依法设立的国有矿山企业和其他矿山企业矿区范围内非法采矿的行为。这种行为是对他人财产权的侵害，更是对国家矿产资源的侵害。此处的矿区范围，是指设计、规划部门依照法律程序设立矿井等划定的范围，一般在采矿许可证上进行了标志，行为人未经法定机关许可不可以超越。

三是擅自开采国家规定实行保护性开采的特定矿种。国家对规划矿区、对国民经济具有重要价值的矿区和国家实施保护性开采的特定矿种实施有计划的开采，未经国务院主管部门批准任何人不得开采。这些矿种是对国家社会经济建设和发展具有特殊重要价值的矿产，是在一定时期内由国家以法定程序确定的矿种，包括黄金、钨、锡、锑、离子型稀土等。

3. 非法采矿罪的危害结果

非法采矿罪的危害结果表现为情节严重。所谓情节严重，是指以下情形：①在矿区乱挖滥采，使整个矿床及依据矿床设计的采矿方法受到破坏，造成矿产不能够充分开采；②在储存有共生、伴生矿产的矿区采取采主矿弃副矿的采矿方法，对应综合开采、综合利用的矿产不开采，使矿产不能充分合理利用；③对暂不能综合开采或必须同时采出而暂时还不能综合利用的矿产及含有有用成分的尾矿，不采取有效的保护措施，造成损失、破坏；④不按合理的采矿顺序采矿，采富矿弃贫矿、采厚矿弃薄矿、采易矿弃难矿、采林矿体弃小矿体而丢失大量矿产资源；⑤不按合理的开采方法采矿，造成开采回采率低，采矿贫化率高，与设计指标相差甚远，造成资源浪费；⑥不按合理工艺采矿，造成选矿回收率低，与设计指标相差甚远，造成资源浪费；⑦对一些特殊矿产，不按有关部门颁布的技术规范中规定的方法采矿，造成资源破坏、浪费等情况。

最高人民法院《关于审理非法采矿、破坏性采矿刑事案件具体应用法律若干问题的解释》第三条规定，非法采矿造成矿产资源破坏的价值，数额在 5 万元以上的，属于《刑法》第三百四十三条第一款规定的"造成矿产资源破坏"；数额在 30 万元以上的，属于《刑法》第三百四十三条第一款规定的"造成矿产资源严重破坏"。在《刑法修正案（八）》对该罪的罪状修改之后，应当认为，非法采矿造成矿产资源破坏的价值，数额在 5 万元以上的，属于"情节严重"；数额在 30 万元以上的，属于"情节特别严重"。当然，"情节严重"和"情节特别严重"还应当包括其他情形。

上述标准主要是在国土资源执法监察部门提供的统计数据基础上得出的。据了解，近几年来，非法采矿行为占全部矿产资源违法行为的 80％，予以行政处罚的非法采矿行为约占非法采矿行为的 90％，其余的非法采矿行为，造成矿产资源破坏的价值在 5 万元以上的占 50％。将非法采矿犯罪数额起点确定在 5 万元，则需要追究刑事责任的非法采矿行为占全部矿产资源违法行为的 4％左右。确定这样的数额标准，既可以充分发挥刑罚的处罚功能，又可以为行政处罚预留较大的空间，并有效地控制刑罚的适用范围。对多次非法采矿构成犯罪，依法应当追诉的，或者一年内多次非法采矿未经处理的，造成矿产资源破坏的数额累计计算。针对单位犯罪的量刑标准，该解释第八条做出了规定，即单位犯非法采矿罪的定罪量刑标准，按照该解释的有关规定执行。

（三）非法采矿罪的主体

非法采矿罪的犯罪主体包括自然人和单位。自然人犯罪主体要求行为人年满16周岁并且具有刑事责任能力，对自然人的身份没有特别的要求。在认定单位犯罪主体时应该引起注意。根据最高人民法院《关于审理单位犯罪案件具体应用法律有关问题的解释》第二条、第三条的规定，个人为进行违法犯罪活动而设立的公司、企业、事业单位实施犯罪的，或者公司、企业、事业单位设立后，以实施犯罪为主要活动的，不以单位犯罪论处；盗用单位名义实施犯罪，违法所得由实施犯罪的个人私分的，依照刑法有关自然人犯罪的规定定罪处罚。另外，伙同他人非法采矿，或者为他人的非法采矿行为提供帮助，构成犯罪的，以非法采矿罪的共犯论处。

案　例

2005年11月至2006年9月，24岁的杜某和来自黑龙江的44岁的农民马某在未取得采矿许可证的情况下，擅自在北京某村的山上非法开采煤炭1200吨，造成矿产资源破坏。杜某非法获利10万元，马某非法获利20万元。张某明知杜某、马某非法开采煤炭，2006年4~9月仍帮助运输煤炭700吨，非法获利8000元。赵某则明知杜某、马某非法开采煤炭，仍收购煤炭500吨，非法获利人民币8000元。案发后，被告人杜某、马某主动到公安机关投案。人民法院经审理认定四人的行为构成非法采矿罪。①

在此案中，马某、杜某违反矿产资源法的规定，未取得采矿许可证擅自采矿，造成矿产资源严重破坏；张某明知杜某、马某非法开采煤炭，仍帮助运输；赵某明知杜某、马某非法开采煤炭，仍予以收购，他们在主观

---

① 佚名.2007.北京市四人因非法采矿罪被判刑.搜狐新闻网.http：//news.sohu.com/20070430/n249813745.shtml.

上有共同的故意,客观上彼此之间互相配合,服务于通过非法采矿获得非法利益的目的,所以其行为构成非法采矿罪的共犯。

(四) 非法采矿罪的主观方面

非法采矿罪的主观方面是故意,包括直接故意和间接故意。详言之,就是行为人明知自己违反矿产资源法,实施刑法规定的非法采矿行为,会造成矿产资源的破坏,仍然希望或者放任该结果发生,最终导致矿产资源遭到破坏的心理状态。从意识因素看,行为人认识到自己实施的行为违反了矿产资源法规定的禁止非法采矿的规定,认识到自己的行为会造成矿产资源破坏的结果,包括一定会造成矿产资源破坏和可能造成矿产资源破坏两种情况。从意志因素看,行为人希望或者放任破坏矿产资源结果的发生,希望这种态度揭示了行为人对结果的积极追求,通过各种方式促成结果的发生;而放任这种态度则揭示了行为人对破坏矿产资源结果的发生既不促成也不阻止,结果发生与否都不违背其主观意志。

三、非法采矿罪的认定

(一) 非法采矿罪与其他犯罪的界限

1. 非法采矿罪与破坏性采矿罪的界限

破坏性采矿罪,是指违反矿产资源法的规定,采取破坏性方法开采矿产资源,造成矿产资源严重破坏的行为。二者都是关于矿产资源方面的犯罪,主观上都要求是故意,犯罪主体都包括单位和自然人,其主要区别在于以下两点。①犯罪主体不同。尽管二者主体都可以是单位或自然人,但是非法采矿罪的主体是一般主体,没有特殊要求;而破坏性采矿罪的主体须是取得采矿许可证的单位和个人,系特殊主体。②行为方式不同。前者要求是违反矿产资源法的规定,未取得采矿许可证擅自采矿,擅自进入国家规划矿区、对国民经济具有重要价值的矿区和他人依法设立的国有矿山企业和其他矿山企业矿区范围内采矿,或者擅自开采国家规定实行保护性开采的特定矿种,情节严重的行为;而后者是指在持有采矿许可证的前提下,违反矿产资源法,采取破坏性的开采方式开采矿产,造成矿产资源严重破坏的行为。③对破坏的程度要求不同。非法采矿罪只要求达到"情节严重"就可以;而破坏性采矿罪则要求造成矿产资源达到"严重破坏"的程度。

通过上述分析可以看出,非法采矿罪与破坏性采矿罪的主要区别是,非法采矿罪是在未取得采矿许可证的情况下实施的非法采矿,情节严重的行为;而破坏性采矿罪则是在有采矿许可证的情况下,采取破坏性的开采方法开采矿产资源,且造成矿产资源严重破坏的结果。非法采矿罪强调行为的"非法性",而破坏性采矿罪强调行为的"破坏性"。二者区别的关键在于是否有合法的采矿权,即是否持有采矿许可证,而不在于是否实施了破坏性采矿行为。

2. 非法采矿罪与重大责任事故罪、强令违章冒险作业罪和重大劳动安全事故罪的界限

非法采矿行为,是不符合国家规定的采矿条件的单位或个人,在有关主管部门未颁发采矿许可证的情况下,擅自进行矿产资源开采的行为。非法采矿行为通常缺乏一定的技术设备和科学管理,因而,在非法采矿过程中常伴有重大责任事故、重大劳动安全事故和强令违章冒险作业行为的发生。非法采矿罪与这些行为构成的犯罪的不同之处在于以下五点。①客体不同。非法采矿罪侵犯的客体是国家对矿产资源的保护和管理制度,而重大责任事故罪、强令违章冒险作业罪和重大劳动安全事故罪所侵犯的客体主要是社会的公共安全。②行为方式不同。非法采矿罪的行为方式是违反矿产资源法的规定,未取得采矿许可证擅自采矿,擅自进入国家规划矿区、对国民经济具有重要价值的矿区和他人依法设立的国有矿山企业和其他矿山企业矿区范围内采矿,或者擅自开采国家规定实行保护性开采的特定矿种,情节严重的行为;而重大责任事故罪表现为在生产、作业过程中违反有关安全管理的规定,因而发生重大伤亡事故或造成其他严重后果的行为;强令违章冒险作业罪,表现为强令他人违章冒险作业,因而发生重大伤亡事故或者造成其他严重后果的行为;重大劳动安全事故罪,表现为安全生产设施或者安全生产条件不符合国家规定,因而发生重大伤亡事故或者造成其他严重后果的行为。③发生的领域不同。非法采矿罪发生的领域只限于矿产资源开采领域,而重大责任事故罪、强令违章冒险作业罪和重大劳动安全事故罪则不以此为限。④犯罪主体不同。非法采矿罪的主体是一般主体,包括单位和自然人;而重大责任事故罪和强令违章冒险作业罪的主体虽为一般主体,但限于自然人;重大劳动安全事故罪的主体则是企事业单位主管人员或负责劳动安全的直接责任人员。⑤罪过形式不同。非法采矿罪的罪过形式为故意,过失不能构成该罪;而重大责任事故罪和

重大劳动安全事故罪的罪过形式是过失，个别情况下强令违章冒险作业罪和重大劳动安全事故罪在主观上不排除放任、间接故意的罪过形式存在。

（二）非法采矿罪特殊形态的认定

1. 共同犯罪的认定

在实践中，由于非法采矿行为的工作量较大，一般参与的人数较多，有周密的组织策划，且有细致的内部分工，所以常以共同犯罪的形式表现。

案　例

> 2006年8月，某村农民张某、陈某得知萤石的市场价格上涨，便向主管部门申请采挖该村附近矿山上的萤石，主管部门认为在该矿山采挖萤石十分危险，故未批准张某、陈某二人的申请。张某、陈某二人便与同村村民李某、王某、阎某商议秘密采挖萤石，并达成口头协议：由李某、王某、阎某三人负责采挖，张某、陈某按照每吨40元向李某、王某、阎某三人支付报酬，至于李某、王某、阎某三人的安全，张某、陈某二人概不负责。同年9月，张某、陈某二人便组织李某、王某、阎某三人开始采挖。经评估，截至2007年10月19日，非法采矿行为造成矿产资源损失达10.5万元。最后，人民法院经审理认定张某、陈某和李某、王某、阎某等人的行为构成非法采矿罪。

在此案中，张某、陈某在采矿申请没有被批准的情况下，擅自决定组织他人开采矿石，而李某、王某、阎某三人明知张某、陈某的行为系非法采矿行为，仍然积极参与，所以他们构成非法采矿罪的共犯。

2. 罪数形态的认定

根据最高人民法院、最高人民检察院《关于办理危害矿山生产安全刑事案件具体应用法律若干问题的解释》第八条的规定，违反矿产资源法的规定，非法采矿或者采取破坏性的开采方法开采矿产资源，造成重大伤亡事故或者其他严重后果，同时构成《刑法》第三百四十三条规定的犯罪和《刑法》第一百三十四条或者第一百三十五条规定的犯罪的，依照数罪并罚的规定处罚。具体而言，重大责任事故罪的主要特征在于违规操作的行为和造成人身伤亡等严重后果；而非法采矿罪的主要特征在于违法采矿的行为和造成矿产资源破坏的结果，该结果并不包括人身伤亡等严重后果。如果非法采矿造成矿产资源破坏的同时，又发生了重大责任事故，在这种情况下，因为非法采矿罪的危害结果仅限于对矿产资源的破坏，不包括人身伤亡，而人身伤亡的严重事故完全符合重大责任事故罪的构成要件，所以，对同时符合两个犯罪构成的两个行为，应该实行数罪并罚。

行为人在实施非法采矿行为过程中，又有非法购买爆炸物的行为，构成犯罪的，如果非法购买爆炸物是为了采矿的需要，则两个行为之间构成手段行为与目的行为的关系，应按牵连犯的处罚原则择一重罪论处。

案 例

2006年8月至2007年6月，被告人刘某在未取得采矿许可证的情况下，雇用他人在某村开采煤矿，造成煤炭资源破坏量达3700余吨，价值人民币120余万元。被告人刘某还违反爆炸物品管理规定，非法购买炸药、雷管。案发后在其非法开采的煤矿仓库内查获炸药18余斤、雷管32枚。经鉴定，上述炸药、雷管均有爆炸力。人民法院认为，在此案中，被告人刘某违反爆炸物品管理规定，非法购买炸药、雷管，实施非法采矿的行为，实质上触犯了两个罪名：一是违反爆炸物品管理规定，非法购买爆炸物，情节严重，触犯了《刑法》第一百二十五条第一款的规定，构成非法买卖爆炸物罪，应在10年以上有期徒刑量刑；二是违反《矿产资源法》的规定，非法采矿，造成矿产资源严重破坏，触犯了《刑法》第三百四十三条第一款之规定，构成非法采矿罪，应在3年以上7年以下有期徒刑量刑。

在这两个行为当中，非法买卖爆炸物是犯罪手段，非法采矿是最终目的，由于被告人刘某非法买卖爆炸物是为了非法采矿，两个犯罪行为其实是基于同一个犯罪目的，且犯罪手段和犯罪目的之间具有牵连关系，根据刑法理论，牵连犯应择一重罪处罚。对此案不适用数罪并罚，而应按照法定刑较高的一罪论处，刘某所触犯的两个罪名中非法采矿罪的法定刑比非法买卖爆炸物罪的法定刑低，因此本案中对被告人刘某应按非法买卖爆炸物罪定罪处刑。[①]

如果行为人在非法采矿时造成环境污染如何处理，我们认为，可以分为两种情况区别对待。①行为人在实施非法采矿行为时，向大地、水体或者空气倾倒或者排放了大量的有毒有害的物质，造成了重大的环境污染的。在这种情况下行为人实施的是一个行为，具有一个非法目的，触犯了数个罪名，应该以想象竞合犯来处理，从一重罪处断，即以处罚较重的犯罪定罪量刑。②如果行为人在实施非法开采矿产之后，又非法向土地、水体、大气排放、倾倒或者处置放射性或有毒性的矿物废料，造成重大环境污染的。在这种情况下，行为人实施的是两个独立的行为，符合不同的犯罪构成要件，应当分别认定为非法采矿罪和重大环境污染事故罪，且二罪不存在牵连关系，应该依照《刑法》第六十九条的规定实行数罪并罚。

四、非法采矿罪的刑事责任

（一）非法采矿罪的刑罚适用

根据《刑法》第三百四十三条第一款的规定，犯非法采矿罪的，处 3 年以下有期徒刑、拘役或者管制，并处或者单处罚金；造成矿产资源严重破坏的，处 3 年以上 7 年以下有期徒刑，并处罚金。另外，根据《刑法》第三百四十六条的规定，单位犯该罪的，对单位判处罚金，并对其直接负责的主管人员和其他直接责任人员，依照自然人犯该罪的规定处罚。

《刑法》对非法采矿罪的量刑分两个量刑档次，分别规定了不同的刑罚方式。特别应当关注的是，罚金刑在"情节严重"这一危害结果中是"并处或者单处罚金"，法官具有一定的裁量权，但是在"情节特别严重"这一危害结果中，罚金刑是必须并处的，司法机关没有选择的余地。该条对罚金刑的规定是不定额罚金制，应该根据犯罪情节，如违法所得数额、造成损失的大小并结合犯罪分子缴纳能力来决定罚金的数额。这就要求司法机关应该根据不同的情况确定罚金的具体数额，避免罚金刑适用不当。根据最高人民法院《关于适用财产刑若干问题的规定》第二条的规定，《刑法》没有明确规定罚金数额标准的，罚金的最低数额不能少于

---

① 刘翠颖 . 2008. 本案是一罪还是数罪 . 中国法院网 . http://www.chinacourt.org/html/article/200802/22/288651.shtml.

1000 元。

（二）非法采矿罪的追诉标准

关于非法采矿罪的立案追诉标准，可参考《立案追诉标准（一）》中的相关规定。根据《立案追诉标准（一）》第六十八条的规定，违反矿产资源法的规定，未取得采矿许可证擅自采矿的，或者擅自进入国家规划矿区、对国民经济具有重要价值的矿区和他人矿区范围采矿的，或者擅自开采国家规定实行保护性开采的特定矿种，造成矿产资源破坏的价值数额在5 万元至 10 万元以上的，应予立案追诉。造成矿产资源破坏的价值数额，由省级以上地质矿产主管部门出具鉴定结论，经查证属实后予以认定。

如果行为人非法采矿的数量未达到上述规定的标准，应当认定为一般违法行为，给予行政处罚。根据《矿产资源法》的相关规定，行政处罚措施包括责令停止开采、赔偿损失，没收采出的矿产品和违法所得，可以并处罚款，以及吊销采矿许可证等。

第三节　破坏性采矿罪

根据《刑法》第三百四十三条第二款的规定，破坏性采矿罪，是指违反矿产资源法的规定，采取破坏性的开采方法开采矿产资源，造成矿产资源严重破坏的行为。

一、破坏性采矿罪的立法演变

破坏性采矿罪是 1997 年修订《刑法》时新增设的犯罪。1979 年制定的《刑法》和相关单行刑法均未规定破坏性采矿罪这一犯罪。1986 年制定的《矿产资源法》第四十四条规定："违反本法规定，采取破坏性的开采方法开采矿产资源，造成矿产资源严重破坏的，责令赔偿损失，处以罚款；情节严重的，可以吊销采矿许可证。"该法对破坏性采矿的行为只设置了行政处罚的措施，情节严重的并没有规定为犯罪给予刑事处罚。1996年修正后的《矿产资源法》第四十四条规定："违反本法规定，采取破坏性的开采方法开采矿产资源的，处以罚款，可以吊销采矿许可证；造成矿产资源严重破坏的，依照刑法有关规定对直接责任人员追究刑事责任。"这是我国第一次以附属刑法的方式把采取破坏性的开采方法开采矿产资源，造成矿产资源严重破坏的行为规定为犯罪。根据该条的规定，对破坏性采矿行为以故意毁坏财物罪定罪处罚。该规定虽然在一定程度上对打击破坏性采矿行为起到一定作用，但以故意毁坏财物罪来追究破坏性采矿行为的刑事责任，没有做到罪刑相适应，缺少明确的针对性，只能算做权宜之计。1997 年修订《刑法》之时，吸收了《矿产资源法》第四十四条规定的内容，并增加了单位犯罪的刑事责任，与非法采矿罪一同规定在《刑法》第三百四十三条中，该条第二款规定："违反矿产资源法的规定，采取破坏性的开采方法开采矿产资源，造成矿产资源严重破坏的，处五年以下有期徒刑或者拘役，并处罚金。"为了依法惩处破坏矿产资源的犯罪活动，加强保护矿产资源的执法力度，促进国民经济持续发展，2003 年 5 月 29 日最高人民法院公布了《关于审理非法采矿、破坏性采矿刑事案件具体应用法律若干问题的解释》，明确规定了对非法采矿、破坏性采矿行为追究刑事责任的标准，为运用刑罚手段遏制破坏矿产资源的犯罪行为提供了明确的法律适用依据。最高人民法院《关于执行〈中华人民共和国刑法〉确定罪名的规定》（1997 年 12 月 11 日，法释〔1997〕9 号）根据修订的《刑法》第三百四十三条第二款规定了"破坏性采矿罪"罪名。

二、破坏性采矿罪的构成要件

（一）破坏性采矿罪的客体

破坏性采矿罪侵犯的客体是国家对矿产资源的保护和管理制度。矿产资源是人类赖以生存和发展的生产资料和生活资料的重要来源，是保持国民经济可持续发展的重要物质基础。有限性和不可再生性是矿产资源的固有特性，对其加以保护和合理利用是每个国家都要面临的一个重要问题。为了保护与合理利用矿产资源，我国制定了一系列的法律、法规，如《矿产资源法》、《中华人民共和国矿产资源法实施细则》、《矿产资源监督管理暂行办法》、《中华人民共和国矿山安全法》、《矿产资源勘查区块登记管理办法》、《矿产资源开采登记管理办法》、《探矿权采矿权转让管理办法》等。这些法律、法规确立的我国保护和管理矿产资源的基本制度包括矿产资源属于国家所有，由国务院行使国家对矿产资源的所有权；国家对矿产资源的勘查、开采实行许可证制度，勘查、开采矿产资源，必须依法分别申请，经批准取得探矿权、采矿权，并办理登记。另外，为了加强矿产资源的综合利用，防止浪费，防止污染环境，开采矿产资源必须向地质矿产主管部门提交矿产资源开采利用方案。《矿产资源法》第十五条规定："设立矿山企业，必须符合国家规定的资质条件，并依照法律和国家有关规定，由审批机关对其矿区范围、矿山设计或者开采方案、生产技术条件、安全措施和环境保护措施等进行审查；审查合格的，方予批准。"第二十九条规定："开采矿产资源，必须采取合理的开采顺序、开采方法和选矿工艺。矿山企业的开采回采率、采矿贫化率和选矿回收率应当达到设计要求。"第三十条规定："在开采主要矿产的同时，对具有工业价值的共生和伴生矿产应当统一规划，综合开采，综合利用，防止浪费；对暂时不能综合开采或者必须同时采出而暂时还不能综合利用的矿产以及含有有用组分的尾矿，应当采取有效的保护措施，防止损失破坏。"

破坏性采矿罪的犯罪对象是矿产资源。根据《中华人民共和国矿产资源法实施细则》第二条的规定，矿产资源，是指由地质作用形成的，具有利用价值的，呈固态、液态、气态的自然资源。依据《矿产资源分类细目》的规定，目前我国公布的矿种共计 4 类 168 种。①能源矿产：煤、煤成气、石煤、油页岩、石油、天然气、油砂、天然沥青、铀、钍、地热。②金属矿产：铁、锰、铬、钒、钛、铜、铅、锌、铝土矿、镍、钴、钨、锡、铋、钼、汞等。③非金属矿产：金刚石、石墨、磷、自然硫、硫铁矿、钾盐、硼等。④水气矿产：地下水、矿泉水、二氧化碳气、硫化氢气、氦气、氡气。其他尚未发现的或者未定名的矿种一般不属于该罪的犯罪对象，新发现的矿种经国务院地质矿产主管部门报国务院批准公布后，才属于该罪的犯罪对象。

（二）破坏性采矿罪的客观方面

破坏性采矿罪客观方面表现为违反矿产资源法的规定，采取破坏性的开采方法开采矿产资源，造成矿产资源严重破坏的行为，具体表现为三个方面。

1. 违法要件

构成破坏性采矿罪以违反保护和管理矿产资源的法律法规为前提。如上所述，我国相关法律法规对矿产资源的开采利用作了明确的规定，该罪的违法要件主要表现为，违反《矿产资源法》第十五条、第二十九条、第三十条关于矿产资源开采利用的规定。

　　2. 行为要件

　　破坏性采矿罪表现为采取破坏性的开采方法开采矿产资源的行为。何谓破坏性的开采方法？最高人民法院《关于审理非法采矿、破坏性采矿刑事案件具体应用法律若干问题的解释》施行以前，大多数学者依据《矿产资源法》第二十九条的规定进行解释，认为破坏性的开采方法，是指开采矿产资源，没有采取合理的开采顺序、开采方法和选矿工艺，致使矿山企业的开采回采率、采矿贫化率和选矿回收率没有达到设计要求。简而言之，即"三率"指标没有达到设计要求。开采回采率，是指矿山企业开采范围内实际采出矿石量与该范围内地质储量的百分比。开采回采率是衡量矿山企业开采技术和开采管理水平优劣、资源利用程度高低的主要技术经济指标。由于地质条件和采矿技术等方面的因素，开采下来的矿石混有废石，或者部分有用组分溶解和散失而引起矿石品位降低的现象叫矿石贫化，采出矿石品位下降的百分数称采矿贫化率。选矿回收率，是指矿产的选矿产品（一般为精矿）中所含被回收有用成分的重量占该矿中全部有用成分重量的百分比。在矿产资源的开采实践中，有些矿山企业为降低成本，获取最高的产值和利润，往往采富弃贫、采易弃难、采厚弃薄、采大弃小，造成资源损失，致使"三率"达不到设计要求。但是由于地质情况的复杂性和勘查技术的限制性等因素，也存在严格按照合理的开采顺序、开采方法和选矿工艺开采矿产资源，"三率"也达不到设计要求的情况。根据最高人民法院《关于审理非法采矿、破坏性采矿刑事案件具体应用法律若干问题的解释》第四条的规定，采取破坏性的开采方法开采矿产资源，是指行为人违反地质矿产主管部门审查批准的矿产资源开发利用方案开采矿产资源，并造成矿产资源严重破坏的行为。因此，认定破坏性的开采方法应当以是否违反地质矿产主管部门审查批准的矿产资源开发利用方案为标准，而不再以"三率"是否达到设计要求为标准。该罪行为的违法性集中表现为没有按照地质矿产主管部门审查批准的矿产资源开发利用方案开采矿产资源。

　　根据《矿产资源法》、《中华人民共和国矿产资源法实施细则》、《矿产资源开采登记管理办法》的相关规定，采矿权申请人申请办理采矿许可证时，应当向登记管理机关提交下列资料：①申请登记书和矿区范围图；②采矿权申请人资质条件的证明；③矿产资源开发利用方案；④依法设立矿山企业的批准文件；⑤开采矿产资源的环境影响评价报告；⑥国务院地质矿产主管部门规定提交的其他资料。此外，如果变更矿区范围、主要开采矿种、开采方式、矿山企业名称，经依法批准转让采矿权的，采矿权人应当在采矿许可证有效期内，向登记管理机关申请变更登记。根据以上规定，行为人开采矿产资源除必须具有采矿许可证外，还必须向地质矿产主管部门报送矿产资源开发利用方案，经审查批准后，方可进行矿产资源开采。因此，以是否违反地质矿产主管部门审查批准的矿产资源开发利用方案为标准来认定是否构成破坏性采矿罪既具有法律依据，又具有很强的可操作性。

违反地质矿产主管部门审查批准的矿产资源开发利用方案开采矿产资源一般表现为以下三种行为方式。①违反开发利用方案使用不合理的开采顺序开采矿产资源。②违反开发利用方案使用不合理的开采方法开采矿产资源。③违反开发利用方案使用不合理的选矿工艺开采矿产资源。所谓合理的开采顺序，是指保证回采作业安全，资源合理回收和采矿效益好的开采顺序。合理的开采方法，是指生产安全、采矿强度高、矿产损失和贫化率低，矿产资源利用率及经济效益高的开采方法。选矿工艺，是指用物理或化学方法，将矿物原料中的有用成分、无用矿物或有害矿物分开，或将多种有用成分分离开的工艺过程。

3. 结果要件

破坏性采矿罪为结果犯，构成该罪必须具备造成矿产资源严重破坏的法定结果。根据最高人民法院《关于审理非法采矿、破坏性采矿刑事案件具体应用法律若干问题的解释》第五条和第九条的规定，造成矿产资源严重破坏，是指破坏性采矿造成矿产资源破坏的价值，数额在 30 万元以上的；各省（自治区、直辖市）高级人民法院，可以根据本地区的实际情况，在 5 万～10 万元、30 万～50 万元的幅度内，确定本地区执行的起点数额标准，并报最高人民法院备案。

（三）破坏性采矿罪的主体

一般认为，破坏性采矿罪主体是一般主体，即凡达到刑事责任年龄具备刑事责任能力的自然人均可成为该罪主体，单位亦可成为该罪主体。也有学者认为该罪是特殊主体，即具有采矿许可证的单位和个人。我们认为，结合立法精神及相关法律、法规、司法解释的规定来看，将该罪的主体界定为特殊主体更符合立法的本意。理由包括以下三点。①《刑法》第三百四十三条第二款关于破坏性采矿罪的规定是由《矿产资源法》第四十四条修改而来的，该条规定："违反本法规定，采取破坏性的开采方法开采矿产资源的，处以罚款，可以吊销采矿许可证；造成矿产资源严重破坏的，依照刑法有关规定对直接责任人员追究刑事责任。"从这一规定中的"可以吊销采矿许可证"一语看得很清楚：构成破坏性采矿罪的主体只能是已经取得采矿许可证的单位和个人。②最高人民法院《关于审理非法采矿、破坏性采矿刑事案件具体应用法律若干问题的解释》第四条规定，采取破坏性的开采方法开采矿产资源，是指行为人违反地质矿产主管部门审查批准的矿产资源开发利用方案开采矿产资源，并造成矿产资源严重破坏的行为。2005 年 8 月 31 日国土资源部印发的《非法采矿、破坏性采矿造成矿产资源破坏价值鉴定程序的规定》第六条规定："对非法采矿、破坏性采矿造成矿产资源破坏的价值按照以下原则进行鉴定：非法采矿破坏的矿产资源价值，包括采出的矿产品价值和按照科学合理的开采方法应该采出但因矿床破坏已难以采出的矿产资源折算的价值。破坏性采矿造成矿产资源严重破坏的价值，指由于没有按照国土资源主管部门审查认可的矿产资源开发利用方案采矿，导致应该采出但因矿床破坏已难以采出的矿产资源折算的价值。"依照上述规定来看，认定破坏性采矿罪的关键在于是否按照批准的矿产资源开发利用方案进行采矿；其造成矿产资源破坏的价值不包括采出的矿产品价值，只计算因矿床破坏已难以采出的矿产价值。因此，这些规定隐含着构成破坏性采矿罪的主体只能是具有采矿许可证的单位和个人。③从非法采矿罪和破坏性采矿罪的法定刑设置来看，非法采矿罪的法定刑明显重于破坏性采矿罪，其主要原因在于非法采矿罪是无证采矿，非法占有国家的矿产资源；破坏性采矿罪是有证滥采，造成矿产资源的浪费和严重破坏。

（四）破坏性采矿罪的主观方面

破坏性采矿罪在主观方面表现为故意，过失不能构成该罪。这种故意具体指行为人明知其行为会造成矿产资源严重破坏的结果而仍然实施，最终导致该种结果发生的心理态度。该罪的主观方面一般表现为间接故意，即行为人为追求采矿利润的最大化，故意违反矿产资源开发利用方案乱采滥挖，采富弃贫、采易弃难、采厚弃薄，对造成矿产资源严重破坏的后果不闻不问、放任不管。在司法实践中鲜有追求或者说希望矿产资源遭到破坏的，因此该罪一般表现为间接故意，但理论上不能否认直接故意的存在。

三、破坏性采矿罪的认定

（一）破坏性采矿罪与故意毁坏财物罪的界限

根据《刑法》第二百七十五条的规定，故意毁坏财物是指故意毁坏公私财物，数额较大或者有其他严重情节的行为。《刑法》修订以前，在立法上以附属刑法的方式对破坏性采矿罪按故意毁坏财物罪来追究刑事责任。两罪都侵犯了财产的所有权，主观上都出于故意。但两罪存在本质的区别。①犯罪客体不同。破坏性采矿罪主要侵犯国家对矿产资源的保护和管理制度；而故意毁坏财物罪侵犯的则是公私财物的所有权。②犯罪对象不同。破坏性采矿罪的犯罪对象是矿产资源，是特定的财物；而故意毁坏财物罪的犯罪对象很广泛，可以是任何公私财物。③客观要件不同。破坏性采矿罪在客观上表现为违反矿产资源法的规定，采取破坏性的采矿方法开采矿产资源，造成矿产资源严重破坏。但这种行为并没有改变矿产资源的性质，只是在某种程度上造成了矿产资源的巨大浪费，导致应该采出但因矿床破坏已难以采出矿产资源，但矿产资源本身仍具有其原有价值和使用价值。而故意毁坏财物罪在客观上则表现为毁坏行为，即毁灭、损坏，其结果是使公私财物的使用价值或价值部分或全部丧失。④犯罪主体不同。破坏性采矿罪的主体既可以是自然人，也可以是单位；而故意毁坏财物罪的犯罪主体只能是自然人。⑤犯罪主观方面不完全相同。破坏性采矿罪主观上表现为行为人明知其采矿的方式、手段等矿产资源开发利用方案会造成矿产资源严重破坏而仍然实施，最终导致这种结果发生的心理态度，一般来讲行为人直接追求的是占有矿产资源，对其开采方法、方式致使矿产资源破坏，无法综合利用持放任的心理，而不是积极追求矿产资源的破坏；而故意毁坏财物罪主观上表现为明知自己的行为会造成公私财物的毁坏，并且希望或者放任这种结果的发生，行为人主观上追求的是财物的毁坏，不具有非法占有公私财物的目的。

（二）破坏性采矿罪特殊形态的认定

1. 停止形态的认定

根据《刑法》第三百四十三条第二款的规定，违反矿产资源法的规定，采取破坏性的开采方法开采矿产资源，造成矿产资源严重破坏的，构成破坏性采矿罪。因此，破坏性采矿罪属于结果犯，破坏性采矿的行为只有造成矿产资源严重破坏的，才构成破坏性采矿罪的既遂，否则，如果行为人违反矿产资源法的规定，采取破坏性的开采方法开采矿产资源，但是意志以外的因素使破坏性采矿的行为被迫停止，没有造成矿产资源严重破坏的，成立破坏性采矿罪的未遂；在开采过程中，如果在尚未造成矿产资源严重破坏结果之前主动停下来的，属于破坏性采矿罪的中止。

　　2. 罪数形态的认定

　　行为人在破坏性采矿中，违反国家规定，向土地、水体、大气排放、倾倒或者处置有放射性的废物、含传染病病原体的废物、有毒物质或者其他危险废物，造成重大环境污染事故，致使公私财产遭受重大损失或者人身伤亡的严重后果，根据刑法的规定，行为人的行为触犯破坏性采矿罪和重大环境污染事故罪。对上述情况是否需要数罪并罚呢？根据刑法理论，行为人在破坏性采矿过程中，同时造成矿产资源严重破坏和重大环境污染事故的，一个行为触犯数个罪名，属于想象竞合犯，按"从一重处断原则"处理，不适用数罪并罚；若行为人实施破坏性采矿行为完成以后，矿产资源堆积在地表造成重大环境污染事故的，属于以实施一个犯罪为目的，其结果行为又触犯其他罪名，属于牵连犯，如法律未特别规定实行数罪并罚的，则按"择一重处断原则"处理，不实行数罪并罚；若行为人在破坏性采矿行为完成之后，又非法向土地、水体、大气排放、倾倒或者处置放射性或有毒性的矿物废料，造成重大环境污染事故的，我们认为，行为人实施的是两个独立的行为，符合不同的犯罪构成要件，应当分别认定为破坏性采矿罪和重大环境污染事故罪，且二罪不存在牵连关系，应该依照《刑法》第六十九条的规定实行数罪并罚。

　　根据最高人民法院、最高人民检察院《关于办理危害矿山生产安全刑事案件具体应用法律若干问题的解释》第八条第二款的规定："违反矿产资源法的规定，非法采矿或者采取破坏性的开采方法开采矿产资源，造成重大伤亡事故或者其他严重后果，同时构成刑法第三百四十三条规定的犯罪和刑法第一百三十四条或者第一百三十五条规定的犯罪的，依照数罪并罚的规定处罚。"依照上述规定，行为人在破坏性采矿的过程中，违反有关安全管理的规定进行生产、作业，或者强令他人违章冒险作业，因而发生重大伤亡事故或者造成其他严重后果的，以破坏性采矿罪和重大责任事故罪或者强令违章冒险作业罪数罪并罚；行为人在破坏性采矿的过程中，安全生产设施或者安全生产条件不符合国家规定，因而发生重大伤亡事故或者造成其他严重后果的，以破坏性采矿罪和重大劳动安全事故罪数罪并罚。

另外，行为人违反土地管理法规，非法占用耕地、林地等农用地，擅自改变其用途，进行破坏性采矿，数量较大，造成耕地、林地等农用地大量毁坏的，根据《刑法》的规定，行为人的行为构成破坏性采矿罪和非法占用农用地罪。此种情况是否需要数罪并罚？根据刑法理论，行为人以实施破坏性采矿为目的，其结果行为又触犯非法占用农用地罪，属于牵连犯，如法律未特别规定实行数罪并罚的，按"择一重处断原则"处理，不实行数罪并罚。

四、破坏性采矿罪的刑事责任

（一）破坏性采矿罪的刑罚适用

根据《刑法》第三百四十三条第二款和第三百四十六条的规定，犯破坏性采矿罪的，处5年以下有期徒刑或者拘役，并处罚金。单位犯该罪的，对单位判处罚金，并对其直接负责的主管人员和其他直接责任人员，依照自然人犯该罪的规定处罚。

（二）破坏性采矿罪的追诉标准

根据《立案追诉标准（一）》第六十九条的规定，破坏性采矿罪的立案追诉标准：违反《矿产资源法》的规定，采取破坏性的开采方法开采矿产资源，造成矿产资源严重破坏，价值数额在30万元至50万元以上的，应予立案追诉。根据最高人民法院《关于审理非法采矿、破坏性采矿刑事案件具体应用法律若干问题的解释》第七条的规定，多次破坏性采矿构成犯罪，依法应当追诉的，或者一年内多次破坏性采矿未经处理的，造成矿产资源破坏的数额累计计算。如果行为人的行为没有达到追诉标准的规定，由地质矿产主管部门对采取破坏性的开采方法开采矿产资源的行为，处以罚款，可以吊销采矿许可证。

破坏性的开采方法及造成矿产资源严重破坏的价值数额，由省级以上地质矿产主管部门出具鉴定结论，经查证属实后予以认定。根据国土资源部印发的《非法采矿、破坏性采矿造成矿产资源破坏价值鉴定程序的规定》的规定，省级以上人民政府国土资源主管部门设立非法采矿、破坏性采矿造成矿产资源破坏价值鉴定委员会，负责审查有关鉴定报告并提出审查意见。破坏性采矿造成矿产资源严重破坏的价值，是指没有按照国土资源主管部门审查认可的矿产资源开发利用方案采矿，导致应该采出但因矿床破坏已难以采出的矿产资源折算的价值。

案　例

　　1989年，江西某集体萤石矿向当地的矿管部门报送了采矿登记资料，经审核该矿办矿资料齐全，具备办矿条件，遂取得了采矿许可证。1991年矿产管理部门到该萤石矿进行年度检查时，经实地考核测量，发现该矿违背开采设计，采富矿弃贫矿，回收率不到20%，而采后留下的大量矿石因安全、经济因素无法继续开采，造成了矿产资源的严重破坏和浪费。根据我国目前采矿技术水平要求，露天矿的设计回采率应在90%以上，地下矿的设计回采率一般应在70%以上。而该萤石矿虽然报送的采矿登记资料齐全，但采矿时不按开采设计生产，致使回采率不到20%。[①]

　　对于此案，如果发生在今天，应当由国土资源主管部门对该矿没有按照国土资源主管部门审查认可的矿产资源开发利用方案采矿，导致应该采出但因矿床破坏已难以采出的矿产资源进行价值鉴定。如果造成矿产资源严重破坏的价值在30万元至50万元以上的，应当认定为破坏性采矿罪。

---

　　①　傅鸣珂，王燕国.1995.违反矿产资源法规案例选编.北京：地质出版社：318.

第五章 破坏植物资源犯罪

第一节　非法采伐、毁坏国家重点保护植物罪

根据《刑法》第三百四十四条的规定，非法采伐、毁坏国家重点保护植物罪，是指违反国家规定，非法采伐、毁坏珍贵树木或者国家重点保护的其他植物的行为。

一、非法采伐、毁坏国家重点保护植物罪的立法演变

森林资源特别是珍贵用材树种，与煤炭、石油等资源一样，是关系一个国家经济发展和社会进步的重要战略资源。新中国成立初期，我国没有专门设置惩治破坏森林资源犯罪的刑法规范，对各种具体的破坏森林资源的危害行为没有进行详细划分，对非法采伐、毁坏珍贵树木需要追究刑事责任的，通常按盗伐、滥伐或其他破坏林木犯罪认定和处罚。

1975年12月10日，农林部发布专门保护珍贵树木的《关于保护、发展和合理利用珍贵树种的通知》，明确规定了珍贵树种的种类，在一定程度上使保护珍贵树木的工作有章可循。1979年7月，我国第一部《刑法》诞生，其中破坏森林资源犯罪规定在分则第三章"破坏社会主义经济秩序罪"当中，但只规定了盗伐林木罪和滥伐林木罪，并没有专门将珍贵树木作为保护对象，更没有把非法采伐、毁坏珍贵树木需要追究刑事责任的行

为单设为一种犯罪。当时，对在实践中非法采伐、毁坏珍贵树木构成犯罪的，主要是按照 1979 年《刑法》第一百二十五条破坏集体生产罪、第一百二十八条盗伐林木罪和滥伐林木罪以及第一百五十六条故意毁坏公私财物罪进行认定和处罚的。

　　1987 年 9 月 5 日，最高人民法院和最高人民检察院在《关于办理盗伐、滥伐林木案件应用法律的几个问题的解释》第七条中明确规定："盗伐、滥伐自然保护区和城市园林部门管理的树木，要从严惩处。盗伐、滥伐、破坏珍稀树木者，应视为情节严重，依法追究刑事责任。盗伐、滥伐、破坏年代久远或多株珍稀树木者，应按'数额巨大'或'情节特别严重'的量刑标准，依法追究刑事责任。"从此，对破坏珍贵树木资源犯罪与破坏普通树木资源犯罪，在司法实践中有了不同的立案标准和量刑幅度，为打击非法采伐、毁坏珍贵树木犯罪，提供了有力的武器，也为专门惩治破坏珍贵树木资源犯罪的刑事立法的出台奠定了基础。

　　进入 20 世纪 90 年代，由于管理、宣传力度不到位，人们法律知识匮乏，乱砍滥伐珍贵树木现象严重，珍贵树木资源急剧减少。针对这种情况，最高人民法院、最高人民检察院、公安部、林业部于 1994 年 9 月 12 日联合发出《关于严厉打击破坏森林资源违法犯罪活动的通知》，加大对非法采伐、毁坏珍贵树木犯罪的打击力度。1996 年 9 月 30 日，国务院发布《中华人民共和国野生植物保护条例》（简称《野生植物保护条例》），进一步明确破坏野生植物构成犯罪的，依法追究刑事责任。1999 年 9 月 9 日，国家林业局、农业部又发布了《国家重点保护野生植物名录（第一批）》，比较全面地规定了国家重点保护的珍贵树种的种类，从而为司法实践中具体区分珍贵树木提供了重要标准。

　　1997 年 10 月 1 日，我国修订后的《刑法》开始实施。1997 年《刑法》增设了非法采伐、毁坏珍贵树木罪，并规定了独立的法定刑。第三百四十四条规定，违反森林法的规定，非法采伐、毁坏珍贵树木的，处三年以下有期徒刑、拘役或者管制，并处罚金；情节严重的，处三年以上七年以下有期徒刑，并处罚金。最高人民法院《关于执行〈中华人民共和国刑法〉确定罪名的规定》（1997 年 12 月 11 日，法释〔1997〕9号）根据修订的《刑法》第三百四十四条规定了"非法采伐、毁坏珍贵树木罪"罪名。然而，近年来，采伐、毁坏国家重点保护的其他珍贵植物的情况越来越严重，这些珍贵植物在科学研究等方面与珍贵树木有着同样重要的价值。因此，为了更好地适应新形势下保护珍贵植物资源的需要，2002 年 12 月 28 日第九届全国人民代表大会常务委员会第三十一次会议通过了《刑法修正案（四）》，该修正案第六条将《刑法》第三百四十四条修改为"违反国家规定，非法采伐、毁坏珍贵树木或者国家重点保护的其他植物的，或者非法收购、运输、加工、出售珍贵树木或者国家重点保护的其他植物及其制品的，处三年以下有期徒刑、拘役或者管制，并处罚金；情节严重的，处三年以上七年以下有期徒刑，并处罚金"。该规定除增设非法收购、运输、加工、出售国家重点保护植物、国家重点保护植物制品罪外，还对非法采伐、毁坏珍贵树木罪的罪状进行了修改，从立法角度设立了专门打击和惩治破坏珍贵树木以及其他珍贵植物资源犯罪的刑法规范。

最高人民法院、最高人民检察院《关于执行〈中华人民共和国刑法〉确定罪名的补充规定（二）》（2003 年 8 月 15 日，法释〔2003〕12 号）根据《刑法修正案（四）》第六条将"非法采伐、毁坏珍贵树木罪"修改为"非法采伐、毁坏国家重点保护植物罪"，取消了"非法采伐、毁坏珍贵树木罪"罪名。

二、非法采伐、毁坏国家重点保护植物罪的构成要件

（一）非法采伐、毁坏国家重点保护植物罪的客体

非法采伐、毁坏国家重点保护植物罪侵犯的客体是国家对珍贵树木以及国家重点保护的其他植物的管理制度。犯罪对象只能是国家重点保护植物。关于珍贵树木或者国家重点保护的其他植物的范围，根据《立案追诉标准（一）》第七十条的规定，包括由省级以上林业主管部门或者其他部门确定的具有重大历史纪念意义、科学研究价值或者年代久远的古树名木，国家禁止、限制出口的珍贵树木以及列入《国家重点保护野生植物名录（第一批）》的树木或者其他植物。

（二）非法采伐、毁坏国家重点保护植物罪的客观方面

非法采伐、毁坏国家重点保护植物罪在客观方面表现为违反国家森林法等规定，非法采伐、毁坏珍贵树木或者国家重点保护的其他植物的行为。所谓非法，是指违反《森林法》、《野生植物保护条例》等有关法律、法规中关于采伐国家重点保护植物的有关规定以及毁坏国家重点保护植物的情形。《森林法》第二十四条规定："国务院林业主管部门和省、

自治区、直辖市人民政府，应当在不同自然地带的典型森林生态地区、珍贵动物和植物生长繁殖的林区、天然热带雨林区和具有特殊保护价值的其他天然林区，划定自然保护区，加强保护管理。自然保护区的管理办法，由国务院林业主管部门制定，报国务院批准施行。对自然保护区以外的珍贵树木和林区内具有特殊价值的植物资源，应当认真保护；未经省、自治区、直辖市林业主管部门批准，不得采伐和采集。"第三十二条规定，"采伐林木必须申请采伐许可证，按许可证的规定进行采伐"。《野生植物保护条例》第十六条规定，"禁止采集国家一级保护野生植物。因科学研究、人工培育、文化交流等特殊需要，采集国家一级保护野生植物的，必须经采集地的省、自治区、直辖市人民政府野生植物行政主管部门签署意见后，向国务院野生植物行政主管部门或者其授权的机构申请采集证。采集国家二级保护野生植物的，必须经采集地的县级人民政府野生植物行政主管部门签署意见后，向省、自治区、直辖市人民政府野生植物行政主管部门或者其授权的机构申请采集证。采集城市园林或者风景名胜区内的国家一级或者二级保护野生植物的，须先征得城市园林或者风景名胜区管理机构同意，分别依照前两款的规定申请采集证。采集珍贵野生树木或者林区内、草原上的野生植物的，依照森林法、草原法的规定办理"。违反上述法律、法规规定，采伐、毁坏国家重点保护植物的，即属"非法"。

　　非法采伐、毁坏国家重点保护植物罪的行为方式表现为非法采伐和毁坏。所谓非法采伐，是指违反森林资源保护的相关法律规定，未经允许擅自采伐国家重点保护植物的行为，主要包括两种情形：一是无证采伐，即没有取得林木采伐许可证而擅自进行采伐；二是虽然取得了林木采伐许可证，但违反许可证规定的面积、株数、树种等进行采伐。所谓毁坏，是指致使国家重点保护植物的价值或使用价值部分丧失或者全部丧失，以及造成国家重点保护植物死亡或濒临灭绝的行为，如撞击、火烧、剥皮、砍枝、放牧等。此外，根据《野生植物保护条例》的规定，禁止采集国家一级保护野生植物。因科学研究、人工培育、文化交流等特殊需要，采集国家一级保护野生植物的，必须经采集地的省、自治区、直辖市人民政府野生植物行政主管部门签署意见后，向国务院野生植物行政主管部门或者其授权的机构申请采集证。采集国家二级保护野生植物的，必须经采集地的县级人民政府野生植物行政主管部门签署意见后，向省、自治区、直辖市人民政府野生植物行政主管部门或者其授权的机构申请采集证。采集国家重点保护野生植物的单位和个人，必须按照采集规定的种类、数量、地点、期限和方法进行采集。未取得采集证或者未按照采集证的规定采集国家重点保护野生植物的，由野生植物行政主管部门没收所采集的野生植物和违法所得，可以并处违法所得 10 倍以下的罚款；有采集证的，并可以吊销采集证。违反该条例规定，构成犯罪的，依法追究刑事责任。所以这里的"非法采伐"也包括非法采集国家重点保护野生植物的行为。

案　例

　　2008 年 3 月上旬，马某、宋某两被告人商议后决定，到某村去砍伐一棵南方红豆杉的主枝来卖钱，并一同到现场进行踩点。3 月 14 日，被告人马某从浙江雇了陆某（在逃）等 5 人，伙同宋某携带油锯等工具，直奔某村，将村口石板路边一株 880 年树龄的国家一级保护植物南方红豆杉上一根直径 50 厘米粗的主枝锯下，截成小段圆木，再将材积约 1 立方米的红豆杉枝段运往浙江出售。3 月 20 日，被告人马某又从浙江雇了被告人张某和陆某等 4 人，伙同被告人宋某再次潜入原地，用同样的方法将该株南方红豆杉的另一根直径 54 厘米粗的主枝锯下截成小段。正当张某与陆某等人将锯好的红豆杉主枝段木搬到公路边准备装车偷运至外地时，马某、宋某、张某三被告人被当场抓获，并缴获非法采伐的红豆杉原木材积 1.732 立方米，折立木蓄积 2.665 立方米。此案经人民法院审理后认为，被告人马某、宋某、张某违反国家法律规定，明知红豆杉是国家一级保护的珍贵树种，在未办理任何采伐手续的情况下，先后两次非法对有着 880 年树龄的珍贵名木古树红豆杉主枝进行采伐，既构成非法采伐国家重点保护植物罪，又系情节严重的犯罪行为。依照法律有关规定，分别判处有期徒刑 3 年 6 个月、1 年和管制 2 年，并对三被告人并处罚金人民币 5000 元。

　　该案中，三被告人选择"肢解"主枝而非全株的作案方式，企图逃避法律制裁，但其行为已造成国家重点保护植物红豆杉部分价值丧失，故仍构成非法采伐、毁坏国家重点保护植物罪。①

---

　　① 詹菊生 . 2008. "肢解"式采伐红豆杉 同样触法网 . 江西政法网 . http：//www. jxzfw. gov. cn/html/flsh/2008/09/5795 20080903090500. html.

非法采伐、毁坏国家重点保护植物罪是选择性罪名，以上两种行为方式可以单独实施，也可以一并实施，只要行为人实施了其中之一，便可成立该罪。

对实践中未经许可挖掘移植国家重点保护植物的行为是否应认定为非法采伐、毁坏国家重点保护植物罪，理论界存有分歧。我们认为，如果行为人明知是国家重点保护植物而擅自挖掘移植的，可以构成该罪。首先，之所以依法保护珍贵植物，是因为其具有重要的经济、科学研究和文化价值。换言之，珍贵植物的"本来效用"便在于其具有上述特殊价值，如果未经允许任由个人支配珍贵植物，则妨碍国家对其效用的开发，妨碍国家研究其稀有价值和统一、全面地发挥其作用，从而侵害了其"本来效用"。① 其次，挖掘移植行为使珍贵植物离开原生存环境，必然造成对国家重点保护植物生命力和生物价值的毁坏，影响其正常生存。最后，设立非法采伐、毁坏国家重点保护植物罪的目的在于更好地保护国家珍贵植物资源，因而无论是剥皮砍枝，还是将国家重点保护植物挖掘移植的行为，均侵犯了国家对珍贵树木以及国家重点保护的其他植物的管理制度，具有相当的社会危害性。

（三）非法采伐、毁坏国家重点保护植物罪的主体

非法采伐、毁坏国家重点保护植物罪的主体为一般主体，凡是达到刑事责任年龄并具有刑事责任能力的自然人都可以成为该罪的主体。另外，根据《刑法》第三百四十六条的规定，单位也可以成为该罪的主体。作为该罪犯罪主体的单位，既可以是林业单位，也可以是一般单位。例如，某企业在根据园区规划施工过程中，厂长办公会决定对园区内的一棵北方稀有的原始古树云杉进行移植，该古树经园林局鉴定并挂牌保护，但厂长办公会认为在厂区内移植不用经过批准，就擅自移植，结果数月后该古树枯死。最后，人民法院认定该单位犯非法毁坏国家重点保护植物罪。

（四）非法采伐、毁坏国家重点保护植物罪的主观方面

非法采伐、毁坏国家重点保护植物罪在主观方面必须出于故意，即行为人明知是国家重点保护的植物而故意采伐、毁坏，过失不能构成该罪。

---

① 熊永明，蒋璐.2007.论非法采伐、毁坏珍贵树木罪的客观行为.美中法律评论，(4)：
44－48.

至于其犯罪动机和目的如何，均不影响该罪的成立。在实践中，行为人出于不同动机和目的非法采伐、毁坏国家重点保护植物，有的是为了谋取经济利益，有的是为了报复，有的仅仅是为了搭建住宅等。但无论出于何种动机与目的，只要行为人明知是国家重点保护植物，而予以非法采伐、毁坏的，主观上即存有故意。当然，如果行为人确实无法辨认而误将国家重点保护植物采伐或毁坏的，由于主观上不存在犯罪的故意，不构成该罪。

案 例

被告人杨某为建盖地棚，未经林业部门批准，在国防林区内盗伐国家一级保护植物望天树（俗名小叶船板木）2株，木材蓄积量达7.76立方米。人民法院认为，被告人杨某为建盖地棚，无视国家林业管理法规，未经林业部门批准，擅自砍伐国家的林木，造成国家一级保护植物被毁，后果严重，其行为已构成犯罪。

从此案的具体情况看，由于这两株望天树就长在被告人所耕种的土地附近，有关林业保护部门和林业保护人员未对该重点保护树木采取任何保护措施，亦没有告知行为人该树木系国家重点保护的珍贵树木。杨某主观上无法知道所盗伐的树木是国家一级保护植物，属于国家重点保护植物。因此，杨某不具备非法采伐国家重点保护的珍贵树木的故意，故人民法院最终认定杨某犯盗伐林木罪，判处其有期徒刑1年。

三、非法采伐、毁坏国家重点保护植物罪的认定

（一）非法采伐、毁坏国家重点保护植物罪与其他犯罪的界限

1. 非法采伐、毁坏国家重点保护植物罪与盗伐林木罪的界限

非法采伐、毁坏国家重点保护植物罪与盗伐林木罪都属于侵害林木资源的犯罪，在主客观要件上有相同之处，如侵犯的客体都是国家对森林资源的保护管理制度；犯罪主体既可以是自然人，也可以是单位；主观罪过形式都是故意。但非法采伐、毁坏国家重点保护植物罪与盗伐林木罪之间仍是有

区别的，主要表现在以下三个方面。①犯罪对象通常是不同的。这是二者最主要的区别。非法采伐、毁坏国家重点保护植物罪的犯罪对象只能是国家重点保护的植物，包括林木和其他植物，如林木之外的草本植物、藤本植物等；而盗伐林木罪的犯罪对象则主要是普通林木，一般不包括珍贵树木等国家重点保护的植物。②行为方式不同。非法采伐、毁坏国家重点保护植物罪的行为方式不仅包括非法采伐行为，还包括故意毁坏行为；而盗伐林木罪的行为方式仅限于盗伐。③对犯罪结果的要求不同。非法采伐、毁坏国家重点保护植物罪是行为犯，行为人只要实施了非法采伐、毁坏国家重点保护植物的行为就构成犯罪，对情节是否严重没有要求。而盗伐林木罪是结果犯，盗伐林木只有达到数量较大的，才能构成犯罪；如果盗伐林木没有达到数量较大，则不构成犯罪。根据《最高人民法院关于审理破坏森林资源刑事案件具体应用法律若干问题的解释》第四条的规定，盗伐林木"数量较大"，以 2～5 立方米或者幼树 100～200 株为起点。

2. 非法采伐、毁坏国家重点保护植物罪与故意毁坏财物罪的界限

由于非法采伐、毁坏国家重点保护植物罪的行为方式之一为"毁坏"，所以与故意毁坏财物罪相似，但两者的区别还是很明显的，主要表现在以下五个方面。①犯罪客体不同。非法采伐、毁坏国家重点保护植物罪属于妨害社会管理秩序罪的一种，侵犯的是国家对森林资源的保护管理制度；而故意毁坏财物罪属于侵犯财产罪的一种，侵犯的是公私财物的所有权。②行为方式不同。非法采伐、毁坏国家重点保护植物罪中，行为人实施犯罪的行为方式包括采伐和毁坏两种；而故意毁坏财物罪中，行为人只能采用毁坏的行为方式进行犯罪，不可能采用采伐的行为方式。③犯罪对象不同。非法采伐、毁坏国家重点保护植物罪的犯罪对象仅为国家重点保护植物；而故意毁坏财物罪的犯罪对象是公私财物，即属于国家、集体和公民个人所有的各种财物，包括生产资料和生活资料、动产和不动产、有体物和无体物等。④犯罪主体不同。非法采伐、毁坏国家重点保护植物罪的犯罪主体既可以是自然人，也可以是单位；而故意毁坏财物罪的犯罪主体只能是自然人，单位不能成为该罪主体。⑤对犯罪结果的要求不同。非法采伐、毁坏国家重点保护植物罪的行为人只要实施了非法采伐、毁坏国家重点保护植物的行为，就可构成犯罪；而故意毁坏财物罪的行为人实施故意毁坏公私财物的行为，必须达到数额较大或有其他严重情节的才构成犯罪。对故意毁坏公私财物，数额不大，情节较轻的，应作为一般违法行为，给予治安管理处罚。

（二）非法采伐、毁坏国家重点保护植物罪特殊形态的认定

1. 共同犯罪的认定

二人以上共同实施非法采伐、毁坏国家重点保护植物的行为，构成犯罪的，以非法采伐、毁坏国家重点保护植物罪的共犯论处。

案　　例

在被告人俞某承包的竹林里有国家二级保护植物——金钱松。俞某明知金钱松是国家重点保护植物，但是为了不耽误收竹子，在其帮工陈某的授意下，两人商量在上山砍毛竹的时候，谁见到金钱松谁就把其根部的树皮砍掉。这使得有 20 多年树龄的 13 棵金钱松因为根部的树皮被砍掉而受到严重的摧残，濒临死亡。2004 年 12 月 17 日，县人民检察院以俞某、陈某涉嫌非法采伐、毁坏国家重点保护植物罪，向该县人民法院提起公诉。2005 年 1 月 5 日，县人民法院做出判决，被告人俞某犯非法采伐、毁坏国家重点保护植物罪，判处有期徒刑 5 年，并处罚金 6000 元。被告人陈某犯非法采伐、毁坏国家重点保护植物罪，判处有期徒刑 4 年 6 个月，并处罚金 6000 元。[①]

在该案中，被告人俞某和陈某明知金钱松是国家重点保护植物，但是为了达到方便生产的目的，经过协商，共同决议实施毁坏金钱松的行为，致使 13 棵有 20 多年树龄的金钱松受到严重毁坏，所以二人构成非法采伐、毁坏国家重点保护植物罪的共犯。

2. 罪数形态的认定

在实施非法采伐、毁坏国家重点保护植物罪时危害公共安全的，可能同时触犯该罪和危害公共安全罪。在这种情况下，一个行为同时触犯了两个罪名，属于想象竞合犯，应择一重罪论处，而不以数罪并罚。例如，行为人采用放火

[①]　西寻.2005.哭泣的金钱松.央视国际网.http：//www.cctv.com.program/lawtoday/20050309/100982.shtml.

焚烧的方法毁坏珍贵树木，结果造成森林大火，将大片森林烧毁，则同时构成非法采伐、毁坏国家重点保护植物罪和放火罪，应从一重罪论处。

行为人在实施其他犯罪时毁坏国家重点保护植物的，要具体情况具体分析。①如果行为人在实施其他犯罪行为的同时毁坏了国家重点保护植物，就是一行为同时触犯两个罪名，属于想象竞合犯，应从一重论处。例如，行为人在非法猎捕国家一级保护动物金钱豹的过程中，不顾林中大量珍贵树木的幼树，向金钱豹射击，没有击中，却将数棵珍贵树木的幼树击倒，则同时触犯了非法猎捕、杀害珍贵、濒危野生动物罪和非法采伐、毁坏国家重点保护植物罪，应从一重论处。②如果行为人为了顺利实施其他犯罪而故意毁坏国家重点保护植物的，其故意毁坏国家重点保护植物的行为就属于为实现犯罪目的而采取的手段行为，两行为之间存在牵连关系，属于牵连犯，应从一重论处。③如果行为人在实施其他犯罪时，又另起犯意非法采伐、毁坏国家重点保护植物的，则两行为之间没有联系，构成两个独立的犯罪，应数罪并罚。在上述案例中，若行为人在捕杀金钱豹的过程中，发现了几棵珍贵树木而采伐的，就同时构成非法猎捕、杀害珍贵、濒危野生动物罪和非法采伐、毁坏国家重点保护植物罪，应按照数罪并罚的规定定罪处罚。

此外，根据《最高人民法院关于审理破坏森林资源刑事案件具体应用法律若干问题的解释》第八条的规定，如果行为人盗伐、滥伐珍贵树木，同时触犯了非法采伐、毁坏国家重点保护植物罪和盗伐、滥伐林木罪的，依照处罚较重的规定定罪处罚。值得注意的是，该规定属概括故意下的想象竞合犯，即行为人明知自己的盗伐、滥伐行为会发生危害社会的结果，只是对侵害范围、对象与侵害性质的认识尚不明确，在这种情况下，应从一重论处。但是，如果行为人在盗伐林木的同时，又发现珍贵树木临时起意进行采伐的，应认定为两个犯罪意图，构成两个独立的犯罪，实行数罪并罚。

四、非法采伐、毁坏国家重点保护植物罪的刑事责任

（一）非法采伐、毁坏国家重点保护植物罪的刑罚适用

根据《刑法》第三百四十四条的规定，对非法采伐、毁坏国家重点保护植物罪的量刑分为以下两个幅度。一是对犯罪情节一般的，判处 3 年以下有期徒刑、拘役或者管制，并处罚金。二是对情节严重的，处 3 年以上

7 年以下有期徒刑，并处罚金。这里的"情节严重"，根据《最高人民法院关于审理破坏森林资源刑事案件具体应用法律若干问题的解释》第二条的规定，是指具有下列情形之一的：①非法采伐珍贵树木 2 株以上或者毁坏珍贵树木致使珍贵树木死亡 3 株以上的；②非法采伐珍贵树木 2 立方米以上的；③为首组织、策划、指挥非法采伐或者毁坏珍贵树木的；④其他情节严重的情形。但是该解释仅涉及珍贵树木，对非法采伐、毁坏珍贵树木以外的国家重点保护的植物什么情况下构成"情节严重"，目前尚未有司法解释，还需要作进一步探讨。

同时，根据《刑法》第三百四十六条的规定，单位犯非法采伐、毁坏国家重点保护植物罪的，对单位判处罚金，并对其直接负责的主管人员和其他直接责任人员，依照上述规定处罚。为了本单位利益，经单位决策机关或者有决策权的负责人员决定，单位直接负责的主管人员或者其他直接责任人员违反国家规定，非法采伐或者毁坏国家重点保护植物的，属于单位犯罪。根据《最高人民法院关于审理破坏森林资源刑事案件具体应用法律若干问题的解释》第十六条的规定，单位犯该罪的，定罪量刑标准按照该解释的规定执行。

（二）非法采伐、毁坏国家重点保护植物罪的追诉标准

关于非法采伐、毁坏国家重点保护植物罪的立案追诉标准，可参考 2001 年 4 月 16 日国家林业局、公安部印发的《关于森林和陆生野生动物刑事案件管辖及立案标准》以及《立案追诉标准（一）》中的相关规定。国家林业局、公安部《关于森林和陆生野生动物刑事案件管辖及立案标准》规定，"非法采伐、毁坏珍贵树木的应当立案；采伐珍贵树木 2 株、2 立方米以上或者毁坏珍贵树木致死 3 株以上的，为重大案件；采伐珍贵树木 10 株、10 立方米以上或者毁坏珍贵树木致死 15 株以上的，为特别重大案件"。《立案追诉标准（一）》第七十条第一款规定："违反国家规定，非法采伐、毁坏珍贵树木或者国家重点保护的其他植物的，应予立案追诉。"这里的"珍贵树木或者国家重点保护的其他植物"，包括由省级以上林业主管部门或者其他部门确定的具有重大历史纪念意义、科学研究价值或者年代久远的古树名木，国家禁止、限制出口的珍贵树木以及列入《国家重点保护野生植物名录（第一批）》的树木或者其他植物。根据上述立案标准的规定，只要行为人故意实施了非法采伐、毁坏国家重点保护植物的行为，就涉嫌犯罪，应当立案追诉，但是根据《刑法》第十三条的规定，如果情节显著轻微危害不大的，不以犯罪论处。该立案追诉标准也适用于单位犯该罪。

第二节 非法收购、运输、加工、出售 国家重点保护植物、国家重点保 护植物制品罪

根据《刑法》第三百四十四条的规定，非法收购、运输、加工、出售国家重点保护植物、国家重点保护植物制品罪，是指违反国家规定，非法收购、运输、加工、出售珍贵树木或者国家重点保护的其他植物及其制品的行为。

一、非法收购、运输、加工、出售国家重点保护植物、国家重点保护植物制品罪的立法演变

人类社会是在人与自然相互作用和协调的过程中发展演进的，可以说，自然环境资源是人类和社会经济赖以发展的物质基础，因此对环境资源的保护颇为重要。而环境资源保护的一项重要内容就是对珍贵树木及国家重点保护的其他植物及其制品的保护。国家重点保护植物及其制品是国家的宝贵自然资源，是人类的宝贵财富，具有重要的经济价值、科学研究价值和文化价值，切实保护国家重点保护植物及其制品是保持生物多样性、改善自然生态环境、保障国家经济利益的一项重要工作。

新中国成立初期，我国对珍贵树木以及其他林木的收购和销售实行严格管理，这在一定程度上对非法收购、运输、加工、出售珍贵树木及其制品现象的发生起到了抑制作用。1963 年 5 月 27 日，国务院发布《森林保护条例》，其中明确规定，进入集体林区收购木材，必须经过林区所在地的省、自治区、直辖市林业行政部门审查，报同级计划委员会批准，并且列入当年计划以内。对未经批准，擅自进入集体林区收购木材的，由当地县人民委员会按照低于国家收购牌价予以收购。屡犯不改的，予以没收。在那个时期，一般只有国营木材公司等单位才可以从事收购、销售珍贵树木以及其他木材的业务活动，这样，客观上限制了非法收购、运输、加工、出售珍贵树木及其制品现象的发生。

为保护和合理利用珍贵树种资源，1975 年 12 月 10 日，农林部发布

《关于保护、发展和合理利用珍贵树种的通知》，其中明确规定了珍贵树种的种类及其保护。1979 年 7 月，我国第一部《刑法》诞生，其中破坏森林资源犯罪归属于破坏社会主义经济秩序罪，但只规定了盗伐林木罪和滥伐林木罪，并没有专门将国家重点保护植物及其制品作为保护对象。1986 年 8 月 19 日，国家工商行政管理局、林业部联合发布的《关于集体林区木材市场管理的暂行规定》规定，严禁任何单位和个人收购无证采伐的木材，除当地林业部门的国营木材经营单位可在集体林区直接收购外，其他生产、经营单位和个人的木材交易一律在木材市场进行。从该规定中可以看出，只有国营木材经营单位可以在当地的集体林区直接收购珍贵树木及其他木材，其他国营单位以及集体单位和个人都无权到集体林区直接收购珍贵树木及其他木材。这一时期，在司法实践中，对非法收购、运输、加工、出售珍贵树木及其制品需要追究刑事责任的，一般都按 1979 年《刑法》和当时的单行刑法规定的投机倒把罪或窝赃、销赃罪进行定罪和处罚。之后的几年中，我国森林资源状况发生了很大变化，在人工林资源稳步增加的同时，可采成过熟林资源却在持续下降。此外，不少地区乱砍滥伐、乱采滥挖珍贵树种的事件时有发生，一些珍贵的用材林木、经济林木和药用树种已濒于枯竭。为了进一步加强对珍贵树种的保护管理工作，1992 年林业部在发布的《关于保护珍贵树种的通知》中，结合实际情况，制定了《国家珍贵树种名录》，使保护珍贵树种的规定进一步完善，对保护珍贵濒危树种发挥了重要作用。1996 年 9 月 30 日，国务院发布《野生植物保护条例》，进一步明确破坏野生植物构成犯罪的，依法追究刑事责任，但鉴于其效力范围，仍未规定独立的犯罪以惩治破坏珍贵树木的犯罪行为。

1997 年 10 月 1 日，我国修订后的《刑法》开始实施。《刑法》增设了非法采伐、毁坏珍贵树木罪这一新的犯罪，从而弥补了刑事立法方面打击此类犯罪的空白，结束了以往对此类犯罪适用盗伐、滥伐林木罪予以处罚的历史。但是，在珍贵树种保护方面，《刑法》只对非法采伐、毁坏行为作了明确规定。在实践中，非法收购、加工珍贵树木及其制品的行为比较严重，这些行为往往是造成珍贵树木被大量毁坏的直接原因。如果不对非法收购、加工等行为加大打击力度，则无法遏制非法采伐、毁坏国家重点保护的野生植物（包括珍贵树木）的行为。而且，国家实行重点保护的野生植物还有很多，这些珍贵植物在科学研究等方面与珍贵树木有着同样重要的价值。近年来，一些地方毁坏这些国家重点保护的珍贵植物的情况越来越严重。因此，为了更好地适应新形势下保护珍贵植物资源的需要，严厉打击非法经营珍贵植物及其制品的犯罪，2002 年 12 月 28 日第九届全国人民代表大会常务委员会第三十一次会议通过了《刑法修正案（四）》，该修正案第六条对《刑法》第三百四十四条作了两方面修改：一是将保护的范围由珍贵树木扩大到珍贵树木和国家重点保护的其他植物及其制品；二是在犯罪手段方面，增加了非法收购、运输、加工、出售。具体规定为"违反国家规定，非法采伐、毁坏珍贵树木或者国家重点保护的其他植物的，或者非法收购、运输、加工、出售珍贵树木或者国家重点保护的其他植物及其制品的，处三年以下有期徒刑、拘役或者管制，并处罚金；情节严重的，处三年以上七年以下有期徒刑，并处罚金"。

最高人民法院、最高人民检察院《关于执行〈中华人民共和国刑法〉确定罪名的补充规定（二）》（2003 年 8 月 15 日，法释〔2003〕12 号）根据《刑法修正案（四）》第六条补充规定了"非法收购、运输、加工、出售国家重点保护植物、国家重点保护植物制品罪"罪名。

二、非法收购、运输、加工、出售国家重点保护植物、国家重点保护植物制品罪的构成要件

（一）非法收购、运输、加工、出售国家重点保护植物、国家重点保护植物制品罪的客体

非法收购、运输、加工、出售国家重点保护植物、国家重点保护植物制品罪侵犯的客体是国家对重点保护植物及其制品的管理制度。犯罪对象为珍贵树木或者国家重点保护的其他植物及其制品。其中，珍贵树木或者国家重点保护的其他植物，是指具有重要经济、科学研究、文化价值的濒危、稀有的木本植物和草本植物（参见本书第十二章"非法采伐、毁坏国家重点保护植物罪"中"非法采伐、毁坏国家重点保护植物罪的犯罪构成要件"的相关阐述）。而珍贵树木及国家重点保护的其他植物制品，是指对这些植物经过加工、制造而得到的成品、半成品，如家具、雕刻及其他艺术制品等。

（二）非法收购、运输、加工、出售国家重点保护植物、国家重点保护植物制品罪的客观方面

非法收购、运输、加工、出售国家重点保护植物、国家重点保护植物制品罪客观方面表现为非法收购、运输、加工或者出售珍贵树木或者国家重点保护的其他植物及其制品的行为。所谓非法，是指违反《森林法》、

《中华人民共和国草原法》（简称《草原法》）、《中华人民共和国种子法》（简称《种子法》）、《野生植物保护条例》等有关法律、法规中关于收购、运输、加工、出售珍贵植物及其制品的有关规定。《森林法》、《野生植物保护条例》等都对非法收购、运输、加工、出售国家重点保护植物的行为作了禁止性规定。例如，《野生植物保护条例》第十八条规定："禁止出售、收购国家一级保护野生植物。出售、收购国家二级保护野生植物的，必须经省、自治区、直辖市人民政府野生植物行政主管部门或者其授权的机构批准。"

非法收购、运输、加工、出售国家重点保护植物、国家重点保护植物制品罪是选择性罪名。选择性罪名，是指包含的犯罪构成具体内容反映出多种犯罪行为，既可概括使用，又可分解使用的罪名。而该罪既有行为对象的选择，又有行为方式的选择，即罪名中包括两种以上的行为和两种以上的对象，因此，在给具体实施的行为确定罪名时，就应按照行为对象及行为之间的联系情况来确定。如果行为人实施全部行为，并且指向全部对象的，就直接定为非法收购、运输、加工、出售国家重点保护植物、国家重点保护植物制品罪；如果行为人仅实施了非法收购、运输、加工、出售的部分行为，或者是非法收购、运输、加工、出售了珍贵树木、国家重点保护的其他植物及其制品中的任意一项，则可结合所实施的具体行为及行为对象将该罪分解成若干个罪名使用，如行为人仅实施收购、出售珍贵树木行为的，可定为非法收购、出售国家重点保护植物罪。

非法收购、运输、加工、出售国家重点保护植物、国家重点保护植物制品罪的行为在客观上具体表现为四种方式，即收购、运输、加工和出售。我们可以参照《最高人民法院关于审理破坏野生动物资源刑事案件具体应用法律若干问题的解释》关于非法收购、运输、出售珍贵、濒危野生动物及其制品罪的解释来界定该罪的行为，该解释第二条规定："刑法第三百四十一条第一款规定的'收购'，包括以营利、自用等为目的的购买行为；'运输'，包括采用携带、邮寄、利用他人、使用交通工具等方法进行运送的行为；'出售'，包括出卖和以营利为目的的加工利用行为。"

这里所说的收购，包括以营利、自用等为目的的购买行为。例如，行为人收购珍贵树木加工成艺术品，以供个人收藏之用，应当认定为构成非法收购、运输、加工、出售国家重点保护植物、国家重点保护植物制品罪，在量刑时可以根据实际情况从轻处理。至于收购的目的，理论界有较大分歧。有学者认为，行为人必须是以出卖为目的，非法收购国家重点保护植物及其制品的，才可以构成该罪。我们认为，此观点不妥。首先，《刑法》第三百四十四条并没有明确规定构成非法收购国家重点保护植物、国家重点保护植物制品罪在主观方面以行为人具有出卖目的为要件。其次，无论行为人是否以出卖为目的，只要其实施了非法收购国家重点保护植物或者其制品的行为，就为那些非法采伐、毁坏国家重点保护植物的违法犯罪活动开辟了便利的赃物流通渠道，因而具有相同的社会危害性。

运输，是指利用交通工具将珍贵树木或者国家重点保护的其他植物及其制品由此地运往彼地的行为。这里的"运输"，应从广义上理解，包括采用携带、邮寄、利用他人、使用交通工具等方法进行运送的行为，可以是为自己运输，也可以是受雇为他人运输。这样有利于打击违法犯罪行为，给予国家重点保护植物及其制品以最大限度的保护。

加工，是指将珍贵树木或者国家重点保护的其他植物加工、制作、雕刻成多种成品、半成品的行为。加工既可以表现为保持植物或者其制品的质地，只是改变其外观，如将国家重点保护植物制作成工艺品，也可以表现为完全改变植物或者其制品的质地，如将具有药用价值的国家重点保护植物制作成药品。

出售，是指以营利为目的将珍贵树木或者国家重点保护的其他植物及其制品卖出的行为。这里所说的出售并不排除行为人受雇专门为他人出售的情况。

以上四种客观行为之间有时相互独立，有时相互联系。在实践中，收购与出售行为通常是一种双向的行为。除个别收购者的目的是欣赏、收藏或者加工外，大多数行为人收购的目的都是出售，这时，收购者和出售者可同时构成该罪。运输行为往往不单独存在，而是作为收购、出售行为的辅助行为。加工行为通常也是和收购、出售行为相结合而存在的。

（三）非法收购、运输、加工、出售国家重点保护植物、国家重点保护植物制品罪的主体

非法收购、运输、加工、出售国家重点保护植物、国家重点保护植物制品罪的主体为一般主体，凡是达到刑事责任年龄并具有刑事责任能力的自然人都可以成为该罪的主体。另外，根据《刑法》第三百四十六条的规定，单位也可以成为该罪的主体。

（四）非法收购、运输、加工、出售国家重点保护植物、国家重点保护植物制品罪的主观方面

非法收购、运输、加工、出售国家重点保护植物、国家重点保护植物制品罪在主观方面必须出于故意，即行为人明知是珍贵树木或者国家重点

保护的其他植物及其制品而非法收购、运输、加工、出售，过失不能构成该罪。如果行为人不知道是珍贵树木或者国家重点保护的其他植物及其制品而非法收购、运输、加工、出售的，不能构成该罪，但可能构成非法收购、运输盗伐、滥伐的林木罪。

犯罪故意是认识因素与意志因素的统一，确定犯罪故意的内容关键是认清两方面问题，即行为人对其行为违法性的认识以及对危害结果的认识。非法收购、运输、加工、出售国家重点保护植物、国家重点保护植物制品罪犯罪故意的成立要求行为人认识到自己行为的违法性，而不要求社会危害性认识，即要求行为人必须认识到其收购、运输、加工、出售行为是国家法律所禁止的。这有两方面的原因。其一，根据刑法的规定，该罪成立的前提是"违反国家规定"，这是违法性认识的法律依据。行为人的行为如果不违反国家规定，或者不知道也不可能知道其行为违反国家规定，则不应成立该罪。其二，对该罪，要求行为人认识到其行为的社会危害性不符合现实。现实中，行为人收购、运输、加工、出售国家重点保护植物及其制品时并不了解其行为会给历史考察、科学研究、生态平衡带来什么样的危害，他们充其量能知道其行为是国家法律所禁止的。此外，该罪属行为犯。所谓行为犯，是指以法定的犯罪行为的完成作为犯罪构成必备条件，而并不要求法定危害结果发生的犯罪。行为人实施犯罪构成要件行为，一般都不会发生直接的物质性的结果，至于其间接结果，行为人也是很难认识到的。因此，行为人如果确实不知道某些植物是珍贵树木或国家重点保护的其他植物及其制品的，就不应当认定行为人有犯罪的故意。

三、非法收购、运输、加工、出售国家重点保护植物、国家重点保护植物制品罪的认定

（一）非法收购、运输、加工、出售国家重点保护植物、国家重点保护植物制品罪与其他犯罪的界限

1. 非法收购、运输、加工、出售国家重点保护植物、国家重点保护植物制品罪与非法收购、运输盗伐、滥伐的林木罪的界限

非法收购、运输、加工、出售国家重点保护植物、国家重点保护植物制品罪与非法收购、运输盗伐、滥伐的林木罪有很多相似之处，如两罪侵

犯的客体相似，均是国家对环境资源的保护管理制度；在主观方面都只能是故意；在客观方面都可能表现为对国家重点保护植物进行非法收购、运输；主体上既可以是自然人，也可以是单位。二者的界限主要表现在以下三个方面。①犯罪对象不同。前者的犯罪对象是国家重点保护的植物及其制品，这里的国家重点保护植物既包括国家重点保护的珍贵树木，也包括国家重点保护的其他植物；既包括盗伐、滥伐的国家重点保护植物，也包括非盗伐、滥伐的国家重点保护植物。后者的犯罪对象只能是盗伐、滥伐的普通林木。②客观方面不同。前者表现为非法收购、运输、加工、出售珍贵树木、国家重点保护的其他植物及其制品四项行为。后者仅包括非法收购、运输两项行为。③犯罪情节要求不同。前者只要求行为人故意实施了非法收购、运输、加工、出售国家重点保护植物、国家重点保护植物制品的行为，就构成犯罪。后者则要求非法收购、运输明知是盗伐、滥伐的林木情节严重的，才构成犯罪。

2. 非法收购、运输、加工、出售国家重点保护植物、国家重点保护植物制品罪与走私珍稀植物、珍稀植物制品罪的界限

走私珍稀植物、珍稀植物制品罪，是指违反海关法规，逃避海关监管，非法运输、携带、邮寄国家禁止进出口的珍稀植物及其制品进出境的行为。非法收购、运输、加工、出售国家重点保护植物、国家重点保护植物制品罪与走私珍稀植物、珍稀植物制品罪有很多相似之处，如主体都是自然人和单位，主观方面都是故意，犯罪对象都包括珍稀植物、珍稀植物制品等。但是，二者也有明显的区别，主要表现在以下三个方面。①侵犯的直接客体不同。前者侵犯的直接客体是国家对重点保护植物及其制品的保护管理制度。而后者侵犯的直接客体是国家对珍稀植物及其制品禁止进出口的管理制度。②犯罪对象不同。前者的犯罪对象要广于走私珍稀植物、珍稀植物制品罪的犯罪对象，除包括珍稀植物及其制品以外，还包括国家重点保护的其他植物及其制品，如具有重大历史价值意义、科研价值或年代久远的古树等。所谓珍稀植物，是指国家重点保护的原生地天然生长的珍贵植物和原生地天然生长并具有重要经济、科学研究、文化价值的濒危稀有植物，如银杉、水杉、银杏、水松等。所谓珍稀植物制品，是指来源于珍稀植物，经加工后的制成品，如药材、木材、标本、器具等。而后者的犯罪对象仅为珍稀植物及其制品。③客观表现不同。前者在客观上主要表现为在境内非法收购、运输、加工、出售国家重点保护植物及其制品的行为。而后者在客观上主要表现为违反海关法规，逃避海关监管，非法运输、携带、邮寄珍稀植物及其制品进出境的行为。

（二）非法收购、运输、加工、出售国家重点保护植物、国家重点保护植物制品罪特殊形态的认定

1. 共同犯罪的认定

非法收购、运输、加工、出售国家重点保护植物、国家重点保护植物制品罪共同犯罪的成立必须符合一般共同犯罪的构成要件，即必须有二人以上共同故意实施该罪。但在实践中有些情况比较复杂，能否认定为共同犯罪还应具体分析。其一，数人共同实施该罪各行为的，成立共同犯罪。在这种情况下，数人之间没有分工，共同联合实施该罪全部或部分行为，属于共同犯罪行为。例如，甲、乙、丙三人合伙出资，非法收购珍贵树木，共同运输且共同出售的，甲、乙、丙三人的行为构成非法收购、运输、出售国家重点保护植物罪的共同犯罪。其二，数人对同一宗国家重点保护植物分别实施不同的行为，能否成立共同犯罪的问题。例如，甲收购一批珍贵树木，交由乙运往丙处加工，最后由丁负责出售，则甲、乙、丙、丁四人是否成立共同犯罪？在这种情况下，关键要看在着手实施犯罪之前，各犯罪人之间是否进行了合议。如果四人事前合议，各司其职，分别实施各自负责的行为，那么他们之间成立共同犯罪；如果四人事前并无合议，各自的行为相互连接成为一个完整的系列，纯粹是出于偶然，那么他们之间就不成立共同犯罪，各人按其所实施的行为定罪。[①]

2. 罪数形态的认定

如果行为人在境内非法收购珍稀植物及其制品，然后逃避海关监管，运往境外的，首先应当分析行为人在境内非法收购珍稀植物及其制品行为与非法运输珍稀植物及其制品出境行为之间的关系。如果行为人在境内非法收购珍稀植物及其制品是为了非法运输珍稀植物及其制品出境的，那么，两种行为之间存在牵连关系，属于牵连犯，应从一重罪处罚。如果行为人是出于两个独立的犯罪故意，分别实施收购和走私行为，如行为人先是在境内非法收购珍稀植物及其制品，本打算在境内出售，后来发现境外出售可获利更多，于是又产生非法运输珍稀植物及其制品出境的犯罪故意，这就构成两种独立的犯罪，应当按照数罪并罚的规定定罪处罚。

---

① 王俊平．2004．刑法新增犯罪研究．北京：人民法院出版社：262．

　　既非法采伐、毁坏国家重点保护植物，又非法收购、运输、加工、出售国家重点保护植物及其制品的，应当具体分析行为人非法采伐、毁坏国家重点保护植物行为与非法收购、运输、加工、出售国家重点保护植物及其制品行为之间的关系。如果行为人非法采伐、毁坏国家重点保护植物是为了非法收购、运输、加工、出售国家重点保护植物及其制品，这也就是说行为人以非法收购、运输、加工、出售国家重点保护植物及其制品为目的，实施了手段行为，即非法采伐、毁坏国家重点保护植物的行为，那么，两行为之间存在牵连关系，如两行为都构成犯罪，就属于牵连犯，应当从一重罪处罚，即在两行为所属量刑档次较重的罪所规定的法定刑范围内酌情确定执行的刑罚。如果行为人是出于两个独立的犯罪故意，分别实施非法采伐、毁坏国家重点保护植物的行为和非法收购、运输、加工、出售国家重点保护植物及其制品的行为，就构成两个独立的犯罪，应当按照数罪并罚的规定定罪处罚。例如，行为人以收藏为目的非法采伐珍贵树木，但是后来发现倒卖珍贵树木利润极高，于是又产生了非法出售珍贵树木的故意，将珍贵树木卖给他人，这就构成了非法采伐国家重点保护植物罪和非法出售国家重点保护植物罪两罪，应数罪并罚。

四、非法收购、运输、加工、出售国家重点保护植物、国家重点保护植物制品罪的刑事责任

（一）非法收购、运输、加工、出售国家重点保护植物、国家重点保护植物制品罪的刑罚适用

　　根据《刑法》第三百四十四条的规定，对非法收购、运输、加工、出售国家重点保护植物、国家重点保护植物制品罪的处罚分为以下两个幅度：一是对犯罪情节一般的，判处 3 年以下有期徒刑、拘役或者管制，并处罚金；二是对情节严重的，处 3 年以上 7 年以下有期徒刑，并处罚金。

　　这里的"情节严重"，司法解释没有给出明确的标准，具体可参考非法采伐、毁坏国家重点保护植物罪相关司法解释的精神来认定。根据《最高人民法院关于审理破坏森林资源刑事案件具体应用法律若干问题的解释》第二条的规定，"情节严重"是指具有下列情形之一的：①非法采伐珍贵树木 2 株以上或者毁坏珍贵树木致使珍贵树木死亡 3 株以上的；②非

法采伐珍贵树木 2 立方米以上的；③为首组织、策划、指挥非法采伐或者毁坏珍贵树木的；④其他情节严重的情形。但是该解释仅涉及非法采伐或者毁坏珍贵树木，对非法收购、运输、加工、出售珍贵树木以外的国家重点保护的其他植物、珍贵树木和国家重点保护的其他植物的制品什么情况下构成"情节严重"，目前尚未有司法解释，还需要作进一步探讨。

根据《刑法》第三百四十六条的规定，单位犯非法收购、运输、加工、出售国家重点保护植物、国家重点保护植物制品罪的，对单位判处罚金，并对其直接负责的主管人员和其他直接责任人员，依照上述规定处罚。如果为了本单位利益，经单位决策机构或者有决策权的负责人员决定，单位直接负责的主管人员或者其他直接责任人员违反国家规定，非法收购、运输、加工、出售国家重点保护植物、国家重点保护植物制品的，属于单位犯罪。

（二）非法收购、运输、加工、出售国家重点保护植物、国家重点保护植物制品罪的追诉标准

对非法收购、运输、加工、出售国家重点保护植物、国家重点保护植物制品的行为，可参考《立案追诉标准（一）》第七十一条的规定，即违反国家规定，非法收购、运输、加工、出售珍贵树木或者国家重点保护的其他植物及其制品的，应予立案追诉。根据上述立案标准以及《刑法修正案（四）》的规定，只要行为人违反国家规定，故意实施了非法收购、运输、加工、出售国家重点保护植物、国家重点保护植物制品的行为，就构成非法收购、运输、加工、出售国家重点保护植物、国家重点保护植物制品罪，依法应追究刑事责任，除非行为符合《刑法》第十三条的规定，即情节显著轻微，危害不大的，不认为是犯罪。是否属于"情节显著轻微，危害不大"，可以从以下几个方面来认定：①量上的认定，即根据非法收购、运输、加工、出售的国家重点保护植物及其制品的数量来认定情节是否达到犯罪的程度；②行为人是否有自首、立功等情节；③犯罪形态方面的情节，如是否有犯罪中止、犯罪未遂等；④是否是共同犯罪中的从犯、胁从犯等。如果行为人实施了非法收购、运输、加工、出售国家重点保护植物、国家重点保护植物制品的行为，但情节显著轻微，危害不大，不认为是犯罪的，可参照《野生植物保护条例》第二十四条的规定处理，即违反《野生植物保护条例》的规定，出售、收购国家重点保护野生植物的，由工商行政管理部门或者野生植物行政主管部门按照职责分工没收野生植物和违法所得，可以并处违法所得 10 倍以下的罚款。

第三节　盗伐林木罪

根据《刑法》第三百四十五条第一款的规定，盗伐林木罪，是指以非法占有为目的，盗伐森林或者其他林木，数量较大的行为。

一、盗伐林木罪的立法演变

森林是一种重要的自然资源，可以蓄水保土、调节气候、改善环境，并能提供丰富的林产品，具有极为重要的生态价值和经济价值。为了有效地保护森林资源，依法惩处盗伐林木的犯罪活动，我国先后制定了一系列相关的刑法规范。我国不仅在 1979 年《中华人民共和国森林法（试行）》中规定，对盗伐林木情节严重的，要予以法律制裁，而且在 1979 年《刑法》分则第三章"破坏社会主义经济秩序罪"中设置了盗伐林木罪的罪刑规范，第一百二十八条明确规定："违反保护森林法规，盗伐、滥伐森林或者其他林木，情节严重的，处三年以下有期徒刑或者拘役，可以并处或者单处罚金。"上述规定为司法机关打击盗伐林木犯罪提供了可靠的法律依据。但 1979 年《刑法》对盗伐林木罪的刑罚设置过于轻缓，无论盗伐林木数量多大、情节多重，最高只能判处三年有期徒刑，这不利于惩治和打击盗伐林木的违法犯罪活动。

为了加大对盗伐林木犯罪的打击力度，预防和减少盗伐林木案件的发生，我国在 1984 年颁布《森林法》时对盗伐林木犯罪的刑事责任作了调整。该法第三十四条规定，"盗伐、滥伐森林或者其他林木，情节严重的，依照《刑法》第一百二十八条的规定追究刑事责任。盗伐林木据为己有，数额巨大的，依照《刑法》第一百五十二条的规定追究刑事责任"。据此，盗伐林木数额巨大的，应当依照盗窃罪追究刑事责任。1979 年《刑法》第一百五十二条规定了盗窃罪的加重处罚情节，即"惯窃、惯骗或者盗窃、诈骗、抢夺公私财物数额巨大的，处五年以上十年以下有期徒刑；情节特别严重的，处十年以上有期徒刑或者无期徒刑，可以并处没收财产"。而 1982 年 3 月 8 日全国人大常委会《关于严惩严重破坏经济的罪犯的决定》又将 1979 年《刑法》第一百五十二条修改为"情节特别严重的，处十年以上有期徒刑、无期徒刑或者死刑，可以并处没收财产"，从而将盗窃罪的法定最高刑升至死刑。由此，盗伐林木犯罪当时最高可以判处死刑。1979年《刑法》和1984年《森林法》对盗伐林木罪的罪状规定较为笼统，造成刑法理论上和司法实践中对盗伐林木罪罪刑规范的理解存在分歧，以致盗伐林木行为如何认定、犯罪性质如何界定以及如何适用刑罚等问题，一直困扰着司法机关及其工作人员。为此，1987年9月5日，最高人民法院和最高人民检察院联合印发的《关于办理盗伐、滥伐林木案件应用法律的几个问题的解释》指出，"盗伐林木据为己有，数额巨大的"，应依照1979年《刑法》第一百五十二条的规定量刑，罪名仍定为盗伐林木罪。另外，该司法解释还对盗伐林木罪的犯罪构成特征以及构成犯罪的具体数量标准做出了规定，并明确指出"数额特别巨大"是"情节特别严重"的一项主要内容。上述规定不仅为司法机关正确界定盗伐林木罪提供了办案依据和指导，而且体现和贯彻了当时的"严打"思想和政策，其施行确实有力地打击了盗伐林木的犯罪活动。

1997年《刑法》在总结以往刑事立法和司法经验的基础上，对盗伐林木罪的罪刑规范作了适当的调整。其一，改变了该罪在《刑法》中的章节位置，将其规定在《刑法》分则第六章"妨害社会管理秩序罪"之第六节"破坏环境资源保护罪"中，充分体现了保护森林资源、实现可持续发展的环境法思想。其二，单独规定了该罪的罪刑规范，采用一条两款的形式将盗伐林木罪与滥伐林木罪分列，并设置了不同的刑罚种类和幅度。其三，完善了该罪罪状的表述方式，将构成该罪的客观要素由"情节"、"数额"改为"数量"标准，从生态、社会和经济的统一上把握森林资源的效益。其四，调整了该罪的刑罚设置，将该罪的法定最高刑由死刑降为15年有期徒刑，并区分盗伐林木数量较大、数量巨大、数量特别巨大三种情形配置了三档轻重不同的法定刑。其五，扩大了该罪的主体范围，增加规定了单位犯罪的内容。《最高人民法院关于执行〈中华人民共和国刑法〉确定罪名的规定》（1997年12月11日，法释〔1997〕9号）根据修订的《刑法》第三百四十五条第一款规定了"盗伐林木罪"罪名。

二、盗伐林木罪的构成要件

（一）盗伐林木罪的客体

盗伐林木罪的犯罪客体是复杂客体，既侵犯了国家保护森林资源的管理制度，又侵犯了国家、集体或公民的林木所有权。《森林法》明确规定，森林、林木、林地的所有者和使用者的合法权益，受法律保护，任何单位和个人不得侵犯。国家保护承包造林的集体和个人的合法权益，任何单位和个人不得侵犯承包造林的集体和个人依法享有的林木所有权和其他合法权益。采伐林木必须申请采伐许可证，按许可证的规定进行采伐。违反上述规定，盗伐森林或者其他林木，必然侵犯国家保护森林资源的管理制度，以及国家、集体或公民对林木的所有权。

（二）盗伐林木罪的客观方面

盗伐林木罪在客观方面表现为盗伐森林或者其他林木，数量较大的行为。构成该罪，应具备以下条件。

第一，必须实施了盗伐林木的行为。所谓盗伐，是指未经许可而擅自砍伐不属于本人或本单位所有的林木。根据《最高人民法院关于审理破坏森林资源刑事案件具体应用法律若干问题的解释》第三条的规定，盗伐林木具体表现为以下情形：①擅自砍伐国家、集体、他人所有或者他人承包经营管理的森林或者其他林木的；②擅自砍伐本单位或者本人承包经营管理的森林或者其他林木的；③在林木采伐许可证规定的地点以外采伐国家、集体、他人所有或者他人承包经营管理的森林或者其他林木的。至于盗伐的手段和方式则没有限制，既可以采用斧砍、锯截，也可以采用锹挖、镐刨等其他手段；既可以秘密进行，也可以公然采伐。

第二，盗伐的对象必须是森林或者其他林木。这里的"森林"指大片的原始林或人造林，"其他林木"指小片的树林或竹林。根据《森林法》第四条的规定，这里的"森林"可以分为以下五类。①防护林：以防护为主要目的的森林、林木和灌木丛，包括水源涵养林，水土保持林，防风固沙林，农田、牧场防护林，护岸林，护路林。②用材林：以生产木材为主要目的的森林和林木，包括以生产竹材为主要目的的竹林。③经济林：以生产果品，食用油料、饮料、调料，工业原料和药材等为主要目的的林木。④薪炭林：以生产燃料为主要目的的林木。⑤特种用途：以国防、环境保护、科学实验等为主要目的的森林和林木，包括国防林、实验林、母树林、环境保护林、风景林，名胜古迹和革命纪念地的林木，自然保护区的森林。而"其他林木"目前尚没有权威的司法解释。根据《最高人民法院关于审理破坏森林资源刑事案件具体应用法律若干问题的解释》和最高人民法院《关于在林木采伐许可证规定的地点以外采伐本单位或者本人所有的森林或者其他林木的行为如何适用法律问题的批复》的规定，作为盗伐林木罪犯罪对象的"森林或者其他林木"有两个明显的法律特征：其一，必须是纳入了国家森林资源保护管理的范围；其二，不属于盗伐行为人所有。因此，"将国家、集体、他人所有并已经伐倒的树木窃为己有，以及偷砍他人房前屋后、自留地种植的零星树木"不构成盗伐林木罪，数额较大的，依照《刑法》第二百六十四条的规定，以盗窃罪定罪处罚。"在林木采伐许可证规定的地点以外，采伐本单位或者本人所有的森林或者其他林木的"亦不构成盗伐林木罪，数量较大的，应当依照《刑法》第三百四十五条第二款的规定，以滥伐林木罪定罪处罚。

关于枯立木是否列入盗伐林木罪犯罪对象的问题，学界有不同的看法。这里的枯立木，是指病虫害、火灾或干旱等因素，致使林木停止生长并发生干枯现象，但尚未倒折的林木。有人认为，盗伐林木罪的犯罪对象既包括生长中的林木，也包括枯死但尚立于地面上的林木。也有人认为，盗伐林木罪的犯罪对象只限于地面上处于生长中的林木，因为只有生长中的林木才能真正发挥调节气候、蓄水保土、净化空气和改善环境的作用，而枯立木已经丧失了这些功能，盗伐枯立木不会对环境资源造成破坏，所以，不应将枯立木列入盗伐林木罪的犯罪对象。为了解决此问题，2003年3月3日国家林业局《关于未申请林木采伐许可证采伐"火烧枯死木"行为定性的复函》规定："根据《森林法》的规定，除农村居民采伐自留地和房前屋后个人所有的零星林木外，凡采伐林木，包括采伐'火烧枯死木'等自然灾害毁损的林木，都必须申请林木采伐许可证，并按照林木采伐许可证的规定进行采伐。未申请林木采伐许可证而擅自采伐的，应当根据《森林法》、《森林法实施条例》的有关规定，分别定性为盗伐或者滥伐林木行为。对情节显著轻微的，根据《行政处罚法》的规定，可以从轻、减轻或者免于处罚。"因此，盗伐枯立木的行为构成犯罪的，仍应按照盗伐林木罪定罪处罚。

在司法实践中，经常发生这样的情况，如行为人并没有将树木连根拔起，也没有截断树木主干，而是采伐树木的主枝或其他枝干，实施采种、采脂、挖笋、掘根、剥树皮等行为，并将其非法占为己有。对此，能否认定为盗伐林木罪？我们认为，对上述情形不能一概而论，应予区分处理。如果行为人盗伐的是树木的主枝，即着生在主干及中心干上的大枝[①]，具有成材林木的性质，能够计算出其立木蓄积，且达到数量较大的起点标准，以盗伐林木罪定罪处罚。如果行为人盗伐的树木主枝不具有成材林木

---

① 姚庆渭. 1990. 实用林业词典. 北京：中国林业出版社：183.

的性质，无法计算其立木蓄积，但盗伐行为给森林资源造成损失或牟利数额较大，需要追究刑事责任的，可根据实际情况以故意毁坏财物罪、破坏生产经营罪或盗窃罪等罪定罪处罚。非法实施采种、采脂、挖笋、掘根、剥树皮等行为，谋取经济利益数额较大的，依照《刑法》第二百六十四条的规定，以盗窃罪定罪处罚；同时构成其他犯罪，如故意毁坏财物罪或破坏生产经营罪的，依照处罚较重的规定定罪处罚。

第三，盗伐林木必须"数量较大"。根据《最高人民法院关于审理破坏森林资源刑事案件具体应用法律若干问题的解释》第四条的规定，盗伐林木"数量较大"，以2~5立方米或者幼树100~200株为起点。这里的幼树，是指胸径5厘米以下的树木。成年的林木数量以立木蓄积计算，计算方法为原木材积除以该树种的出材率。根据2007年1月15日国家林业局《关于盗伐、滥伐林木案件中有关违法事实认定问题的复函》的规定，在盗伐林木案件中，盗伐林木的蓄积数量或者幼树的株数应当分别计算和认定。对一年内多次盗伐少量林木未经处罚的，累计计算其盗伐林木的数量，构成犯罪的，依法追究刑事责任。

（三）　盗伐林木罪的主体

盗伐林木罪的主体是一般主体，既可以是自然人，也可以是单位。由于《刑法》第三十条采用列举的方法规定"单位"包括公司、企业、事业单位、机关、团体，所以，在司法实践中对单位犯罪的主体范围存在争议颇大。

案　　例

> 1998年某乡党委超越职权范围，在无林木采伐许可证的情况下，经乡党委集体讨论决定，擅自砍伐处于该乡的国有林木约240立方米，并运进该乡精木条加工厂进行生产。因此，该乡党委和党委书记唐某被检察院以涉嫌盗伐林木罪推上被告席。[①]

公诉机关认为，党委属于党政机关，是"机关"的一种，当然可以成为单位犯罪的主体。某乡党委在没有获得林木采伐许可证的情况下，擅自砍伐国有林木约240立方米，数量特别巨大，构成盗伐林木罪，依法应该对该乡党委判处罚金，并对直接责任人乡党委书记唐某判处刑罚。但也有

---

① 浩淼.2004.由一起盗伐林木案引出的思考.湖南林业，(5)：33.

人认为，只有行政机关才具有行政权，因此，法律规定的责任只是针对行政机关的，至于党委代行行政职能出现错误，法律上既无明确规定，也无相应的司法解释，不能随便定论。我们认为，党委可以成为盗伐林木罪的犯罪主体。首先，《中华人民共和国宪法》第五条明确规定，一切国家机关和武装力量、各政党和各社会团体、各企业事业组织都必须遵守宪法和法律。一切违反宪法和法律的行为，必须予以追究。任何组织或者个人都不得有超越宪法和法律的特权。其次，《刑法》明确规定单位犯罪主体包括机关，而各级党委属于"机关"的范畴，理由如下。第一，学界普遍将中国共产党的组织视为机关，认为机关是行使国家和党派管理职能的各级权力机关、司法机关、党政机关和军事机关。[①] 第二，中国共产党的组织具备国家机关的性质。中国共产党作为执政党，其活动经费纳入国家财政预算范畴，工作人员进入国家行政编制，而且国家有关文件也明确了党委的国家机关性质。例如，1992 年 6 月 26 日中共中央办公厅、国务院办公厅联合发布的《关于党政机关兴办经济实体和党政机关干部从事经营活动问题的通知》对党政机关的外延作了详尽的解释，包括党委机关、国家权力机关、行政机关、审判机关、检察机关。所以，根据《中华人民共和国宪法》、《刑法》和我国当前的实际情况，党委具备盗伐林木罪的犯罪主体资格。

（四）盗伐林木罪的主观方面

盗伐林木罪的主观方面表现为直接故意，即明知是国家、集体或他人所有的林木而实施砍伐，并且行为人主观上具有非法占有的目的。至于出于何种犯罪动机，不影响犯罪的成立。行为人不以非法占有为目的而盗伐森林或者其他林木构成犯罪的，依照《刑法》的相关条款追究其刑事责任。

三、盗伐林木罪的认定

（一）盗伐林木罪与其他犯罪的界限

1. 盗伐林木罪与滥伐林木罪的界限

盗伐林木罪与滥伐林木罪有许多相似之处，如两罪都是自然人或单位

---

① 苏惠渔.1999.刑法学.修订本.北京：中国政法大学出版社：150.

故意实施的非法砍伐数量较大的森林或其他林木的行为，都会对森林资源造成不同程度的损害，但两罪的界限也是明显的。第一，犯罪客体不同。前者既侵犯国家对森林资源保护的管理制度，又侵犯国家、集体或公民个人的林木所有权，是复杂客体的犯罪；后者只侵犯国家对森林资源保护的管理制度，是简单客体的犯罪。第二，犯罪客观方面的表现不同。前者表现为没有林木采伐许可证而擅自采伐或者在林木采伐许可证规定的地点以外采伐国家、集体、他人所有或者他人承包经营管理的森林或者其他林木的行为；后者表现为违反《森林法》的规定，没有林木采伐许可证，违反林木采伐许可证规定的时间、数量、树种、方式任意采伐本单位所有或本人所有的森林或其他林木，或者超过林木采伐许可证规定的数量采伐他人所有的森林或者其他林木的行为。第三，构成犯罪的数量要求不同。前者构成犯罪的数量起点为 2～5 立方米或者幼树 100～200 株；后者构成犯罪的数量起点为 10～20 立方米或者幼树 500～1000 株。第四，犯罪主观方面的内容不同。前者主观上是直接故意，且具有非法占有的目的；后者主观上既可以是直接故意，也可以是间接故意，不需具有非法占有的目的。可见，要正确界定盗伐林木罪和滥伐林木罪，必须依据《刑法》和其他相关规定，从上述四个方面予以综合考察。

此外，在两罪的认定过程中，不能单纯根据是否采伐他人树木，而一律以盗伐林木罪定罪，必须结合具体情况分别予以认定。从实践中处理的大多数案件情况看，对超过林木采伐许可证规定的数量采伐他人所有的森林或者其他林木的行为，应当认定为滥伐行为，其原因如下：首先，相对于采伐许可证指定的地点来说，行为人持有依法取得的林木采伐许可证；其次，他人所有的森林或者其他林木是可以依法采伐的；最后，行为人在采伐许可证指定的地点实施了超量采伐行为。而对在林木采伐许可证规定的地点以外采伐他人所有的森林或者其他林木的，则应当认定为盗伐行为，其原因如下：首先，在采伐许可证规定的地点以外的任何地方，行为人没有取得采伐许可；其次，他人的森林或者其他林木可能是不准采伐的；最后，行为人在采伐许可证规定地点以外的其他地方实施了侵犯他人林木所有权的采伐行为。

案　例

　　某镇农民吴某经协商以 2720 元的价格买下本镇田某责任山上的松树，并以田某的名义递交了申请采伐的报告，在尚未取得林业主管部门批准的情况下，吴某擅自雇请他人在其买下的山场进行砍伐。至案发时已砍伐松树 130 株，并加工成材准备出售，折合立木蓄积约 56 立方米。

再如：

案　例

某县农民徐某经协商以 1600 元的价格买下唐某和林某两户自留山上的松树，并以唐某和林某的名义递交了申请采伐的报告，但未等林业主管部门批准，徐某就雇请他人砍伐其所买自留山上的松树 47 株，折合立木蓄积约 26 立方米。

从以上两个案例可以直观地看出盗伐林木罪和滥伐林木罪的区别。在上述两个案例中，行为人都是在未取得林业主管部门批准的情况下擅自砍伐林木的，表面上看似同一行为，均属无证采伐，但实际上二者的性质截然不同，区别的关键就在于所伐林木的权属。在前一个案例中，吴某擅自砍伐的是田某责任山上的林木，而责任山属于承包经营性质，其山权和林权归集体所有，田某没有处理权，田某的擅自转让行为是非法和无效的，吴某不能取得林木的所有权。因此，吴某在未经批准的情况下擅自砍伐数量较大的集体所有的林木的行为，既侵犯了国家保护森林资源的管理制度，又侵犯了集体对林木的所有权，符合盗伐林木罪的构成要件，应定盗伐林木罪。在后一个案例中，徐某购买和砍伐的是唐某、林某自留山上的林木，而自留山上的林木依法归个人所有，唐某、林某有权处理。所以，徐某等人在未经批准的情况下任意采伐本人所有的林木，只是侵犯了国家保护森林资源的管理制度，符合滥伐林木罪的构成要件，应定滥伐林木罪。

2. 盗伐林木罪与盗窃罪的界限

盗伐林木罪与盗窃罪的行为特征一致，都是以非法占有为目的，秘密窃取公私财物，侵犯他人财产所有权的行为，只是犯罪对象有所差别而已。因此，《最高人民法院关于审理破坏森林资源刑事案件具体应用法律若干问题的解释》第三条规定，以非法占有为目的，具有"擅自砍伐国家、集体、他人所有或者他人承包经营管理的森林或者其他林木的"、"擅自砍伐本单位或者本人承包经营管理的森林或者其他林木的"、"在林木采伐许可证规定的地点以外采伐国家、集体、他人所有或者他人承包经营管理的森林或者其他林木的"情形之一，数量较大的，依照《刑法》第三百四十五条第一款的规定，以盗伐林木罪定罪处罚。具体而言，在区分两罪时应当注意以下五个问题。第一，犯罪客体有所不同。前者的犯罪客体虽然也包括国家、集体或公民个人的林木所有权，但主要是侵犯国家对森林资源保护的管理制度；而后者的犯罪客体只是公私财产所有权。第二，犯罪客观方面存在差异。从行为方式上看，虽然两罪都是"盗"，但"盗"的内涵却不尽相同。前者重在"擅自砍伐"，至于砍伐行为是秘密进行还是公开进行的，在此不论，即只要行为人以非法占有为目的，未依法取得砍伐权而擅自砍伐的行为，无论是否采取秘密手段，都是盗伐林木行为；而后者重在"秘密窃取"。第三，犯罪对象不同。作为前者犯罪对象的树木必须纳入国家森林资源保护管理的范围；而后者的犯罪对象是公私财物，作为盗窃罪犯罪对象的林木，必须是盗伐林木罪犯罪对象之外的其他林木。根据《最高人民法院关于审理破坏森林资源刑事案件具体应用法律若干问题的解释》的规定，将国家、集体、他人所有并已经伐倒的树木窃为己有，以及偷砍他人房前屋后、自留地种植的零星树木，数额较大的，以盗窃罪定罪处罚。非法实施采种、采脂、挖笋、掘根、剥树皮等行为，谋取经济利益数额较大的，以盗窃罪定罪处罚。第四，犯罪主体不尽相同。前者的犯罪主体既可以是自然人，也可以是单位；而后者只能是自然人。第五，成立犯罪的标准不同。前者成立犯罪的标准是盗伐林木"数量较大"；而后者则要求"数额较大"或"多次盗窃"。

3. 盗伐林木罪与其他毁林犯罪的界限

区别盗伐林木罪与其他毁林犯罪的关键是采伐的目的。盗伐林木行为人主观上一定具有非法占有林木的目的，而其他毁林行为人主观上一般是因从事生产经营活动而采伐、毁坏林木，非法占有林木或者获取林木收益不是其主要目的。在司法实践中，非法采伐、毁坏森林或者其他林木的情况很复杂，应根据实际情况予以处理。根据有关规定，因进行营利性生产违反规定而毁坏生长中的林木，情节严重的，应根据其犯罪行为的特点，分别依照故意毁坏财物罪或者破坏生产经营罪定罪处罚。对毁林后又侵占林木情节严重的，或者盗伐林木种植木耳、香菇或烧炭等情节严重的，依照盗伐林木罪定罪处罚。对破坏森林资源或林木的其他犯罪行为，应依照刑法有关条款追究刑事责任。例如，违反土地管理法规，非法占用林地，改变被占用林地用途，数量较大，造成林地大量毁坏的，依照非法占用农用地罪定罪处罚，若同时构成盗伐林木罪的，从一重罪定罪处罚。

（二）盗伐林木罪特殊形态的认定

1. 犯罪未遂形态的认定

盗伐森林或者其他林木必须达到"数量较大"的程度，才能构成盗伐林木罪。对此，学界没有疑义，但对盗伐林木罪的未遂形态是否追究刑事责任，却存在否定说和肯定说。否定说认为，盗伐林木罪的成立是以给森林资源造成法定的危害后果，即以盗伐林木数量较大为前提的，因此，即便盗伐者实施了盗伐林木的行为，但如果客观上没有发生法定的危害后果，则不能以犯罪论处。[①] 肯定说认为，盗伐林木罪与盗窃罪之间是特别规定与普通规定的关系，对盗伐林木犯罪适用刑法时应适用特别规定，即认定为盗伐林木罪，但有关犯罪未遂形态问题可以借鉴盗窃罪的有关规定。按照最高人民法院《关于审理盗窃案件具体应用法律若干问题的解释》第一条的规定，"盗窃未遂，情节严重，如以数额巨大的财物或者国家珍贵文物等为盗窃目标的，应当定罪处罚"，由此可见，以数量巨大或者数量特别巨大的林木为盗伐目标，即使犯罪未遂，也应当以盗伐林木罪追究刑事责任。

我们认为，从犯罪主观方面来看，盗伐林木罪属于直接故意犯罪，在犯罪的发展过程中可能会因各种原因而呈现出不同的停止形态，其中必然存在未遂形态。尽管《刑法》总则规定原则上处罚未遂犯，但事实上并不是所有情形的未遂行为都应追究刑事责任。在刑事司法实践中，对《刑法》分则所规定的各种具体故意犯罪，必须进行实质性考察，以确定什么样的危害行为在未遂情况下，其社会危害性达到了应当承担刑事责任的程度：一是犯罪性质严重的未遂应当追究刑事责任，如故意杀人未遂等；二是犯罪性质一般的未遂只有情节严重时才追究刑事责任，如诈骗未遂等；三是犯罪性质轻微的未遂不需追究刑事责任。所以，对以数量较大的林木为盗伐目标的未遂行为，如果没有其他的严重情节，不追究刑事责任是适当的，符合刑法的谦抑性和刑罚的节俭性原则；但如果以数量巨大或者数量特别巨大的林木为盗伐目标，即使犯罪未遂，也应当以盗伐林木罪追究刑事责任。

2. 共同犯罪的认定

根据最高人民法院、最高人民检察院《关于盗伐、滥伐林木案件几个

---

① 孙明. 2001. 破坏森林资源犯罪通论. 增订版. 北京：中国经济出版社，45，46.

问题的解答》的规定，雇用他人盗伐林木构成犯罪的案件，如果被雇者不知是盗伐他人林木的，应由雇主承担刑事责任；如果被雇者明知是盗伐他人林木的，应按盗伐林木罪的共犯论处。

案　　例

　　2001 年 3～12 月，陈某武以每月 500 元的工资雇用被告人陈某顶在某县"猫坑"山场监督工人开路，管理山场。同年 6 月间某县林业"严打整治"开始，陈某武疏散工人离开"猫坑"山场，被告人陈某顶便得知陈某武雇工人砍伐林木未经林业主管部门审批。此后，被告人陈某顶仍继续在"猫坑"山场帮助陈某武管理山场，监督工人盗伐林木。2001 年 6～12 月，被告人陈某顶帮助陈某武盗伐松木 105.237 立方米、杂木 33.305 立方米，合计材积 138.542 立方米，折立木蓄积 214.3271 立方米。最后，人民法院对被告人陈某顶以盗伐林木罪判处有期徒刑 7 年，并处罚金人民币 2 万元。①

　　此案中，被告人陈某顶为了牟利，在明知陈某武有雇佣工人盗伐林木的行为后，仍继续为陈某武管理"猫坑"山场，监督工人砍伐林木，帮助其盗伐林木折立木材积 2 143 271 立方米，其犯罪动机明确，盗伐数量特别巨大，所以应按盗伐林木罪的共犯论处。

　　3. 罪数形态的认定

　　对盗伐林木罪罪数形态的认定应该注意如下三个问题。

　　第一，行为人盗伐珍贵树木的如何处理？根据《最高人民法院关于审理破坏森林资源刑事案件具体应用法律若干问题的解释》第八条之规定，盗伐珍贵树木，同时触犯《刑法》第三百四十四条、第三百四十五条规定的，依照处罚较重的规定定罪处罚。据此，盗伐珍贵树木构成犯罪的，只能按一罪处理。具体而言，可以区分以下情况：盗伐珍贵树木尚未达到数量较大起点的，符合非法采伐、毁坏国家重点保护植物罪的犯罪构成要求，而不符合盗伐林木罪的犯罪构成要求，所以只能以非法采伐、毁坏国家重点保护植物罪定罪处罚；盗伐珍贵树木数量较大或者数量巨大的，既

---

① 陈岳山，韩辉，张忠谋. 2002. 明知盗伐林木仍受雇　构成共犯被判七年. 中国法院网. http://www. chinacourt. org/html/article/200212/06/24007. shtml.

符合非法采伐、毁坏国家重点保护植物罪的犯罪构成要求，又符合盗伐林木罪的犯罪构成要求，一般情形下适用非法采伐、毁坏国家重点保护植物罪处罚较重，所以应按非法采伐、毁坏国家重点保护植物罪定罪处罚；盗伐珍贵树木数量特别巨大的，适用盗伐林木罪处罚较重，所以应按盗伐林木罪定罪处罚。① 如果在一次或多次盗伐的林木中，既有普通树木又有珍贵树木，且分别符合了盗伐林木罪和非法采伐、毁坏国家重点保护植物罪的犯罪构成要件的，应以盗伐林木罪和非法采伐、毁坏国家重点保护植物罪追究刑事责任，实行数罪并罚。

第二，在盗伐林木案件中，有些盗伐者在受到护林人员阻止时，对护林人员施加暴力或者以暴力相威胁，危害护林人员人身安全的，如何处理？根据最高人民法院、最高人民检察院《关于盗伐、滥伐林木案件几个问题的解答》的规定，对上述犯罪情形，应视具体情况予以处理。①对使用暴力或者以暴力相威胁，但情节显著轻微，危害不大，且盗伐林木尚未达到数量较大起点的，可以不认为是犯罪。②对盗伐林木尚未达到数量较大的起点，但是伤害的程度已经达到轻伤标准，需要依法追究刑事责任的，以故意伤害罪论处。③对盗伐林木达到数量较大的起点，但只造成护林人员轻微伤害的，以盗伐林木罪追究刑事责任，使用暴力手段可以作为量刑情节予以考虑。如果非法拘禁、伤害、杀害护林人员构成犯罪的，以盗伐林木罪和非法拘禁罪、故意伤害罪、故意杀人罪实行数罪并罚。

第三，公司、企业、事业单位、机关、团体盗伐林木构成犯罪的，依法追究单位盗伐林木罪的刑事责任。对其直接负责的主管人员和其他直接责任人员，依照《刑法》有关自然人犯罪的规定处理，其中中饱私囊构成其他犯罪的，应依法实行数罪并罚。

四、盗伐林木罪的刑事责任

（一）盗伐林木罪的刑罚适用

根据《刑法》第三百四十五条第一款的规定，犯盗伐林木罪的，处3年以下有期徒刑、拘役或者管制，并处或者单处罚金；数量巨大的，处3年以上7年以下有期徒刑，并处罚金；数量特别巨大的，处7年以上有期

---

① 孙明 . 2005. 对盗伐、滥伐珍贵树木如何适用刑法之分析 . 森林公安，(2)：37，38.

徒刑，并处罚金。

　　由此可知，盗伐林木罪的法定量刑情节分为数量较大、数量巨大、数量特别巨大三种情形。根据《最高人民法院关于审理破坏森林资源刑事案件具体应用法律若干问题的解释》第四条的规定，盗伐林木"数量较大"，以2~5立方米或者幼树100~200株为起点；盗伐林木"数量巨大"，以20~50立方米或者幼树1000~2000株为起点；盗伐林木"数量特别巨大"，以100~200立方米或者幼树5000~10 000株为起点。根据第十九条的规定，各省（自治区、直辖市）高级人民法院可以根据本地区的实际情况，在该解释第四条规定的数量幅度内，确定本地区执行的具体数量标准，并报最高人民法院备案。《刑法》第三百四十五条第四款规定，盗伐国家级自然保护区内的森林或者其他林木的，从重处罚。根据1994年10月9日国务院发布的《中华人民共和国自然保护区条例》第十一条的规定，国家级自然保护区，是指在国内外有典型意义、在科学上有重大国际影响或者有特殊科学研究价值的自然保护区。

　　根据《刑法》第三百四十六条的规定，单位犯盗伐林木罪的，对单位判处罚金，并对其直接负责的主管人员和其他直接责任人员，依照自然人犯该罪的规定处罚。

　　另外，《刑法》第三十六条第一款规定，犯罪行为使被害人遭受经济损失的，对犯罪分子除依法给予刑事处罚外，并应根据情况判处赔偿经济损失。至于经济损失的赔偿范围和具体标准，1999年6月16日国家林业局《关于如何计算盗伐、滥伐林木造成直接经济损失的复函》做出了明确规定，盗伐林木造成的直接经济损失包括被盗伐林木的价值和重新恢复被盗伐林木的整地、种苗、造林、管护等有关费用。其中，被盗伐林木的价值，有国家规定价格的，按国家规定价格计算；没有国家规定价格的，按主管部门规定的价格计算；没有国家或者主管部门规定价格的，按市场价格计算；进入流通领域的，按实际销售价格计算；实际销售价格低于国家或者主管部门规定价格的，按国家或者主管部门规定的价格计算；实际销售价格低于市场价格，又没有国家或者主管部门规定价格的，按市场价格计算，但不能按违法行为销赃的价格计算。重新恢复被盗伐林木的整地、种苗、造林、管护等有关费用，可按重新恢复被盗伐林木的实际支出确定，也可由县级以上林业主管部门根据本地实际情况确定。

（二）盗伐林木罪的追诉标准

　　根据《刑法》第三百四十五条第一款的规定，盗伐森林或者其他林木，数量较大的，构成盗伐林木罪。从刑法的角度看，"数量较大"是盗伐林木刑事案件的定罪量刑标准。从刑事诉讼法的角度看，"数量较大"是盗伐林木罪刑事案件的立案追诉标准。

1. "数量较大"标准的确定

关于盗伐林木罪的立案追诉标准，可参考国家林业局、公安部《关于森林和陆生野生动物刑事案件管辖及立案标准》以及《立案追诉标准（一）》中的相关规定。国家林业局、公安部《关于森林和陆生野生动物刑事案件管辖及立案标准》第二条的规定，"盗伐森林或者其他林木，立案起点为2立方米至5立方米或者幼树100株至200株；盗伐林木20立方米至50立方米或者幼树1000株至2000株，为重大案件立案起点；盗伐林木100立方米至200立方米或者幼树5000株至10000株，为特别重大案件立案起点"；第三条规定，"单位作案的，执行本规定的立案标准"。《立案追诉标准（一）》第七十二条重申了盗伐林木刑事案件的立案追诉标准，即盗伐森林或者其他林木，涉嫌下列情形之一的，应予立案追诉：①盗伐2~5立方米以上的；②盗伐幼树100~200株以上的。第一百条规定："本规定中的立案追诉标准，除法律、司法解释另有规定的以外，适用于相关的单位犯罪。"

鉴于我国各个地区经济发展差异很大，森林资源状况不尽相同，上述规定中"数量较大"的起点标准是一个范围，而不是一个确定的数字，不能直接适用于具体的案件，需要各省（自治区、直辖市）司法机关根据本地区的实际情况，在上述规定的数量幅度内，确定本地区执行的具体数量标准。例如，浙江省高级人民法院、人民检察院、公安厅依据上述规定，结合浙江省的实际情况，于2002年1月14日联合下发《关于办理森林资源刑事案件若干问题的通知》，确定了浙江省盗伐林木刑事案件立案追诉的具体数量标准，即"数量较大"的起点为2立方米或幼树100株；盗伐竹林或者其他竹子"数量较大"的起点为200株或者经济损失2000元。可见，各省（自治区、直辖市）在上述规定的数量幅度内确定的本地区盗伐林木"数量较大"的起点就是本地区盗伐林木刑事案件的立案追诉标准。

2. 盗伐林木数量的鉴定

由上可知，盗伐森林或者其他林木的数量涉及案件的性质及刑罚的适用。因此，准确、科学地测定林木的数量成为盗伐林木刑事案件立案追诉及定罪量刑的关键。根据有关规定，盗伐幼树的数量以"株"为单位进行计算，比较容易测定。而盗伐成年林木的数量以立木蓄积计算（计算方法为原木材积除以该树种的出材率)，由于司法实践中盗伐林木的情况复杂多样，如涉案现场遭到破坏，涉案林木已转移或被利用等，所以盗伐林木的数量不易测定。一般而言，如果被盗伐的林木已灭失，致使不能按照正常测量胸径的方法计算立木蓄积的，可以采用勘查伐桩、测量根径等方法确定被盗伐林木的立木蓄积。如果伐桩不见了，可以根据相应的森林资源清查资料、档案资料等计算确定。对没有森林资源清查资料或者档案资料的，可以采取与被毁坏林木相同起源、立地条件和生长状况相近似的其他林分样地，按照国家有关技术规程测算蓄积量的方法确定。[①]

目前，我国关于林业司法鉴定的主体，以及鉴定依据、程序、方法没有明确的标准，各级司法机关在处理涉林刑事案件时，往往临时聘用当地林业专业技术人员进行鉴定。由于这些人员没有经过专门培训，其出具的鉴定书主要是侧重技术层面的专业论断，对司法上的程序要求和规范化要求重视不够，所以鉴定结论的公正性、科学性常常受到质疑，甚至出现不同鉴定人员对同一案件做出不同鉴定结论的情况，影响司法机关及司法人员对案件性质的认定和处理。因此，有必要设立专业的林业司法鉴定机构，规范对鉴定机构及鉴定人员的管理，确立科学的鉴定依据、程序和方法，以保证鉴定结果的科学性、准确性和可靠性，维护法律的公正和尊严。2005年2月28日全国人大常委会通过《关于司法鉴定管理问题的决定》，为林业司法鉴定改革提供了契机，许多地方加强了对林业司法鉴定的规范管理，如浙江省规定持有中级以上林业技术职称或由省林业主管部门颁发的林业鉴定技术资格证书的人员，具有森林案件的技术鉴定资格。许多地方成立了林业司法鉴定机构，开展林业案件中一些关键问题与疑难问题的研究和司法鉴定工作的标准化建设，如具有中介性质的福建闽林司法鉴定中心进行的涉林案件的物证鉴定，为实现司法公正创造了条件。可以说，专业的林业司法鉴定机构和鉴定人员、规范的鉴定程序、科学的鉴定方法，是盗伐林木刑事案件立案追诉及定罪量刑的技术保障。

第四节　滥伐林木罪

根据《刑法》第三百四十五条第二款的规定，滥伐林木罪，是指违反

---

① 向延建.2006.盗伐滥伐林木行为的法律适用.湖南林业，(10)：32.

森林法的规定，滥伐森林或者其他林木，数量较大的行为。

一、滥伐林木罪的立法演变

森林作为陆地生态系统的主体，在维护人类生存与促进社会发展中起着不可替代的作用，作为一种极为重要的资源，其不仅具有较高的经济价值，更对调节整个人类社会的生态环境起着重要的作用。现代世界各国都十分重视森林的保护和发展，我国更是把植树造林、改善生态环境作为一项基本国策。但是相当长的一段时期以来，一些地方毁林开荒、乱占林地等对林木进行滥伐的现象非常严重，致使森林资源遭到严重破坏，江河流域植被减少，环境恶化，水灾频发，对国家和人民群众生命、财产安全造成严重威胁。为了有效保护我国本已匮乏的森林资源，必须对滥伐林木的行为予以严厉打击。

1979年《刑法》第一百二十八条对该罪做出了明确规定："违反保护森林法规，盗伐、滥伐森林或者其他林木，情节严重的，处三年以下有期徒刑或者拘役，可以并处或者单处罚金。"由于受当时立法经验和技术的限制，1979年《刑法》在对犯罪进行分类时，没有设立单独的章节明确规定破坏环境方面的犯罪，滥伐林木罪被规定在"破坏社会主义经济秩序罪"中，且该规定较为原则，不够系统、全面。1984年《森林法》第三十四条也仅仅规定，盗伐、滥伐森林或者其他林木，情节严重的，依照1979年《刑法》第一百二十八条的规定追究刑事责任。鉴于此，1987年9月5日，最高人民法院、最高人民检察院发布了《关于办理盗伐、滥伐林木案件应用法律的几个问题的解释》；1991年10月17日，最高人民法院、最高人民检察院又共同发布了《关于盗伐、滥伐林木案件几个问题的解答》，对司法实践中发生的滥伐林木疑难问题进行了权威的解释。

1997年《刑法》在原有刑事立法和司法解释的基础上，对滥伐林木罪进行了修改。第三百四十五条第二款规定："违反森林法的规定，滥伐森林或者其他林木，数量较大的，处三年以下有期徒刑、拘役或者管制，并处或者单处罚金；数量巨大的，处三年以上七年以下有期徒刑，并处罚金。"第三百四十五条第四款规定，"滥伐国家级自然保护区内的森林或者其他林木的，从重处罚"。第三百四十六条规定："单位犯本节第三百三十八条至第三百四十五条规定之罪的，对单位判处罚金，并对其直接负责的主管人员和其他直接责任人员，依照本节各该条的规定处罚。"1997年

《刑法》对滥伐林木罪的规定较之 1979 年《刑法》更加详尽、具体，主要体现在以下五个方面：①将该罪根据侵犯客体的特殊性规定在《刑法》分则第六章"妨害社会管理秩序罪"第六节"破坏环境资源保护罪"之中，条文设置更为科学、合理；②明确了犯罪主体不仅包括自然人，也包括单位；③构成犯罪的标准由原来"情节严重"修改为"数量较大"，确定犯罪时更具有可操作性；④在刑罚种类上增加了管制刑，刑罚适用上更为灵活；⑤在刑罚幅度上，最高刑期由原来的三年增加至七年，加大了对滥伐林木行为的打击力度。最高人民法院《关于执行〈中华人民共和国刑法〉确定罪名的规定》（1997 年 12 月 11 日，法释〔1997〕9 号）根据修订的《刑法》第三百四十五条第二款规定了"滥伐林木罪"罪名。1997 年 12 月 25 日，《最高人民检察院关于适用刑法分则规定的犯罪的罪名的意见》也将该罪的罪名确定为滥伐林木罪。

二、滥伐林木罪的构成要件

（一）滥伐林木罪的客体

盗伐林木罪侵犯的客体是国家的林业资源管理制度。《森林法》第三十二条第一款规定，采伐林木必须申请采伐许可证，按许可证的规定进行采伐；农村居民采伐自留地和房前屋后个人所有的零星林木除外。由此可见，采伐林木应当办理采伐许可证并按照采伐许可证规定的范围和数量进行采伐，如果采伐林木未申请采伐许可证或者不按照采伐许可证的规定进行采伐，势必侵犯到国家对林业资源的保护和管理制度。

盗伐林木罪的犯罪对象是森林和其他林木。"森林"指具备较大规模的树林，包括防护林、用材林、经济林、薪炭林和特种用途林，而"其他林木"目前尚没有权威的司法解释。从该罪所保护的客体来看，"其他林木"应当指单位种植的小片树林、以生产竹材为主要目的的竹林和农村居民承包的属于国家或集体所有的荒地上种植的林木以及公民自留山上的成片林木等，但不包括农村居民在自留地和房前屋后栽种的归其个人所有的零星林木，如铁路公路沿线的护路林、江河沿岸的护岸林、防风固沙林、国防林、实验林、母树林、风景林等。因为根据《森林法》第三十二条的规定，农村居民采伐自留地和房前屋后个人所有的零星林木，不需要申请采伐许可证。按照该规定，对农村居民采伐自留地和房前屋后个人所有的零星林木，因该行为采伐规模小，且多为农村居民自用，故采伐这类树木不需申请采伐许可证。由于该行为不会对国家的林木采伐管理制度构成实质性破坏，所以，自留地和房前屋后个人所有的零星林木并不能成为该罪的犯罪对象。另外，该罪的犯罪对象也包括枯死、烧毁的林木。2003年3月3日，国家林业局《关于未申请林木采伐许可证采伐"火烧枯死木"行为定性的复函》规定："根据《森林法》的规定，除农村居民采伐自留地和房前屋后个人所有的零星林木外，凡采伐林木，包括采伐'火烧枯死木'等自然灾害毁损的林木，都必须申请林木采伐许可证，并按照林木采伐许可证的规定进行采伐。未申请林木采伐许可证而擅自采伐的，应当根据《森林法》、《森林法实施条例》的有关规定，分别定性为盗伐或者滥伐林木行为。对情节显著轻微的，根据《行政处罚法》的规定，可以从轻、减轻或者免于处罚。"因此，滥伐林木罪的犯罪对象包括枯死、烧毁的林木。

（二）滥伐林木罪的客观方面

盗伐林木罪的客观方面表现为违反森林法的规定，滥伐森林或者其他林木，数量较大的行为。构成该罪，应具备以下条件。

第一，必须具有违反森林法规定的行为。违反森林法的规定，既包括违反全国人大及其常委会制定的有关森林资源保护的法律，也包括违反国务院根据森林法的规定制定的行政法规，还包括违反国家林业主管部门根据上述法律、法规制定的相关部门规章、规范性文件等。上述规定对采伐森林或者其他林木的行为做出了严格的规定，如《森林法》第三十一条规定："采伐森林和林木必须遵守下列规定：（一）成熟的用材林应当根据不同情况，分别采取择伐、皆伐和渐伐方式，皆伐应当严格控制，并在采伐的当年或者次年内完成更新造林；（二）防护林和特种用途林中的国防林、母树林、环境保护林、风景林，只准进行抚育和更新性质的采伐；（三）特种用途林中的名胜古迹和革命纪念地的林木、自然保护区的森林，严禁采伐。"第三十二条第一款规定："采伐林木必须申请采伐许可证，按许可证的规定进行采伐；农村居民采伐自留地和房前屋后个人所有的零星林木除外。"如果行为人违反了上述规定，达到数量较大的标准即可构成该罪，依法应当对其追究刑事责任。

第二，行为的外在表现形式必须是滥伐森林或者其他林木。依照《森林法》和其他法律、法规的规定，对森林只能合理采伐，除零星林木等的采伐外，其他采伐行为都应申请林木采伐许可证，严禁进行无证采伐和超计划采伐。根据《最高人民法院关于审理破坏森林资源刑事案件具体应用法律若干问题的解释》第五条的规定，"滥伐"主要表现为以下四种情形。①无证采伐自己所有的林木，即未经林业行政主管部门及法律规定的其他主管部门批准并核发林木采伐许可证，任意采伐本单位所有或者本人所有的森林或者其他林木的行为。根据这一规定，滥伐自己所有的林木也会构成该罪。②超计划采伐自己所有的林木，即虽持有林木采伐许可证，但违反林木采伐许可证规定的时间、数量、树种或者方式，任意采伐本单位所有或者本人所有的森林或者其他林木的行为。③超计划采伐他人所有的林木，即虽持有林木采伐许可证，但超过林木采伐许可证规定的数量采伐他人所有的森林或者其他林木的行为。④擅自砍伐所有权有争议的林木，即林木权属争议一方在林木权属确权之前，擅自砍伐森林或者其他林木的行为。

只要行为人实施了上述情形之一的行为，即有可能构成盗伐林木罪。上述行为方式也是该罪区别于其他非法采伐林木类犯罪行为的主要标志。如果行为人实施了违反森林法规定的行为，但该行为并不属于该罪规定的滥伐森林或者其他林木，而是采取盗伐方式，对该行为不能按照滥伐林木罪定罪处罚，而应按照盗伐林木罪定罪处罚；对行为人滥伐的对象并非普通的林木，而是珍贵树木或者国家重点保护的其他植物，应当按照非法采伐、毁坏国家重点保护植物罪定罪处罚。

在现实生活中，经常会发生在林木采伐许可证规定的地点以外，采伐本单位或者本人所有的森林或者其他林木的行为。对此，人们往往误认为，只要按照林木采伐许可证规定的数量、树种等采伐自己的林木，即使在林木采伐许可证规定的地点以外采伐自己的林木也是可以的。对这种情形，2004年3月26日，最高人民法院《关于在林木采伐许可证规定的地点以外采伐本单位或者本人所有的森林或者其他林木的行为如何适用法律问题的批复》明确规定："违反森林法的规定，在林木采伐许可证规定的地点以外，采伐本单位或者本人所有的森林或者其他林木的，除农村居民采伐自留地和房前屋后个人所有的零星林木以外，属于《最高人民法院关于审理破坏森林资源刑事案件具体应用法律若干问题的解释》第五条第一款第（一）项'未经林业行政主管部门及法律规定的其他主管部门批准并核发林木采伐许可证'规定的情形，数量较大的，应当依照刑法第三百四十五条第二款的规定，以滥伐林木罪定罪处罚。"该批复为国家依法保护森林资源、打击一切破坏森林资源的犯罪行为提供了更有力的司法保障。

第三，滥伐林木的数量必须达到"数量较大"才能构成盗伐林木罪。

盗伐林木罪是数额犯，滥伐林木数量的多少是构成该罪的必要条件，只有滥伐林木数量较大的行为才能构成该罪。《最高人民法院关于审理破坏森林资源刑事案件具体应用法律若干问题的解释》第六条对滥伐林木构成犯罪的数量要求进行了明确的规定，滥伐林木"数量较大"，以 10～20 立方米或者幼树 500～1000 株为起点。第十九条规定，各省（自治区、直辖市）高级人民法院可以根据本地区的实际情况，在上述规定的数量幅度内，确定本地区执行的具体数量标准，并报最高人民法院备案。滥伐林木数量较小，如只是零星采伐森林或其他林木，未达到数量较大标准的，即滥伐林木未达到 10～20 立方米或者幼树 500～1000 株的，应认定为一般违法行为，由林业行政主管部门进行行政处罚，而不能认定为犯罪。

（三）滥伐林木罪的主体

滥伐林木罪的主体为一般主体，即只要行为人达到刑事责任年龄，具备刑事责任能力均可构成该罪的犯罪主体，如农村居民滥伐自留山或者自己承包经营的土地上的森林或者其他林木，或者受雇于他人擅自采伐森林或者其他林木的，都可以成为该罪的犯罪主体。同时根据《刑法》第三百四十六条的规定，单位也可构成该罪的犯罪主体，如林场或农场等。

关于村委会能否成为盗伐林木罪的犯罪主体问题，理论界存在争议。一种意见认为，村委会不能成为该罪的犯罪主体。[1] 其理由是《刑法》第三十条规定的单位犯罪主体包括公司、企业、事业单位、机关、团体，而不包括村委会，如果将村委会认定为单位犯罪主体，是对单位犯罪主体范围的任意扩大理解。另一种意见认为，村委会可以成为该罪的犯罪主体。[2] 其理由是将村委会排除在单位犯罪主体范围之外是立法上的疏漏，同时违反了罪刑相适应原则等。理论上的分歧造成了实践中操作的混乱，在司法实践中，认定滥伐林木罪时对能否将村委会作为单位犯罪主体追究其刑事责任的认识不一。[3] 针对该问题，公安部于 2007 年 3 月 1 日针对内蒙古自

---

① 许金约 . 2005. 村干部在办理土地变更手续时索要好处费行为之定性 . 人民检察，（10）：34.

② 刘志超，唐晓燕 . 2002 - 09 - 09. 村委会能否成为滥伐林木罪的犯罪主体 . 人民法院报 .

③ 杨涛和谢健在《村委会、村支委的行为能否构成滥伐林木罪》（《中国刑事法杂志》，2001年，第 2 期）一文所举案例中检察机关最终并未起诉村委会，而是起诉的村支书和村主任；而在熊选国、任卫华主编的《刑法罪名适用指南——破坏环境资源保护罪》（中国人民公安大学出版社，2007 年版，第 151 页）中，列举了人民法院于 2001 年做出的由村委会承担滥伐林木罪刑事责任的判决。

治区公安厅《关于村支书、村主任以村委会的名义实施犯罪可否构成单位犯罪的请示》，做出了《关于村民委员会可否构成单位犯罪主体问题的批复》。这是迄今为止司法机关针对该问题做出的具有权威性的解释，该批复的具体内容是："根据《刑法》第三十条的规定，单位犯罪主体包括公司、企业、事业单位、机关、团体。按照《村民委员会组织法》第二条的规定，村民委员会是村民自我管理、自我教育、自我服务的基层群众性自治组织，不属于《刑法》第三十条列举的范围。因此，对以村民委员会名义实施犯罪的，不应以单位犯罪论，可以依法追究直接负责的主管人员和其他直接责任人员的刑事责任。"该批复采纳了第一种意见。我们认为，从应然角度讲，村民委员会具有独立的法人资格，能够独立地享有权利和承担义务，应当属于刑法意义上的单位范畴，但刑法规范并未对此加以明确规定，按照罪刑法定原则的要求，在更具权威的刑法修正案或立法解释出台之前，为统一司法实务界的做法，应当按照公安部批复的精神，不宜将村民委员会作为单位犯罪主体对待。

（四）滥伐林木罪的主观方面

盗伐林木罪的主观方面必须是出于故意，犯罪目的多为谋取非法利益，但行为人基于何种犯罪目的和动机并不影响该罪的成立，过失不能构成该罪。该罪主观方面的认识因素是行为人明知其实施的行为违反森林法的有关规定，并会发生林木被滥伐、森林资源被破坏的结果；意志因素往往表现为行为人对上述结果持希望的心理态度，即林木被滥伐的结果正是行为人通过一系列犯罪活动所意欲达到的犯罪目的。但该罪的意志因素中并不排除行为人持放任的心理状态，即行为人虽然不希望、不积极追求滥伐结果的发生，但也不反对和不设法阻止这种结果的发生，而是对该结果的发生采取听之任之的心理态度。

------ 案　　例 ------

2001年10月，被告人雷某等三人与某县百江镇双坞村第六生产组农户代表对该组何家垅山和阴山两块杉木林进行目测。当时，三被告人及村民代表估计认为，该山上有杉木三四百立方米（按立木蓄积计算大约在500立方米以上）。之后，三被告人共同出资145 000元，购得该县百江镇双坞村阴山、何家垅山两座山上的杉木。同年11月26日，县林业局经现场踏勘设计审核，何家

垅山准许采伐杉木材积为 62 立方米，面积为 14 亩，采伐方式为皆伐；11 月 28 日又经现场踏勘设计审核，何家垅山准许采伐杉木材积为 171.5 立方米，面积为 40.2 亩，采伐方式为皆伐。阴山准许采伐 30 立方米，采伐方式为皆伐。到此为止，被告人雷某等购得该县百江镇双坞村阴山、何家垅山两座山上的杉木林全部踏勘设计审核完毕，被告人雷某等领取了皆伐该山上的杉木的采伐许可证，后雇人先后将该山上的杉木砍完，并出卖给他人。有关群众见被告人砍下的杉木大大超过采伐许可证规定的数量，即向林业部门报案。县林业部门经过现场踏勘鉴定，何家垅山准许采伐杉木 40.2 亩的采伐许可证范围内，有空地 4 亩，有林面积内山上林木立木蓄积为每亩 11.56 立方米，共计立木蓄积 418 立方米，林木采伐许可证准许采伐杉木 171.5 立方米，折计立木蓄积 271.5 立方米，实际超伐杉木计立木蓄积 147 立方米。

在此案中，林业主管部门颁发的林木采伐许可证上所许可采伐的林木立木蓄积为 271.5 立方米，采伐方式为皆伐，但实际皆伐后的林木立木蓄积为 418 立方米，由此可见，林木采伐许可证上载明的面积与实际面积有较大出入，应当说，当地林业主管部门颁证行为存在瑕疵，但该瑕疵是否可以免除被告人的刑事责任呢？笔者认为，不能因为颁证机关的行为存在瑕疵就免除被告人的刑事责任，林木采伐许可证虽然规定了采伐方式为皆伐，但对林木的采伐数量进行了明确的规定，行为人应当严格按照林木采伐许可证规定的数量进行采伐，被告人雷某等在明知其行为可能会超过林木采伐许可证确定的采伐数量的情况下，为了牟利，指使砍工在四至范围内，将林木全部砍完，导致超伐林木立木蓄积 147 立方米。可见，被告人雷某等对超伐林木结果的发生，完全是持听之任之的心理态度，应当承担相应的刑事责任。

三、滥伐林木罪的认定

（一）滥伐林木罪与其他犯罪的界限

1. 滥伐林木罪与故意毁坏财物罪的界限

故意毁坏财物罪，是指故意毁灭或者损坏公私财物，数额较大或者有其他严重情节的行为。滥伐林木罪与故意毁坏财物罪存在行为上的相似之处，主观上都是出于故意，都是侵犯财产的犯罪行为。两者的主要区别如下。①犯罪客体不同。故意毁坏财物罪的犯罪客体是公私财物所有权，如果行为人故意毁坏的是自己所有的财物则不构成该罪；而滥伐林木罪的犯罪客体是国家对林业资源的管理制度，除农村居民采伐自留地和房前屋后个人所有的零星林木外，其他采伐林木的行为必须申请采伐许可证，即便采伐自己所有的成片林木也需申请，否则构成对林业资源保护管理制度的破坏，也会构成该罪。②犯罪对象不同。从理论上讲，一切形式的动产和不动产均可成为故意毁坏财物罪的犯罪对象；而滥伐林木罪的犯罪对象是森林或者其他林木。当故意毁坏特定的财产又触犯了刑法专门规定的，这属于刑法理论中所称的法条竞合犯，即一个犯罪行为同时触犯数个法律条文，其中一个法律条文的内容与另一个法律条文的内容重合或者交错。对该行为应当按照"特别法优于普通法"的原则进行处理，即按照滥伐林木罪进行定罪处罚。③犯罪主体不同。两者的犯罪主体虽都为一般主体，但故意毁坏财物罪的犯罪主体只能是自然人，单位不能构成故意毁坏财物罪；而滥伐林木罪的主体既可以是自然人，也可以是单位。

2. 滥伐林木罪与非法采伐、毁坏国家重点保护植物罪的界限

非法采伐、毁坏国家重点保护植物罪，是指违反国家规定，非法采伐、毁坏珍贵树木或者国家重点保护的其他植物的行为。滥伐林木罪与非法采伐、毁坏国家重点保护植物罪在很多方面存在相同之处，如犯罪客体都是侵犯了国家对林业资源的相关管理制度；犯罪主体都既可以是自然人，也可以是单位；犯罪主观方面都表现为故意。二者主要的区别在于以下两个方面。①犯罪对象不同。滥伐林木罪的犯罪对象表现为普通类的林木；而非法采伐、毁坏国家重点保护植物罪的犯罪对象是珍贵树木和国家重点保护的其他植物。根据《最高人民法院关于审理破坏森林资源刑事案件具体应用法律若干问题的解释》第一条的规定，珍贵树木包括由省级以上林业主管部门或者其他部门确定的具有重大历史纪念意义、科学研究价值或者年代久远的古树名木，国家禁止、限制出口的珍贵树木以及列入国家重点保护野生植物名录的树木。②构成犯罪的情节要求不同。滥伐林木罪要求达到数量较大才能构成犯罪；而非法采伐、毁坏国家重点保护植物罪则无具体情节要求，只要行为人故意实施了非法采伐、毁坏国家重点保护植物的行为，即可构成该罪。在实践中，行为人在滥伐林木过程中，基于同一或者概括的故意，实施了对珍贵林木或者国家重点保护的其他植物

一并采伐的行为，对此，《最高人民法院关于审理破坏森林资源刑事案件具体应用法律若干问题的解释》做出了明确规定，根据该解释第八条的规定，滥伐珍贵树木，同时触犯《刑法》第三百四十四条、第三百四十五条规定的，依照处罚较重的规定定罪处罚。

（二）滥伐林木罪特殊形态的认定

1. 共同犯罪的认定

在实践中，几个犯罪分子共同实施滥伐林木罪的情形时有发生，该罪的共同犯罪多表现为以下三种方式：①林木所有人或承包人共同预谋、实施滥伐林木的行为；②林木所有人将林木卖给他人滥伐的行为；③雇主教唆被雇用人实施的滥伐行为。对被雇用者是否应认定为共犯的问题，主要应该看其在受雇时以及在采伐林木过程中是否明知雇主是在滥伐林木，如果有证据证明被雇用者在行为过程中明知雇主是在滥伐林木而仍受雇为之，则应认定为滥伐林木罪的共犯；如果被雇用者不知道是违法砍伐，则没有犯罪故意，不构成该罪的共犯。该罪的共同犯罪人要根据其在共同犯罪过程中所起的作用和滥伐的具体数量定罪处罚。

2. 罪数形态的认定

第一，为滥伐林木而伪造、变造、买卖国家机关公文、证件的行为如何定性？《最高人民法院关于审理破坏森林资源刑事案件具体应用法律若干问题的解释》第十三条第一款规定，对伪造、变造、买卖林木采伐许可证、木材运输证件，森林、林木、林地权属证书，占用或者征用林地审核同意书、育林基金等缴费收据以及其他国家机关批准的林业证件构成犯罪的，依照《刑法》第二百八十条第一款的规定，以伪造、变造、买卖国家机关公文、证件罪定罪处罚。尽管司法解释对伪造、变造、买卖林木采伐许可证的行为构成何罪作了具体规定，但该解释只是就单独实施伪造、变造、买卖林木采伐许可证的行为作了规定，对实践中如果行为人为滥伐林木而伪造、变造、买卖林木采伐许可证的行为如何处理，则缺乏具体的规定。我们认为，如果行为人实施的两个行为均构成犯罪，应当按照牵连犯的原则予以认定，伪造、变造、买卖国家机关公文、证件行为是方法行为，而滥伐林木的行为是目的行为，应采用从一重处断的原则进行处理，即首先根据行为人的两个行为所对应罪名所处的量刑档次，比较两个罪名所处的量刑档次的法定刑轻重，以法定刑较重的那个罪名定罪处罚。

第二，在非法占用农用地过程中滥伐林木的行为如何定性？在非法占用农用地过程中，经常会发生将农用地上生长的林木非法采伐的情况，在此过程中，应认定为二者构成牵连犯，非法占用农用地是目的行为，滥伐林木是方法行为，应当按照从一重处断的原则予以认定，而不应实行数罪并罚。如果上述两个行为并无关联性，而是行为人基于两个犯罪故意实施的两个犯罪行为，则应分别认定，进行数罪并罚。

第三，在滥伐林木过程中，伤害、非法拘禁护林人员或者其他有关人员的行为如何定性？在滥伐林木过程中，为排除护林人员的妨碍，使用暴力或者其他方式伤害、非法拘禁护林人员或者其他有关人员的，则应区别不同情形分别处理：如果滥伐林木达到数量较大的起点，但只造成护林人员轻微伤害的，以滥伐林木罪追究刑事责任，使用暴力手段可以作为量刑情节予以考虑；如果滥伐林木行为未达到数量较大，但非法拘禁、伤害或者杀害护林人员或其他人员构成犯罪的，则应以非法拘禁罪、故意伤害罪、故意杀人罪定罪处罚；如果滥伐林木达到数量较大起点的，且在此过程中实施了非法拘禁、伤害或者杀害护林人员或其他人员的行为，则以滥伐林木罪和非法拘禁罪、故意伤害罪、故意杀人罪实行数罪并罚。

四、滥伐林木罪的刑事责任

（一）滥伐林木罪的刑罚适用

根据《刑法》第三百四十五条和第三百四十六条的规定，犯滥伐林木罪的，处 3 年以下有期徒刑、拘役或者管制，并处或者单处罚金；数量巨大的，处 3 年以上 7 年以下有期徒刑，并处罚金。单位犯该罪的，对单位判处罚金，并对其直接负责的主管人员和其他直接责任人员，依照上述规定处罚。滥伐国家级自然保护区内的森林或者其他林木的，从重处罚。

《最高人民法院关于审理破坏森林资源刑事案件具体应用法律若干问题的解释》第六条对滥伐林木构成犯罪的数量要求进行了明确的规定，滥伐林木"数量较大"，以 10～20 立方米或者幼树 500～1000 株为起点；滥伐林木"数量巨大"，以 50～100 立方米或者幼树 2500～5000 株为起点。对行为人多次滥伐又未经处罚的行为如何处理的问题，该解释第七条规定，对于一年内多次滥伐少量林木未经处罚的，累计其滥伐林木的数量，构成犯罪的，依法追究刑事责任。对林木数量的具体计算以及幼树的确定方法等问题，该解释第十七条规定，该解释规定的林木数量以立木蓄积计算，计算方法为原木材积除以该树种的出材率。该解释所称"幼树"，是指胸径5厘米以下的树木。滥伐林木的数量，应在伐区调查设计允许的误差额以上计算。第十九条规定，各省、自治区、直辖市高级人民法院可以根据本地区的实际情况，在该解释第六条规定的数量幅度内，确定本地区执行的具体数量标准，并报最高人民法院备案。

关于被滥伐的林木的处理问题，最高人民法院《关于滥伐自己所有权的林木其林木应如何处理的问题的批复》规定，"被告人滥伐属于自己所有权的林木，构成滥伐林木罪的，其行为已违反国家保护森林法规，破坏了国家的森林资源，所滥伐的林木即不再是个人的合法财产，而应当作为犯罪分子违法所得的财物，依照刑法第六十条的规定予以追缴"。

（二）滥伐林木罪的追诉标准

关于滥伐林木罪的立案追诉标准，可参考2001年4月16日国家林业局、公安部印发的《关于森林和陆生野生动物刑事案件管辖及立案标准》以及《立案追诉标准（一）》中的相关规定。

国家林业局、公安部《关于森林和陆生野生动物刑事案件管辖及立案标准》规定，"滥伐森林或者其他林木，立案起点为10～20立方米或者幼树500～1000株；滥伐林木50立方米以上或者幼树2500株以上，为重大案件；滥伐林木100立方米以上或者幼树5000株以上，为特别重大案件"。后来，《立案追诉标准（一）》肯定并重申了上述标准，第七十三条规定，违反森林法的规定，滥伐森林或者其他林木，涉嫌下列情形之一的，应予立案追诉：①滥伐10～20立方米以上的；②滥伐幼树500～1000株以上的。根据《最高人民法院关于审理破坏森林资源刑事案件具体应用法律若干问题的解释》第十七条的规定，林木数量以立木蓄积计算，计算方法为原木材积除以该树种的出材率。另外，《立案追诉标准（一）》第七十三条明确界定了"滥伐森林或者其他林木"的含义，即违反森林法的规定，具有下列情形之一的，属于"滥伐森林或者其他林木"。①未经林业行政主管部门及法律规定的其他主管部门批准并核发林木采伐许可证，或者虽持有林木采伐许可证，但违反林木采伐许可证规定的时间、数量、树种或者方式，任意采伐本单位所有或者本人所有的森林或者其他林木的。违反森林法的规定，在林木采伐许可证规定的地点以外，采伐本单位或者本人所有的森林或者其他林木的，除农村居民采伐自留地和房前屋后个人所有的零星林木以外，属于"未经林业行政主管部门及法律规定的其他主管部门批准并核发林木采伐许可证"规定的情形。②超过林木采伐许可证规定的数量采伐他人所有的森林或者其他林木的。③林木权属争议一方在林木权属确权之前，擅自砍伐森林或者其他林木的。

滥伐林木的数量，应在伐区调查设计允许的误差额以上计算。同时根据 2007 年 1 月 15 日国家林业局《关于盗伐、滥伐林木案件中有关违法事实认定问题的复函》的规定，在滥伐林木案件中，滥伐林木的蓄积数量或者幼树的株数应当分别计算和认定。如果行为人滥伐林木的数量未达到上述规定的标准，应当认定为一般违法行为，给予行政处罚。《森林法》第三十九条第二款规定，滥伐森林或者其他林木，由林业主管部门责令补种滥伐株数 5 倍的树木，并处滥伐林木价值 2 倍以上 5 倍以下的罚款。《中华人民共和国森林法实施条例》（简称《森林法实施条例》）第三十九条规定："滥伐森林或者其他林木，以立木材积计算不足 2 立方米或者幼树不足 50 株的，由县级以上人民政府林业主管部门责令补种滥伐株数 5 倍的树木，并处滥伐林木价值 2 倍至 3 倍的罚款。滥伐森林或者其他林木，以立木材积计算 2 立方米以上或者幼树 50 株以上的，由县级以上人民政府林业主管部门责令补种滥伐株数 5 倍的树木，并处滥伐林木价值 3 倍至 5 倍的罚款。超过木材生产计划采伐森林或者其他林木的，依照前两款规定处罚。"

第五节 非法收购、运输盗伐、滥伐的 林木罪

根据《刑法》第三百四十五条第三款的规定，非法收购、运输盗伐、滥伐的林木罪，是指非法收购、运输明知是盗伐、滥伐的林木，情节严重的行为。

一、非法收购、运输盗伐、滥伐的林木罪的立法演变

非法收购、运输盗伐、滥伐的林木罪是 1997 年《刑法》新增设的犯罪，1979 年《刑法》、单行刑法和附属刑法均没有规定该罪。在实践中，盗伐、滥伐林木行为的猖獗，为非法收购盗伐、滥伐林木的行为提供了施展空间。同时，非法收购盗伐、滥伐林木的行为也对盗伐、滥伐林木的行为起到了推波助澜的作用，致使盗伐、滥伐林木的案件频繁发生。1984 年

《森林法》没有对林区林木经营管理做出明确的规定，只说明林区木材的经营和监督管理办法，由国务院另行规定。因此，为了保护森林资源，保障木材流通秩序健康发展，先后发布了国家工商行政管理局、林业部《关于集体林区木材市场管理的暂行规定》，中共中央、国务院《关于加强南方集体林区森林资源管理坚决制止乱砍滥伐的指示》、林业部、国家工商行政管理局《关于加强林区木材经营、加工单位监督管理的通知》等相关管理规章制度。这些行政法规对制止非法收购盗伐、滥伐林木的行为起到了一定的积极作用，但作为行政性处罚，其惩戒力度尚不足以抑制这种违法行为的频繁发生。1979年《刑法》并无惩治此类既非盗伐林木又非滥伐林木行为的规定，由于没有刑事法律作为依据，对非法收购盗伐、滥伐林木的行为，只能予以行政处罚，或者依照当时刑法规定的类推制度，将其以投机倒把罪定罪处罚。例如，林业部和公安部于1986年8月20日联合发布的《关于森林案件管辖范围及森林刑事案件立案标准的暂行规定》规定，在林区非法经营木材，数额在10 000元以上，或者非法获利金额3000元以上的应当立案（按投机倒把罪）。1987年9月5日，最高人民法院和最高人民检察院联合发布的《关于办理盗伐、滥伐林木案件应用法律的几个问题的解释》第十条第四项规定，无证收购、贩卖木材情节严重或数额巨大构成投机倒把罪的，分别依照《刑法》第一百一十七条或第一百一十八条的规定定罪处刑。然而，靠这种缺乏针对性的刑事处罚，不足以有效地惩治这种犯罪行为。有鉴于此，1997年《刑法》在参照有关林区林木管理规定的基础上，将非法收购盗伐、滥伐林木的行为增设为犯罪行为，并规定了轻重适宜的处罚条款。1998年修正后的《森林法》，也增加了有关非法收购和运输木材行为的法律责任的规定。

1997年《刑法》第三百四十五条第三款规定："以牟利为目的，在林区非法收购明知是盗伐、滥伐的林木，情节严重的，处三年以下有期徒刑、拘役或者管制，并处或者单处罚金；情节特别严重的，处三年以上七年以下有期徒刑，并处罚金。"第三百四十六条规定："单位犯本节第三百三十八条至第三百四十五条规定之罪的，对单位判处罚金，并对其直接负责的主管人员和其他直接责任人员，依照本节各该条的规定处罚。"1997年12月11日最高人民法院公布的《关于执行〈中华人民共和国刑法〉确定罪名的规定》将该罪罪名确定为"非法收购盗伐、滥伐的林木罪"。2000年11月22日最高人民法院公布了《最高人民法院关于审理破坏森林资源刑事案件具体应用法律若干问题的解释》，该解释对该罪中的"明知"、"情节严重"、"情节特别严重"作了具体的解释说明。

　　《刑法》将非法收购盗伐、滥伐林木的行为犯罪化，有效地打击了林区非法收购盗伐、滥伐林木的行为，但同时在执行过程中，林业公安机关反映该条规定在实践中存在三个问题。一是对该罪是否还需规定"以牟利为目的"提出质疑。从实际查获的案件看，非法收购盗伐、滥伐的林木的行为人大都具有从中获利的目的。但在实践中，相当比例的案件在收购、运输过程中就被查获，获利还未实现。司法机关由于对如何证明行为人主观上是否具有牟利目的认识不一致，影响了打击力度。事实上，《刑法》规定了非法收购"情节严重"的才构成犯罪，已经可以比较准确地区分罪与非罪的界限。因此，"以牟利为目的"已没有必要。二是规定必须"在林区非法收购"的才构成犯罪，不利于打击犯罪和保护森林资源。在实践中，有的行为人在靠近林区的边缘地带或者在非林区收购从林区盗伐、滥伐的林木，就巧妙地逃避了法律打击。另外，由于近年来各地加大了植树的力度，林区与非林区的界限已不明显，非林区也存在成片的森林需要保护。再者，非林区本来就缺少森林资源，在非林区非法收购盗伐、滥伐的林木的行为对生态环境的影响更大。因此，划分是否在林区非法收购明知是盗伐、滥伐的林木不利于打击毁坏森林资源的犯罪，建议取消"在林区"的限制。三是《刑法》没有将非法运输明知是盗伐、滥伐林木的行为规定为犯罪。在实践中，一些人员以非法运输林木为业，他们与盗伐、滥伐林木者和非法收购盗伐、滥伐的林木者形成分工，共同逃避法律制裁。由于在林区查获的往往是进行非法运输的人员，而不是直接实施了盗伐、滥伐或者非法收购盗伐、滥伐的林木的人员，对运输者追究刑事责任，缺乏法律依据；盗伐、滥伐者以及非法收购盗伐、滥伐的林木者由于有非法运输者帮助其将盗伐、滥伐或者非法收购的盗伐、滥伐的林木运出林区，也很难被追究刑事责任。因此，如果不将非法运输环节堵住，盗伐、滥伐以及非法收购等行为很难被禁止。从破获的案件看，大量的盗伐、滥伐，非法收购盗伐、滥伐的林木案件是在运输环节查获的，有些非法运输人员往往就是盗伐、滥伐，非法收购盗伐、滥伐林木行为的直接参与者或者帮助者，但由于司法机关认识不一致，很难及时处理，建议将非法运输明知是盗伐、滥伐的林木行为增加规定为犯罪。

　　针对上述反映，2002 年 12 月 28 日第九届全国人民代表大会常务委员会第三十一次会议通过的《刑法修正案（四）》将本条款修改为："非法收购、运输明知是盗伐、滥伐的林木，情节严重的，处三年以下有期徒刑、拘役或者管制，并处或者单处罚金；情节特别严重的，处三年以上七年以下有期徒刑，并处罚金。"对照修改前后的条款看，现行条款取消了"以牟利为目的"的限制；取消了"在林区"非法收购的限制；在非法收购行为之外增加了非法运输的行为。最高人民法院、最高人民检察院《关于执行〈中华人民共和国刑法〉确定罪名的补充规定（二）》（2003 年 8 月 15 日，法释〔2003〕12 号）根据《刑法修正案（四）》第七条第三款将"非法收购盗伐、滥伐的林木罪"修改为"非法收购、运输盗伐、滥伐的林木罪"，取消了"非法收购盗伐、滥伐的林木罪"罪名。

二、非法收购、运输盗伐、滥伐的林木罪的构成要件

（一）非法收购、运输盗伐、滥伐的林木罪的客体

非法收购、运输盗伐、滥伐的林木罪侵犯的客体是国家有关保护林木资源的管理制度。《森林法》、《中华人民共和国森林法实施细则》（简称《森林法实施细则》）都明确规定，森林资源属于国家所有，集体所有制单位营造的林木，归该单位所有；国有企业事业单位、机关、团体、部队营造的林木，由营造单位经营并按照国家规定支配林木收益；农村居民在房前屋后、自留地、自留山种植的林木，归个人所有；城镇居民和职工在自有房屋的庭院内种植的林木，归个人所有；集体或者个人承包国家所有和集体所有的宜林荒山荒地造林的，承包后种植的林木归承包的集体或者个人所有，承包合同另有规定的，按照承包合同的规定执行。森林、林木、林地的所有者和使用者的合法权益，受法律保护，任何单位和个人不得侵犯。因此，任何自然人或单位非法收购、运输明知是盗伐、滥伐的林木的行为，都是对国家林木资源保护和管理制度的侵犯，都具有违法性。

非法收购、运输盗伐、滥伐的林木罪的犯罪对象是被盗伐、滥伐的林木，非被盗伐、滥伐的林木不能成为该罪的犯罪对象。

案　例

田某未经工商部门批准和林业部门许可，个人组织其家属、亲友 12 人，非法进入林区收购青核桃，熬制青龙衣膏进行营利活动。但在收购核桃的第二天，有农民在山上伐树采摘核桃，田某仍继续收购，致使该林区核桃树被毁坏 184 株。有学者认为，田某没有非法砍伐林木的故意和行为，也没有教唆他人非法砍伐林木的故意和行为，田某收购的只是核桃，并非核桃树，虽然其行为

　　在客观上造成损害林木的后果，但与损害结果之间并没有必然的联系，其行为属于一般违法行为，不构成犯罪。①

　　笔者赞同这种观点，林木的果实不能等同于林木本身。但是如果收购的对象构成了林木的主体部分，或者必然导致林木被伐才能获得，非法收购、运输明知是上述物质的行为，仍然可以认定该行为构成非法收购、运输盗伐、滥伐的林木罪。

　　此外，根据《最高人民法院关于审理破坏森林资源刑事案件具体应用法律若干问题的解释》第十一条的规定，非法收购盗伐、滥伐的珍贵树木2立方米以上或者5株以上的，属于在林区非法收购盗伐、滥伐的林木"情节严重"的情形。根据该司法解释的规定，非法收购盗伐、滥伐的珍贵树木可构成非法收购、运输盗伐、滥伐的林木罪，但《刑法修正案(四)》第六条对《刑法》第三百四十四条进行了修改，保护的范围从珍贵树木扩大到国家重点保护的所有植物及其制品，且在原来的基础上增加了"非法收购、运输、加工、出售"等行为构成非法收购、运输、加工、出售国家重点保护植物、国家重点保护植物制品罪的规定。综上，非法收购、运输盗伐、滥伐的林木罪的犯罪对象已不包括珍贵树木。

案　　例

　　2004年3月11日，被告人姚某在黑龙江省阿城市某村等处收购架条132捆，其中有榆树、柳树、槐树、桦树等幼树320棵，珍贵树木黄菠萝10棵。黑龙江省阿城市人民检察院指控被告人姚某犯非法收购、运输盗伐、滥伐林木罪。阿城市人民法院经审理判决被告人姚某犯非法收购国家重点保护植物罪，判处其有期徒刑3年，缓刑4年，并处罚金人民币10 000元。

　　在此案中，起诉书中指控被告人姚某犯非法收购、运输盗伐、滥伐的林木罪不准确，修正后的《刑法》第三百四十四条的罪名是选择性罪名，被告人姚某的行为只是非法收购了国家重点保护的植物黄菠萝幼树10棵，根据《最高人民法院关于审理破坏森林资源刑事案件具体应用法律若干问题的解释》第十一条第二款第二项的规定，属"情节特别严重"，因此，

---

① 王秀梅.2003.破坏环境资源保护罪.北京：中国人民公安大学出版社：295.

应认定罪名为"非法收购国家重点保护植物罪",以《刑法》第三百四十四条的规定处罚,而不应适用《刑法》第三百四十五条第三款的规定。

(二) 非法收购、运输盗伐、滥伐的林木罪的客观方面

非法收购、运输盗伐的林木罪在客观方面表现为,非法收购、运输明知是盗伐、滥伐的林木,情节严重的行为。具体而言,该罪行为特征包括以下两个方面。

第一,行为的违法性。非法收购、运输明知是盗伐、滥伐的林木的行为是违反有关森林保护法的行为。《森林法实施条例》第三十四条规定,在林区经营(含加工)木材,必须经县级以上人民政府林业主管部门批准。木材收购单位和个人不得收购没有林木采伐许可证或者其他合法来源证明的木材。第三十五条规定,从林区运出非国家统一调拨的木材,必须持有县级以上人民政府林业主管部门核发的木材运输证。重点林区的木材运输证,由国务院林业主管部门核发;其他木材运输证,由县级以上地方人民政府林业主管部门核发。木材运输证自木材起运点到终点全程有效,必须随货同行。没有木材运输证的,承运单位和个人不得承运。根据该条例的规定,未取得林木经营权的收购、运输行为属于违法行为。但实际上,由于该罪犯罪对象的特殊性,上述规定对行为本身是否违法的判断已经失去了意义,即已取得林木经营权的行为人,只要其收购的是盗伐、滥伐的林木,行为就一定违法,符合该罪的违法要件。反之,行为人未取得林木经营权,但收购的不是盗伐、滥伐的林木,也只能按违法行为处理,不能认为构成该罪。因此,该罪的收购,是指以营利、自用等为目的的购买盗伐、滥伐的林木的行为;运输,是指采用携带、邮寄、利用他人、使用交通工具等方法进行运送盗伐、滥伐的林木的行为。

第二,行为必须达到"情节严重"的程度。非法收购、运输盗伐、滥伐的林木罪是情节犯,即构成该罪的行为必须是情节严重的行为。《最高人民法院关于审理破坏森林资源刑事案件具体应用法律若干问题的解释》第十一条规定,在林区非法收购盗伐、滥伐的林木"情节严重"的情形如下。①非法收购盗伐、滥伐的林木 20 立方米以上或者幼树 1000 株以上的;②非法收购盗伐、滥伐的珍贵树木 2 立方米以上或者 5 株以上的;根据《刑法修正案(四)》的规定,收购盗伐、滥伐的珍贵树木的行为已不构成非法收购、运输盗伐、滥伐的林木罪,下同。③其他情节严重的情形。在林区非法收购盗伐、滥伐的林木"情节特别严重"的情形如下。①非法收购盗伐、滥伐的林木 100 立方米以上或者幼树 5000 株以上的;②非法收购盗伐、滥伐的珍贵树

木 5 立方米以上或者 10 株以上的；③其他情节特别严重的情形。需要说明的是，《刑法修正案（四）》对该罪修改后，将非法运输明知是盗伐、滥伐的林木的行为增加规定为犯罪。非法运输盗伐、滥伐的林木的行为的"情节严重"应该如何掌握？我们认为，由于该罪是选择性罪名，立法者将非法收购和非法运输放在同一层次进行考量，这表明两种行为在危害程度上相似，所以，对非法运输盗伐、滥伐的林木的行为，"情节严重"的标准应参照上述司法解释中关于非法收购盗伐、滥伐的林木的行为的有关规定执行。同样，对行为人既有非法收购行为，又有非法运输行为的，如果非法收购和非法运输的对象是同一对象，即非法运输行为是非法收购行为的结果行为，则非法收购、运输盗伐、滥伐的林木的数量不能累加计算；如果非法收购和非法运输的对象不是同一对象，即非法收购行为和非法运输行为是两个彼此独立的行为，应将非法收购、运输盗伐、滥伐的林木的数量累加计算，参照上述司法解释中非法收购盗伐、滥伐的林木的行为"情节严重"的标准确定是否构成犯罪。关于司法解释中列举的"其他情节严重的情形"，在司法实践中可以具体掌握，如在国家级自然保护区附近设点非法收购、运输盗伐、滥伐林木的；非法收购、运输盗伐、滥伐的林木造成较大面积的森林和林木遭到严重破坏的；在非法收购、运输盗伐、滥伐的林木的过程中，对林木管理人员实施暴力或者以暴力相威胁的；为首组织或者聚众非法收购、运输盗伐、滥伐林木的；多次收购盗伐、滥伐的林木，屡教不改的等。

值得注意的是，如果行为人每次非法收购、运输的盗伐、滥伐林木数量都不构成"情节严重"，但一段时间内多次非法收购、运输的盗伐、滥伐林木数量累计达到"情节严重"的，不宜将多次非法收购、运输的盗伐、滥伐林木数量进行累计，从而以非法收购、运输盗伐、滥伐的林木罪论处。其理由是《最高人民法院关于审理破坏森林资源刑事案件具体应用法律若干问题的解释》第七条规定，对于一年内多次盗伐、滥伐少量林木未经处罚的，累计其盗伐、滥伐林木的数量，构成犯罪的，依法追究刑事责任。其并没有规定一年内多次非法收购、运输的盗伐、滥伐林木的应累计计算。这表明盗伐、滥伐的林木行为和非法收购、运输盗伐、滥伐的林木行为是有一定区别的，从定罪标准也可以看出，盗伐林木罪、滥伐林木罪的社会危害性更大，其定罪数量要求更低，如果在司法实践中，对非法收购、运输盗伐、滥伐的林木行为与盗伐、滥伐林木行为做出相同要求，显然违背了立法本意。当然，这是在正确区分一次和多次的前提之下，如行为人出于一个概括的非法收购、运输故意，在较短的时间内，多次收购、运输盗伐、滥伐的林木，理应对其非法收购、运输的盗伐、滥伐林木的数量累计计算。

（三）非法收购、运输盗伐、滥伐的林木罪的主体

非法收购、运输盗伐、滥伐的林木罪的主体是一般主体，单位和自然人均可以成为该罪的犯罪主体。受雇或伙同他人参与非法收购或运输盗伐、滥伐的林木，构成犯罪的，以非法收购、运输盗伐、滥伐的林木罪的共犯论处。如果行为人明知是盗伐、滥伐的林木而运输，但是与收购人没有意思联络的，只能成为非法运输盗伐、滥伐的林木罪的主体。

（四）非法收购、运输盗伐、滥伐的林木罪的主观方面

非法收购、运输盗伐、滥伐的林木罪的主观构成要件是故意，行为人必须明知所收购、运输的是盗伐、滥伐的林木，如果行为人由于过失或者根本不知道是他人盗伐、滥伐的林木而予以收购、运输的，不能认定为犯罪。"明知"是认定该罪罪与非罪的关键。根据《最高人民法院关于审理破坏森林资源刑事案件具体应用法律若干问题的解释》第十条的规定，该罪中的"明知"，是指知道或者应当知道。具有"在非法的木材交易场所或者销售单位收购木材的"、"收购以明显低于市场价格出售的木材的"、"收购违反规定出售的木材的"三种情形之一的，可以视为应当知道，但是有证据证明确属被蒙骗的除外。"有证据证明确属被蒙骗的"，主要是从行为人的经验、常识等角度，对其主观内容进行判断。另外，《刑法修正案（四）》修正该罪后，取消了 1997 年《刑法》规定成立该罪必须具备"以牟利为目的"的主观要件，故行为人实施非法收购、运输盗伐、滥伐的林木的行为，不论行为人是出于牟利还是出于自用目的，只要非法收购、运输的情节达到情节严重的，都构成该罪。

三、非法收购、运输盗伐、滥伐的林木罪的认定

（一）非法收购、运输盗伐、滥伐的林木罪与其他犯罪的界限

1. 非法收购、运输盗伐、滥伐的林木罪与掩饰、隐瞒犯罪所得、犯罪所得收益罪的界限

掩饰、隐瞒犯罪所得、犯罪所得收益罪，是指明知是犯罪所得及其产

生的收益而予以窝藏、转移、收购、代为销售或者以其他方法掩饰、隐瞒的行为。它和非法收购、运输盗伐、滥伐的林木罪都与违法犯罪所得的赃物有关，而且行为方式也有相近之处。其区别主要在于以下三个方面。①犯罪客体不同。非法收购、运输盗伐、滥伐的林木罪的犯罪客体是国家有关保护林木资源的管理制度；而掩饰、隐瞒犯罪所得、犯罪所得收益罪的犯罪客体是国家司法活动。②犯罪对象不同。非法收购、运输盗伐、滥伐的林木罪的犯罪对象是盗伐、滥伐的林木；而掩饰、隐瞒犯罪所得、犯罪所得收益罪的犯罪对象是一般的犯罪所得、犯罪所得收益。非法收购、运输盗伐、滥伐的林木罪的上游行为可以是已经构成犯罪的盗伐、滥伐林木的行为，也可以是因数量不够而不构成犯罪的盗伐、滥伐林木的行为，即其上游行为既包括犯罪行为，也包括违法行为；而掩饰、隐瞒犯罪所得、犯罪所得收益罪的上游行为仅仅限于犯罪行为，掩饰、隐瞒违法所得、违法所得收益不能构成该罪。③行为方式不同。非法收购、运输盗伐、滥伐的林木罪的行为方式包括收购和运输；而掩饰、隐瞒犯罪所得、犯罪所得收益罪的行为方式包括窝藏、转移、收购、代为销售或者以其他方法掩饰、隐瞒的行为。如果行为人窝藏、转移（非运输）、销售盗伐、滥伐的林木，应当以掩饰、隐瞒犯罪所得、犯罪所得收益罪定罪处罚。①

　　从广义上讲，非法收购、运输盗伐、滥伐的林木罪是掩饰、隐瞒犯罪所得、犯罪所得收益罪的一种特殊形态。《刑法》特设这样一个新罪，体现了我国加大对森林资源的保护力度。非法收购、运输盗伐、滥伐的林木罪与掩饰、隐瞒犯罪所得、犯罪所得收益罪的区别主要在于犯罪对象不同。因此，非法收购、运输盗伐、滥伐的林木罪与掩饰、隐瞒犯罪所得、犯罪所得收益罪之间存在的法律关系是由犯罪对象等因素形成的法条竞合关系，前者是特别法，后者是普通法。根据刑法理论，法条竞合的处理原则是当一个行为同时符合相异法律之间的普通法与特别法规定的犯罪构成时，应严格依照特别法优于普通法的原则处理。当一个行为同时符合同一法律的普通条款与特别条款的犯罪构成时，在通常情况下也应依照特别条款优于普通条款的原则处理，但是，在特殊情况下，即在适用特别条款定罪处刑过轻，不能做到罪刑相适应时，应适用重法优于轻法的原则，即按照行为所触犯的法条中法定刑较重的普通条款定罪量刑。根据《刑法》的相关规定，非法收购、运输明知是盗伐、滥伐的林木，情节严重的，处3

---

　　①　王作富 . 2007. 刑法分则实务研究 . 第三版 . 下 . 北京：中国方正出版社：1614，1615.

年以下有期徒刑、拘役或者管制，并处或者单处罚金；情节特别严重的，处 3 年以上 7 年以下有期徒刑，并处罚金。明知是犯罪所得及其产生的收益而予以窝藏、转移、收购、代为销售或者以其他方法掩饰、隐瞒的，处 3 年以下有期徒刑、拘役或者管制，并处或者单处罚金；情节严重的，处 3 年以上 7 年以下有期徒刑，并处罚金。两罪的法定刑设置一样，根据特别法优于普通法的原则，一行为同时触犯上述两罪时，一般应以非法收购、运输盗伐、滥伐的林木罪定罪处罚。

2. 非法收购、运输盗伐、滥伐的林木罪与非法经营罪的界限

非法经营罪，是指违反国家规定，进行有关非法经营活动，扰乱市场秩序，情节严重的行为。从行为方式看，它和非法收购、运输盗伐、滥伐的林木罪都有非法的收购行为，但两罪之间还是有较为明显区别的。一是犯罪客体不同。非法经营罪的犯罪客体是国家的专管、专营制度。非法收购、运输盗伐、滥伐的林木罪的犯罪客体是国家有关保护林木资源的管理制度，而且非法收购、运输盗伐、滥伐的林木罪的犯罪对象只限于盗伐、滥伐的林木。二是客观行为方式不同。非法收购、运输盗伐、滥伐的林木罪的行为方式仅仅是非法收购、运输行为。而非法经营罪的行为方式表现为未经许可经营法律、行政法规规定的专营、专卖物品或者其他限制买卖的物品的；买卖进出口许可证、进出口原产地证明，以及其他法律、行政法规规定的经营许可证或者批准文件的；未经国家有关主管部门批准非法经营证券、期货、保险业务的，或者非法从事资金交付结算业务的；其他严重扰乱市场秩序的非法经营行为。

3. 非法收购、运输盗伐、滥伐的林木罪与走私普通货物、物品罪的界限

走私普通货物、物品罪，是指走私普通货物、物品，情节严重的行为。从犯罪对象上来说，盗伐、滥伐的林木也属于普通货物、物品，但两罪之间还是有较为明显区别的。一是犯罪客体不同。走私普通货物、物品罪的犯罪客体是我国的对外贸易管理制度；而非法收购、运输盗伐、滥伐的林木罪的犯罪客体是国家有关保护林木资源的管理制度。二是客观行为方式不同。走私普通货物、物品罪的走私行为方式有绕关走私、瞒关走私、准走私三种，但无论哪种行为方式，都是违反我国对外贸易管理制度及海关法规的行为；而非法收购、运输盗伐、滥伐的林木罪的行为方式仅仅是非法收购、运输明知是盗伐、滥伐的林木的行为，其行为的违法性是违反有关森林保护法规，并不涉及我国的对外贸易管理制度及海关法规。

（二）非法收购、运输盗伐、滥伐的林木罪特殊形态的认定

1. 停止形态的认定

在实践中，行为人基于同一或者概括的犯罪故意，连续实施非法收购、运输盗伐、滥伐的林木的行为，部分得逞，部分未得逞的，在认定犯罪形态时就较为复杂。

案　例

　　2001年12月，被告人章某以个人名义承包了某县一小学教学楼基建的模板搭钉工程。为了营利，章某明知是属林区的村民方某、郭某等人（均已受到林业行政处罚）出卖的林木是盗伐的而予以购买。章某向方某等人购买盗伐的阔叶树原木计863根，杉原木10根，原木材积11.5254立方米，折立木蓄积25.5267立方米，用于教学楼基建工地搭钉模板。同月16日夜间，被告人章某在该建筑工地内，欲再次向林区村民方某、罗某（均已被判刑）购买盗伐的阔叶树原木时，被某县林业检查站当场查获。所查获的阔叶树原木1650根，折立木蓄积50.186立方米。

章某的两次收购盗伐林木的行为，是否能认定一个犯罪既遂、一个犯罪未遂？笔者认为，对章某的两次收购盗伐林木的行为只能以犯罪既遂处理。因为，行为人基于同一的或者概括的犯罪故意，连续实施性质相同的数个行为，触犯同一罪名，属于连续犯，在刑法理论上和司法实践中均将其作为"裁判的一罪"，即对行为人的数行为作为一个犯罪处理，不能将其割裂成数罪，认定部分犯罪既遂、部分犯罪未遂。此案中，章某第一次收购盗伐林木的行为，已经齐备了非法收购、运输盗伐、滥伐的林木罪的构成要件，构成犯罪既遂，其第二次收购盗伐林木时虽被当场抓获，但并不影响非法收购、运输盗伐、滥伐的林木罪的犯罪既遂，该次收购盗伐林木被当场抓获，只能作为犯罪情节进行考虑，不能再认定为犯罪未遂。

2. 罪数形态的认定

在实践中，非法收购、运输盗伐、滥伐的林木的行为，必然会对盗

伐、滥伐林木的行为起到推波助澜的作用，有些行为人为达到非法收购、非法运输牟利的目的，往往还会唆使他人盗伐、滥伐林木。对这种情况应当如何处罚，是定非法收购、运输盗伐、滥伐的林木罪，还是以盗伐林木罪、滥伐林木罪的共犯处罚，抑或按牵连犯择一重罪处断？我们认为，非法收购、运输盗伐、滥伐的林木的行为，与盗伐林木罪、滥伐林木罪的共犯有着本质的不同，在《刑法》没有规定非法收购、运输盗伐、滥伐的林木罪之前，为达到非法收购、非法运输牟利的目的，唆使他人盗伐、滥伐林木的，可以以盗伐林木罪、滥伐林木罪的共犯定罪处罚。但就目前刑法规范的规定来看，非法收购、运输盗伐、滥伐的林木的行为成为《刑法》分则明确规定的犯罪行为，与其他罪的共犯形态明显有所区分。从主观上看，非法收购、运输盗伐、滥伐的林木罪的行为人主观上可能会有唆使他人盗伐、滥伐林木，或放任他人盗伐、滥伐林木的意思，但其根本的主观故意还是非法收购、运输行为本身。因此，在实践中，当行为人只有唆使他人盗伐、滥伐林木的行为时，可以以盗伐林木罪、滥伐林木罪的共犯定罪处罚，但当行为人出于非法收购、运输盗伐、滥伐的林木故意时，则以非法收购、运输盗伐、滥伐的林木罪定罪处罚更符合《刑法》规定本罪的立法目的。

四、非法收购、运输盗伐、滥伐的林木罪的刑事责任

（一）非法收购、运输盗伐、滥伐的林木罪的刑罚适用

根据《刑法》第三百四十五条和第三百四十六条的规定，非法收购、运输盗伐、滥伐的林木罪共有两个刑罚幅度：非法收购、运输明知是盗伐、滥伐的林木，情节严重的，处 3 年以下有期徒刑、拘役或者管制，并处或者单处罚金；情节特别严重的，处 3 年以上 7 年以下有期徒刑，并处罚金。单位犯该罪的，对单位判处罚金，并对其直接负责的主管人员和其他直接责任人员，依照上述规定处罚。

（二）非法收购、运输盗伐、滥伐的林木罪的追诉标准

《刑法》第三百四十五条规定，非法收购、运输明知是盗伐、滥伐的林木，情节严重的，构成非法收购、运输盗伐、滥伐的林木罪。所以，非法收购、运输明知是盗伐、滥伐的林木的行为是否属于情节严重，是能否

以非法收购、运输盗伐、滥伐的林木罪立案的主要问题。国家林业局、公安部《关于森林和陆生野生动物刑事案件管辖及立案标准》和《立案追诉标准（一）》对此问题做出了明确的规定。国家林业局、公安部《关于森林和陆生野生动物刑事案件管辖及立案标准》规定，在林区非法收购明知是盗伐、滥伐的林木在 20 立方米或者幼树 1000 株以上的应当立案；非法收购林木 100 立方米或者幼树 5000 株以上的为重大案件；非法收购林木 200 立方米或者幼树 10 000 株以上的为特别重大案件。在此基础上，《立案追诉标准（一）》第七十四条规定，非法收购、运输明知是盗伐、滥伐的林木，涉嫌非法收购、运输盗伐、滥伐的林木 20 立方米以上或者幼树 1000 株以上的，或者涉嫌其他情节严重的情形，应当以刑事案件进行立案追诉。相比之下，《立案追诉标准（一）》扩大了非法收购、运输盗伐、滥伐的林木罪的追诉范围，即非法收购、运输盗伐、滥伐的林木，涉嫌其他情节严重的情形，应当以刑事案件进行立案追诉。

非法收购、运输明知是盗伐、滥伐的林木，其行为未达到"情节严重"，仅构成违法的，应根据《森林法实施条例》予以行政处罚。该条例第四十四条规定，无木材运输证运输木材的，由县级以上人民政府林业主管部门没收非法运输的木材，对货主可以并处非法运输木材价款 30％以下的罚款。运输的木材数量超出木材运输证所准运的运输数量的，由县级以上人民政府林业主管部门没收超出部分的木材；运输的木材树种、材种、规格与木材运输证规定不符又无正当理由的，没收其不相符部分的木材。使用伪造、涂改的木材运输证运输木材的，由县级以上人民政府林业主管部门没收非法运输的木材，并处没收木材价款 10％～50％的罚款。承运无木材运输证的木材的，由县级以上人民政府林业主管部门没收运费，并处运费 1～3 倍的罚款。

第六章
我国破坏环境资源保护罪的立法完善

第一节　国外环境犯罪刑事立法的特点

近年来，环境问题已成为严重威胁人类社会生存和发展的重要因素，为此，世界各国尤其是西方发达国家都建立了严密的环境法律调控机制。其中，通过刑事立法来强化对环境犯罪的惩治和预防已成为世界各国的共识，并表现出刑法调控范围扩大化、刑罚处罚程度严厉化以及处罚方法多样化等特点；与此同时，环境犯罪的治理重心也呈现出从惩治转向预防的发展态势。考察国外环境犯罪刑事立法的特点，对我国环境犯罪的立法完善无疑具有重要的借鉴意义。

一、环境犯罪刑法调控范围的扩大化

在当前世界各国的环境法律调整体系中，刑法的作用越发明显和重要。在以往的环境犯罪治理实践中，只有在依靠民事、行政、经济等法律手段不足以防治环境污染时，才辅以严厉的刑罚，以弥补其他法律手段之不足，保护人类社会的生存环境。时至今日，刑法手段已经逐渐被各国广泛运用到环境犯罪治理中，刑法的调控范围不断扩大，主要表现在以下两个方面。

（一）各国大都规定了环境犯罪的危险犯

危险犯是以对法益发生侵害的危险作为处罚根据的犯罪，它不要求行为

造成实际的危害结果。环境犯罪的危险犯是指行为人所实施的危害行为，足以造成环境的污染和破坏的危险，就可以进行刑事处罚的犯罪。在现代工业社会中，科学技术的进步致使人类开发、利用自然资源的活动加剧，在给人类带来利益的同时，也对人类的生存环境构成了很大的威胁，特别是一些高度危险的人类活动对生态系统良性循环产生巨大的影响。这些行为一旦发生破坏环境的后果，就会导致生态平衡失调；而且，环境破坏的后果往往需要很长时间才能得以恢复，有些甚至是不可逆转的。如果刑法仅仅处罚造成实际危害后果的实害犯，而不处罚足以造成环境污染和破坏的危险犯，势必大大削弱刑法在预防环境犯罪方面的重要作用。为了保护社会公共利益，法律就把这种足以造成环境污染与破坏而不需要发生实际危害结果的行为规定为犯罪。

西方国家的刑事立法，较为普遍地将环境犯罪规定为危险犯，只要行为人实施了破坏环境的行为，足以使自然环境或人的生命、健康和财产处于受威胁的危险状态之中，虽然其实施的危害结果还没发生，但只要这种危险状态出现，行为人就要承担相应的刑事责任。例如，《德国刑法典》第三百二十五条规定："违反行政法义务，在设备、工厂、机器的运转过程中，有下列行为之一的，处五年以下自由刑或罚金：改变空气的自然组织成分，尤其是泄放尘埃、毒气、蒸气或其他有气味物品，足以危害属于设备范围以外的人、动物、植物或其他贵重物的健康的，或产生足以危害属于设备范围以外他人的健康的。"再如，《西班牙刑法典》第三百二十五条规定，违反法律或者环境保护条例的相关规定，直接或间接向太空、地面、地下，地表流水、海洋，地下水或者严重影响生态系统平衡的国境或者水流汇集区域实施或者试图实施释放、倾倒、辐射、开采、挖掘、掩埋、摧毁、排放、注入或者沉淀、排放行为的，处 6 个月以上 4 年以下徒刑，并处 8~24 个月罚金，同时给予剥夺行使其职业或者职位 1~3 年的权利。可见，在德国和西班牙，刑法对环境破坏行为的介入并不要求发生实际危害结果，只要出现了危险状态就足以构成犯罪。这样，就大大拓展了刑法对环境污染行为的调控范围。

（二）各国大都对环境犯罪规定了严格责任

严格责任又称绝对责任、无过错责任，是对缺乏主观罪过或者主观罪过不明确的特殊侵害行为追究刑事责任的刑法制度。严格责任是"英美法系"所特有的刑事制度，即不必证明行为人主观上有犯罪心理即可成立犯罪；换言之，只要行为人实施了一定的行为，并造成了一定的后果，无论行为人主观上是出于故意、过失还是没有罪过，都要承担刑事责任。

从 20 世纪初开始，"英美法系"国家开始将严格责任适用于环境刑法，大大拓宽了刑法对环境破坏行为的调控范围。例如，美国《空气清洁法》规定了环境犯罪的严格责任，不论行为人主观上是否具有故意或过失的主观恶意，只要造成烟囱冒浓烟的，就应负刑事责任。对环境犯罪设定严格责任，主要是基于两个方面的原因。一是保护社会的需要。由于危害环境的行为与其危害结果之间，较之其他犯罪行为与其结果的发生，联系不是很紧密，而且严重危害环境的行为一旦产生危害后果，则会对公共安全造成巨大的破坏。立法者从保护社会利益的角度出发，从法律上对那些从事相关活动、与公共利益密切相关的人提出比一般人更高更加严格的责任要求，赋予他们对自己的行为可能发生的危害环境结果严加防范的特定义务，只要行为人实施了引起危害环境结果的行为，就无须考察其主观上有无犯罪的故意或过失。二是便于诉讼的需要。因为环境犯罪往往与合法活动相伴产生，很难证明行为人的主观心理状态，为了避免举证困难而放纵犯罪，就需要确立某些环境犯罪的严格责任。

此外，在"英美法系"国家，对环境犯罪的处罚，除处罚现行犯以外，也处罚未遂行为。有时环境犯罪预备事实亦有法律规定应视为犯罪者，此较传统刑法对未遂行为的处罚更广。[①]"英美法系"国家对环境犯罪的这些规定，从实质上也扩大了刑法的调控范围。

二、环境犯罪刑罚处罚程度的严厉化和处罚方法的多样化

刑罚轻缓化是人类社会发展的必然趋势，其基本精神体现了刑法谦抑的思想，即在刑事立法上，如果规定较轻的刑罚就可以遏制犯罪的话，就没有必要规定较重的刑罚；在刑事司法中，对已经确定为犯罪的行为，如果适用较轻的刑罚即可收到预防犯罪的效果的话，便没有必要适用较重的刑罚。[②] 但是，由于环境犯罪危害的严重性和不可逆转性，所以对环境犯罪设置严厉的刑罚是必要的。

为了强化和突出对人类生存环境的保护，当今世界各国环境立法，都加大了对环境犯罪的刑事制裁力度，通过对环境犯罪适用严厉的刑罚处罚，以惩治和预防环境破坏行为的发生。例如，美国《清洁空气法》规

---

① 王秀梅．2000．英美法系国家环境刑法与环境犯罪探究．政法论坛，(2)：76．

② 张明楷．1999．刑法格言的展开．北京：法律出版社：289．

定，故意违反国家关于有害物质的排放标准及《清洁空气法》的其他标准或规定，处每天 2.5 万美元罚金或不到 5 年的监禁；情节严重或使他人的身体严重损害或生命有死亡危险的，处不到 15 年的监禁或罚金，对法人可处 100 万美元罚金。根据这一规定，在美国可以对环境污染犯罪处以不到 15 年的自由刑。可见，对于追求轻刑化的美国而言，这一处罚是非常严厉的。再如，日本《关于涉及人体健康的公害犯罪处罚的法律》，规定对实施下列行为者予以处罚：由于故意或过失，伴随工厂或企业的业务活动而排放有害于人体健康的物质，对公众的生命或身体造成危险者，对故意犯罪，科处 3 年以下徒刑或 300 万日元以下的罚金（第三条第一款）；对过失犯罪，科处 2 年以下徒刑或监禁，或者 200 万日元以下的罚金（第二条第一款）。对触犯该法第二条第一款而致人死伤者，科处 7 年以下徒刑或 500 万日元的罚金刑；对触犯该法第三条第一款而致人死伤者，科处 5 年以下徒刑或监禁，或者 300 万日元的罚金刑。此规定比《日本刑法典》对普通危险犯法定刑的规定要严厉。另外，环境犯罪基本上都属于贪利性犯罪，行为人实施行为的目的都是获取经济利益，追求自身利益或效用的最大化。在实施犯罪以及如何实施犯罪中，犯罪人往往会考虑利弊得失，如何以最小的犯罪代价去获得最大的非法利益。从刑罚的角度考虑，犯罪的成本就是刑罚，刑罚越重，犯罪的成本就越高。在这种前提下，增加犯罪的成本无疑会减少环境犯罪的发生。

与对环境犯罪的处罚程度的严厉化相适应，各国刑法在处罚环境犯罪的方法上也表现出了多样化的特点。在现代社会中，面对纷繁复杂的犯罪问题和监禁刑适用资源的短缺，世界各国大都在适用监禁刑之外，逐步丰富非监禁刑的种类并扩大其适用范围。例如，《德国刑法典》规定了大约 14 种非监禁措施，《意大利刑法典》则规定了 25 种非监禁措施。刑事立法中刑罚方法的多样化，为司法适用创造了很大的空间，司法人员可以根据案件的不同情况判处适当的刑罚，以实现刑罚预防效果的最大化。

在环境犯罪的治理过程中也是如此，仅仅依靠监禁刑难以起到真正的预防效果。为了弥补单一适用监禁刑之不足，大都配合其他非监禁手段，以预防环境污染犯罪的发生。例如，《俄罗斯刑法典》第二百五十一条规定，违反向大气排放污染物质的规则或违反各种装置、构筑物和其他客体的运营使用规则，如果这种行为造成空气的污染或空气自然性质的其他改变的，处数额为 8 万卢布以下或被判处 6 个月以下的工资或其他收入的罚金；或处 5 年以下剥夺担任一定职务或从事某种活动的权利；或处 1 年以下的劳动改造；或处 3 个月以下的拘役。这一规定表明，对污染大气的犯罪行为，不仅可以判处自由刑，也可以判处罚金或者资格刑。这种多样化的处罚方法，更能有效地预防环境犯罪的发生。

三、环境犯罪治理重心的转移

由于环境破坏问题的复杂性，现有的科技知识水平在很大程度上制约着人们对危害环境行为与危害结果之间之因果关系的认识，对污染后果是否由某一行为所引起的往往需要一段时间的观察，或者某一行为所引起的污染结果需要经过一段时间才能体现。同时，污染或者破坏行为一旦产生现实危害，其造成的后果往往是灾难性的，不仅会危害公众的生命财产，甚至会威胁整个人类的生存和发展。因此，对环境犯罪采取事前的积极预防措施显得非常重要。也正是基于这一考虑，当前世界各国环境刑事立法大都采用了预防为主的原则，在刑事法律中扩大环境犯罪的调控范围、处罚危险犯等，旨在将这种犯罪消灭在萌芽状态。在刑事立法中加大对环境犯罪的惩罚力度也是为了强化刑法在预防环境犯罪方面的作用。总之，西方国家环境犯罪立法的重点已经不在于惩罚而在于预防。例如，日本1993年制定《环境基本法》以后，日本的环境法制发生了较大的变化：其一，从公害防止型转变为环境保全型；其二，从事后治理转变为未然预防，其三，从防止损害转变为风险管理。[①] 日本环境立法的这种转变，体现了试图通过刑法规范来引导人们的行为，最终实现预防环境犯罪的目的。

第二节　我国破坏环境资源保护罪的立法缺陷及其完善

一、我国破坏环境资源保护罪的立法缺陷

改革开放以来，随着我国经济的迅速发展和人口的大幅度增长，我国

---

① 曲阳.2005.日本的公害刑法与环境刑法.华东政法大学学报，（3）：96.

的环境形势日趋严峻，环境问题已经成为制约社会经济发展、阻碍公众生活质量提高及影响社会稳定的重要因素。为了应对日益恶劣的生态环境，我国越来越重视刑法手段在保护环境中的作用。有鉴于此，1997 年修订《刑法》时，在《刑法》分则第六章"妨害社会管理秩序罪"中专门设立了"破坏环境资源保护罪"，对各种严重破坏环境资源的犯罪行为予以了规定；而且，自 1997 年以来，《刑法修正案（二）》、《刑法修正案（四）》、《刑法修正案（八）》也对破坏环境资源保护罪中的部分犯罪予以了修改。但与西方发达国家相比，并从我国治理破坏环境资源保护罪的实际情况和基本要求来看，我国破坏环境资源保护罪的刑事立法还存在诸多缺陷，具体表现在以下五个方面。

（一）立法体系不科学

我国刑法分则对犯罪的分类标准是犯罪所侵犯的同类客体；对各类犯罪以及各种具体犯罪的排列主要采取了社会危害性标准。[①] 据此，我国刑法分则将犯罪依次分为 10 类：危害国家安全罪，危害公共安全罪，破坏社会主义市场经济秩序罪，侵犯人身权利、民主权利罪，侵犯财产罪，妨害社会管理秩序罪，危害国防利益罪，贪污贿赂罪，渎职罪，军人违反职责罪。其中，在妨害社会管理秩序罪中，以亚类罪的形式规定了破坏环境资源保护罪。然而，刑法分则关于破坏环境资源保护罪的这一安排，明显违背了我国刑法分则对犯罪分类的标准。

首先，这一体系设置混淆了破坏环境资源保护罪的客体。刑法分则将破坏环境资源保护罪设置在妨害社会管理秩序罪中，根据这一安排可以推知破坏环境资源保护罪侵犯的客体是社会管理秩序。虽然许多情况下破坏环境资源保护罪在侵犯了环境权和环境生态安全的同时，也侵犯了相关的社会管理秩序，但这并不意味着破坏环境资源保护罪主要侵犯的是国家对环境的管理秩序，进而才是对社会管理秩序的侵害。从可持续发展理念和生态伦理出发，现代环境刑事立法的保护指向应当是以人本主义理念为基座，同时兼容生态本位理念的价值因素，充分尊重生态环境自身的独立价值。从这一认识出发，破坏环境资源保护罪的客体与其说是环境管理秩序，还不如说是环境生态利益。环境管理秩序这一概念所体现的是将人和环境两者都视为手段和客体，所烘托的是权力话语和公共意志，而环境生

---

① 高铭暄，马克昌 . 2010. 刑法学 . 第四版 . 北京：北京大学出版社 . 高等教育出版社：352.

态利益这一概念则可以解释为将人和环境两者都视为目的和主体,更能体现科学发展观"以人为本"的核心伦理价值。因此,破坏环境资源保护罪的客体与妨害社会管理秩序罪的上位同类客体之间存在异质性,将破坏环境资源保护罪置于妨害社会管理秩序罪之中显然不协调。同时,还应当看到,妨害社会管理秩序罪的立法旨趣乃是惩治治安类犯罪和街区类犯罪,这一点从其所属多数罪名中可见一斑。故而,将破坏环境资源保护罪与扰乱公共秩序、破坏国(边)境管理秩序、妨害社会风化等治安犯罪、伦常犯罪堆垒在一起确实存在杂乱无章之弊。① 破坏环境资源保护罪侵犯了环境生态利益,这是一种侵犯独特类型的客体的犯罪,而刑法分则中并没有这类犯罪客体。在这种情况下,按照妨害社会管理秩序罪的原理来解释破坏环境资源保护罪,就会出现定罪不准、量刑失当的问题。

其次,这一体系安排无法体现破坏环境资源保护罪的社会危害程度。相对于普通刑事犯罪而言,破坏环境资源保护罪对人类造成的危害更为严重。在人类社会面临全球性环境危机的背景下,国际社会早就认识到了环境破坏对人类存续和发展的严重危害,并通过积极制定一系列国际公约、区域性国际条约和双边条约,来遏制日益严重的环境污染问题。例如,1972 年联合国人类环境会议通过的《人类环境宣言》指出:保护和改善人类环境是关系到全世界各国人民的幸福和经济发展的重要问题,也是全世界各国人民的迫切希望和各国政府的责任;在地球上许多地区,我们可以看到周围有越来越多的人为损害的现象,水、空气、土壤以及生物的污染都已达到相当严重的程度。因此,为了不使生态遭到严重的或不可挽回的损害,必须制止在排放有毒物质或其他物质以及散热时其数量或集中程度超过环境能使之无害的能力,应该支持各国人民反对污染的正义斗争。② 鉴于破坏环境资源保护罪的严重危害性,国际社会更是积极加强彼此间的合作,加大对环境污染犯罪的惩治力度,尤其是欧洲理事会还于 1998 年通过了《通过刑法保护环境公约》,对环境污染犯罪以及其他破坏环境资源保护罪的成立条件和责任承担做出了明确的规定。所以,刑法分则将破坏环境资源保护罪置于妨害社会管理秩序罪中,显然违背了刑法分则体系安排的立法取向,也不能充分体现我国刑法对环境保护的重视程度。

---

① 高铭暄,徐宏.2010.环境犯罪应当走向刑法前台——我国环境刑事立法体例之思考.中国检察官,(2):3-5.

② 赵永琛.1999.国际刑法约章选编.北京:中国人民公安大学出版社:71-73.

（二）处罚范围较窄

我国刑法涉及破坏环境资源保护罪的罪名共有15个，分别是污染环境罪，非法处置进口的固体废物罪，擅自进口固体废物罪，非法捕捞水产品罪，非法猎捕、杀害珍贵、濒危野生动物罪，非法收购、运输、出售珍贵、濒危野生动物、珍贵、濒危野生动物制品罪，非法狩猎罪，非法占用耕地罪，非法采矿罪，破坏性采矿罪，非法采伐、毁坏国家重点保护植物罪，非法收购、运输、加工、出售国家重点保护植物、国家重点保护植物制品罪，盗伐林木罪，滥伐林木罪，非法收购、运输盗伐、滥伐的林木罪。和以往相比，我国1997年《刑法》在很大程度上拓展了破坏环境资源保护罪行为涵盖的范围。但与其他国家的环境刑事立法相比，我国破坏环境资源保护罪行为所涵盖的范围仍然很狭窄。例如，到目前为止，我国刑法未将海洋污染、破坏湿地资源、造成土地严重沙化和盐碱化的行为，以及噪声污染、放射性污染纳入刑法调整的范围。显然，立法者当初希望通过合理限制破坏环境资源保护罪的追诉范围来促进经济社会的发展。但社会财富在不断丰富我们生活的同时，也给我们带来的巨大的灾难，重大环境破坏事件频发，人们赖以生存的环境质量日益下降。可见，进入刑法调控视野的破坏环境资源保护罪的范围过于狭窄，已经不适应我国经济社会发展的客观需要。破坏环境资源保护罪行为涵盖范围狭窄，必然导致一些严重毁损环境的行为游离于刑法控制之外，以至于对一些严重破坏环境的行为无法进行惩处，无法实现对环境全面、有效的保护。

也正是意识到环境保护的重要性，《刑法修正案（八）》第四十六条对刑法第三百三十八条所规定的罪状进行了修改，降低了犯罪成立条件，扩大了刑法对污染环境行为的调控范围。但令人遗憾的是，并没有把排放、倾倒和处置污染物行为造成严重污染环境的危险状态纳入刑法调控的范围。从有关国际公约和国外立法的规定来看，由于环境污染犯罪具有严重的社会危害性，所以一般将污染环境行为的危险状态都纳入刑法调控的范围。例如，《通过刑法保护环境公约》第二条第一款规定：每个缔约国应采取必要的合适手段在其国内法中确定下列故意实施的行为为刑事犯罪：①排放、泄露或导入大量物质或电子辐射到空气、土壤或水中，引起人员死亡或严重伤害，或者导致引起人员死亡或严重伤害的明显的风险；②非法排放、泄露或导入大量物质或电子辐射到空气、土壤、水中，导致或可能导致变质或人员死亡或严重伤害或对受保护名胜的其他保护物体、财产、动物或植物的物质损害……第三条第一款规定：每个缔约国应采取合适的必要措施，在其国内法中将过失犯有第二条第一款所列的第一至第五项罪行列为刑事犯罪。① 在美国，诚如学者 Yingyi Situ 和 David Emmons 所言："所有的环境刑事立法都将危险视为一种重罪而适用严厉的刑罚。"② 而日本和澳大利亚等国家的刑事立法，无一例外地也惩罚环境污染犯罪的危险犯。我国刑法的这一规定对生态环境的保护显然不利，势必造成很大一部分可能对环境造成严重危害的行为得不到应有的刑事处罚，从而使刑法在预防环境污染和生态破坏方面的特殊功能难以得到充分发挥。

（三）刑事责任体系设计缺乏合理性

刑事责任是犯罪的必然后果，而刑事责任则可以通过三种途径来实现：刑罚方法、非刑罚处理方法和单纯宣告有罪。之所以说我国环境刑事责任的设计缺乏合理性，是因为以下两个方面的原因。一方面，在通过刑罚实现刑事责任问题上，由于环境污染犯罪大多发生在工业生产和经营领域，追求经济利益最大化是这类犯罪的重要动机，所以加大罚金刑的处罚力度对预防和惩治环境污染犯罪具有重要的作用。但我国刑法没有对罚金刑在破坏环境资源保护罪预防和惩治机制中的重要作用予以充分的重视，只是规定"单处或并处罚金"、"并处罚金"，没有对罚金的数额做出相对明确的规定，从而导致实践中实际判处罚金刑的数额很低，不能满足恢复被污染或破坏环境的需要。另一方面，非刑罚处理方法缺失。社会生活中的犯罪现象是多种多样的，应对犯罪的刑罚手段也必须多样化，只有这样才能"对症下药"。考察国外刑事立法对环境污染犯罪刑事责任的规定，一般都明确非刑罚处理方法，如民事补偿和环境恢复义务等。我国刑法规定了管制、拘役、有期徒刑、无期徒刑、死刑五种主刑和罚金、剥夺政治权利、没收财产三种附加刑，另外还规定了训诫、责令具结悔过、赔礼道歉、赔偿损失、行政处罚等非刑罚处罚措施。而在破坏环境资源保护罪中，刑法规定的刑罚种类只有自由刑和罚金。与国外发达国家的刑事立法相比，破坏环境资源保护罪法定刑的种类有些单薄，有限的刑罚手段显然难以合理打击犯罪，无法满足惩治破坏环境资源保护罪的需要。当然，尽管我国《环境保护法》也规定了一些行政处罚手段，但这些行政手段在功能上显然无法与刑罚措施相提并论；同时，这些行政措施对预防破坏环境

---

① 赵永琛.1999. 国际刑法约章选编. 北京：中国人民公安大学出版社：637，638.

② YingYi SiTu，Emmons D. 2000. Enviromental Crime：The Criminal Justice System's Role in Protecting the Enviroment. Thousand Oaks：Sage Publication：33.

资源保护罪的效果还依赖于行政执法与刑事司法是否能有效衔接。在当前行政执法与刑事司法相脱节的法律制度背景下，行政处罚措施无法与刑罚措施相配合，从而不能从根本上建立环境污染犯罪的预防体系。在实践中，由于对这类行为往往通过行政处罚解决，而行政处罚远低于环境恢复的费用，结果是由国家来买单的。①

（四）处罚程度较轻

罪刑均衡是刑法的基本原则，也是刑法调控机制的基本要求。对此，意大利刑法学家贝卡里亚指出："犯罪对公共利益的危害越大，促使人们犯罪的力量越强，制止人们犯罪的手段就应该越强有力。这就需要刑罚与犯罪相对称。"② 但是，我国刑法对破坏环境资源保护罪的处罚却明显过轻。这一结论可以从与不同罪名法定刑的比较中得出。例如，我国《刑法》第三百三十八条规定，违反国家规定，排放、倾倒或者处置有放射性的废物、含传染病病原体的废物、有毒物质或者其他有害物质，严重污染环境的，处三年以下有期徒刑或者拘役，并处或者单处罚金；后果特别严重的，处三年以上七年以下有期徒刑，并处罚金。根据 2006 年《最高人民法院关于审理环境污染刑事案件具体应用法律若干问题的解释》的规定，"致使一人以上死亡、三人以上重伤、十人以上轻伤，或者一人以上重伤并且五人以上轻伤的"是对构成本罪的行为危害程度最低要求的情形之一，其最高法定刑是三年，最低法定刑是拘役。而根据《刑法》第二百三十三条的规定，过失致人死亡的，处三年以上七年以下有期徒刑；情节较轻的，处三年以下有期徒刑。重大环境污染事故罪和过失致人死亡，都是过失犯罪，如果都只造成一人死亡的结果，前者的适用的法定刑幅度是拘役以上、三年以下有期徒刑，而后者的法定刑幅度是六个月以上七年以下有期徒刑。很显然，在危害程度一样甚至重大环境污染事故的危害程度更大的情况下，对其所施予的刑事处罚明显轻于刑法对过失致人死亡的处罚。显然，我国破坏环境资源保护罪刑罚的设置与破坏环境资源保护罪的严重性不相适应。由于破坏环境资源保护罪往往破坏人类适于生存的生态环境，并且引起财产损失和人身的损害，其危害结果的

---

① 如福建紫金矿业硫酸性溶液泄漏导致汀江水污染事故的直接经济损失为 3187.71 万元，而福建省环保厅仅开出了 956.3130 万元的罚单。但是据说这已经是新中国成立以来处罚数额最高的一次环境执法行动，甚至被誉为"我国环境执法的里程碑"。

② 贝卡利亚.1993.论犯罪与刑罚.北京：中国大百科全书出版社：65.

影响不仅深远而且难以估量。同时，环境的破坏也具有难以修复性，甚至是不可逆转的。所以，过轻的刑罚只能使违法者有恃无恐，使刑罚的威慑力大打折扣。

（五）立法取向的偏离

我国刑法对环境污染犯罪的规定之所以存在以上缺陷，其根本原因是立法取向的偏离，这一立法取向就是"重惩罚轻预防"。具体而言，"重惩罚轻预防"的立法取向主要表现在两个方面。一是在刑事立法观念上对一般环境污染或破坏行为的危害性缺乏足够的重视。从自工业化革命以来的人类社会发展史来看，工业化在给人类社会带来巨大物质财富的同时，也不可避免地破坏着人类的生存环境；尽管世界各国尤其是后发达国家和发展中国家在工业化初期都认识到了这一现实问题，但基于对物质财富最大化的追求，国家和社会都会容忍工业化在一定程度上对环境的污染，我国也不例外。在刑法制定过程中，也正是基于这种考虑，对污染或破坏环境的行为，只有在造成公私财产遭受重大损失或者人身伤亡的严重情况下，才动用刑法进行调控；而把一般的环境污染或破坏行为排除在刑法调控范围之外。二是在刑事立法技术上重视刑法的惩罚功能而忽视其预防功能。在惩罚思想的指导下，立法者就会关注行为的结果而不关注行为本身，因此在立法上将破坏环境资源保护罪规定为结果犯而不是危险犯，即只有在造成重大事故、致使公私财产遭受重大损失或者人身伤亡的严重后果时才给予刑事处罚；而在处罚手段的选择上，如果是以预防为主导，就会关注刑罚处罚是否能预防犯罪再次发生，从而设置丰富的刑罚种类以适应各种犯罪。

二、我国破坏环境资源保护罪的立法完善

我国刑事立法在破坏环境资源保护罪上存在以上缺陷，致使无法完全发挥刑法在环境治理中的功能。作为一个在国际社会中影响日益增强的发展中国家，在当前人类社会面临严峻全球性环境危机的背景下，我们在破坏环境资源保护罪治理的过程中应该借鉴发达国家在环境刑事立法方面的经验，结合我国的实际情况，通过破坏环境资源保护罪刑事立法的完善，充分发挥刑法机制在环境治理过程中的功能，从而保障人类社会和环境的协调发展。在破坏环境资源保护罪的刑事立法中，首先需要明确的是生态

效益大于经济价值，应该重视环境刑法的生态本位。破坏环境资源保护罪侵害的直接对象是人类赖以生存的自然环境，财产损失或人身伤亡只是破坏环境资源保护罪的间接后果。不仅如此，环境破坏无小事，尽管一般环境污染或破坏直接结果的危害性并不严重，但是其潜在的危害却可能是不可估量的。如果不重视对一般环境破坏或污染行为的刑事处罚，就可能产生一般环境破坏或污染行为的规模化，并最终导致人类环境的重大危害。另外，破坏环境资源保护罪的立法价值在于犯罪预防，应当强调通过对环境污染或破坏行为的刑事处罚实现犯罪预防，尤其是一般预防的作用。具体而言，我国破坏环境资源保护罪刑事立法应该从以下四个方面进行完善。

（一）在分则体系中将破坏环境资源保护罪独立成章

关于我国环境刑事立法体例设置问题，学界存在不同的主张，有学者主张在刑法典外特别立法，也有学者主张在刑法典内独立成章。我们主张在刑法典内专章设置破坏环境资源保护罪，将破坏环境资源保护罪列为一类独立犯罪（即危害环境罪）作为分则的一章。破坏环境资源保护罪的客体是环境生态利益，这是一类独特的犯罪客体，是刑法分则中所没有的客体类型。应该将破坏环境资源保护罪独立出来，作为一类犯罪，与刑法分则的其他 10 类罪并列；另外，从社会危害程度来看，破坏环境资源保护罪的社会危害性仅次于危害国家安全罪和危害公共安全罪。因此，将破坏环境资源保护罪安排在危害公共安全罪之后，既可以体现破坏环境资源保护罪的社会危害性程度，又可以体现我国环境刑事立法对生态价值的重视。

（二）拓展破坏环境资源保护罪的刑法调控范围

目前，国际社会普遍关注环境污染导致的全球性气候变暖的背景，迫使我们必须扩大刑法对破坏环境资源保护罪的调控范围。首先，必须扩大刑法所保护的环境资源的范围，应该将所有环境因素都纳入刑法保护的范围，包括大气、水、海洋、土地、矿藏、森林、草原、野生生物、自然遗迹、人文遗迹、自然保护区、风景名胜区等。其次，应规定破坏环境资源保护罪的危险犯。破坏环境资源保护罪危险犯的规定在于某些危害环境的犯罪行为可能造成的危害结果非常严重，一旦这种危害结果实际发生了，必将对环境造成极大的破坏。因此，为了保护社会公共利益，无须危害环境的实害结果发生，法律就把这种足以造成环境的污染和破坏的行为规定为犯罪。这样，通过降低破坏环境资源保护罪的成立标准，将危险行为犯罪化，建立完善的破坏环境资源保护罪的刑法调控机制。危险行为的犯罪化，有利于通过刑罚适用从源头上预防环境污染和破坏行为，同时更有利于通过刑法规范的指引和规范功能，使社会公众普遍地确立环境保护意识，避免环境污染和破坏行为。否则，如果刑法调控的范围仅仅局限于造成严重危害后果的行为，在刑事政策上体现的是国家对一般环境污染和破坏行为及危险行为危害性的漠视，不利于社会公众环境保护意识的确立。

我国刑法有关破坏环境资源保护罪的立法并无危险犯的规定。首先，虽然《刑法修正案（八）》对《刑法》第三百三十八条做出了修改，取消了"造成重大环境污染事故"的表述，使得污染环境罪的成立标准为"严重污染环境"。但这也不意味着我国刑法对在破坏环境资源保护罪中就规定了危险犯，因为，环境污染罪的罪过形式是过失而非故意，而除刑法明确规定的极少数特殊情形外，过失犯罪一般只有在造成刑法所规定的严重后果时才能构成。① 在刑法尚未明确规定污染环境罪危险犯的情况下，对有可能造成环境污染危险的行为不能定罪处罚。其次，污染环境罪是法定犯罪，行为达到"严重污染环境"的程度是该罪成立的条件。实践中，污染环境的行为既可以表现为突发性的环境污染，也可以表现为继发性或渐进性的环境污染。第二种情形往往需要较长时间才能造成严重后果，而且是否会造成严重后果需要权威部门的检测鉴定。因而，对尚未造成严重环境污染的行为，显然不能以环境污染罪论处。最后，从刑法修改的本意来看，"严重污染环境"与"造成重大环境污染事故，致使公私财产遭受严重损失或者人身伤亡的严重后果"二者虽然表述上不同，但这只是犯罪行为所造成的危害结果程度上的差异，并不意味着只要实施污染环境的行为即可构成环境污染罪。对尚未达到"严重"程度的环境污染行为，不能认定为环境污染罪。因此，建议以后修改刑法时，增设环境污染罪的危险犯，即只要违反国家规定，向土地、水体、大气排放、倾倒或者处置有放射性的废物、含传染病病原体的废物、有毒物质或者其他有害物质，给公私财产或者公众生命、身体带来危险的就构成犯罪，如果造成了实际危害后果，即实害犯，则加重处罚。

（三）完善破坏环境资源保护罪刑罚体系

破坏环境资源保护罪刑罚体系的完善，首先要求增设刑罚处罚方法。

---

① 从我国《刑法》的规定来看，只有妨害传染病防治罪（第三百三十条），妨害国境卫生检疫罪（第三百三十二条），非法采集、供应血液或者制作、供应血液制品罪（第三百三十四条）三个犯罪属于过失危险犯，不要求发生严重后果。

由于对破坏环境资源保护罪刑种的设置要受刑罚体系的制约，在目前我国刑罚种类较少的条件下，除了没收财产刑以外，事实上已经没有增设刑罚处罚方法的余地。由于没收财产刑和罚金刑在功能上的相似性，不宜重复适用，所以建议将来通过修改刑法扩大资格刑的范围，对破坏环境资源保护罪增加适用资格刑。

另外，还要完善破坏环境资源保护罪罚金刑的规定。环境污染罪多为贪利性犯罪，因而通过判处罚金刑剥夺犯罪所得的经济利益，可以有效预防和惩治这类犯罪行为。虽然，刑法对破坏环境资源保护罪的罚金刑做出了规定，但立法及相关司法解释均未明确具体的罚金数额和确定标准。司法实践中，该罪罚金刑数额的确定只能由法官进行自由裁量，容易造成实践中操作的混乱。在这种情况下，如果罚金刑适用不当，既不能对犯罪分子产生威慑效应，也不能有效遏制破坏环境资源保护罪的频繁发生。根据《刑法》第五十二条规定，判处罚金，应当根据犯罪情节决定罚金数额。犯罪情节包括犯罪主客观方面的诸多内容，反映出犯罪社会危害性的大小，从而决定应适用刑罚的轻重。据此，对污染环境罪情节严重的，科处罚金的数额应大一些；情节一般的，数额应小一些。但对其中的犯罪情节如何把握，这是正确量刑的重要前提。对此，我们认为，在确定污染环境罪的犯罪情节时，在考量行为人的过错程度、犯罪事实、性质及对环境造成实际危害后果等因素的基础上，还应当评估被污染环境的修复成本，判令犯罪分子为恢复被破坏的环境支付必要的费用；同时，根据最高人民法院《关于适用财产刑若干问题的规定》，还应考虑犯罪分子缴纳罚金的能力。只有如此，才能有效避免因罚金数额过低而起不到罚金刑所应有的作用或者因数额过高而致使判决难以得到实际执行的结果的情况发生，才符合罚金刑适用的原则，最大限度地发挥罚金刑的功能。

（四）加大破坏环境资源保护罪的处罚力度

以往，由于立法者注重经济利益和经济价值，忽略了生态效益，没有意识到破坏环境资源保护罪侵害的直接对象是人类赖以生存的生态环境，财产损失或人身伤亡只是破坏环境资源保护罪的间接后果；各种生态危害才是破坏环境资源保护罪直接且比具体的财产损失和人身伤亡更严重的后果。以此来看，我国刑法对破坏环境资源保护罪的处罚力度显然不够。根据我国刑法的相关规定，破坏环境资源保护罪的刑罚甚至还普遍轻于财产犯罪的刑罚，普通的侵犯财产犯罪的最高法定刑达到无期徒刑甚至死刑，而破坏环境资源保护罪的处罚大都在有期徒刑 3 年以下，最严重的也只是

10 年以上有期徒刑。这样低的法定刑设置明显轻于财产型犯罪。但是，从犯罪的社会危害性程度上看，破坏环境资源保护罪的危害程度明显大于财产犯罪。因此，有必要加重破坏环境资源保护罪的法定刑，只有使犯罪人所受的处罚与其对环境的损害程度相当，才能有效地惩治和预防破坏环境资源保护罪。

附录一
《中华人民共和国刑法》条文

第六节　破坏环境资源保护罪

第三百三十八条　违反国家规定，向土地、水体、大气排放、倾倒或者处置有放射性的废物、含传染病病原体的废物、有毒物质或者其他危险废物，造成重大环境污染事故，致使公私财产遭受重大损失或者人身伤亡的严重后果的，处三年以下有期徒刑或者拘役，并处或者单处罚金；后果特别严重的，处三年以上七年以下有期徒刑，并处罚金。

第三百三十九条　违反国家规定，将境外的固体废物进境倾倒、堆放、处置的，处五年以下有期徒刑或者拘役，并处罚金；造成重大环境污染事故，致使公私财产遭受重大损失或者严重危害人体健康的，处五年以上十年以下有期徒刑，并处罚金；后果特别严重的，处十年以上有期徒刑，并处罚金。

未经国务院有关主管部门许可，擅自进口固体废物用作原料，造成重大环境污染事故，致使公私财产遭受重大损失或者严重危害人体健康的，处五年以下有期徒刑或者拘役，并处罚金；后果特别严重的，处五年以上十年以下有期徒刑，并处罚金。

以原料利用为名，进口不能用作原料的固体废物的，依照本法第一百五十五条的规定定罪处罚。

第三百四十条　违反保护水产资源法规，在禁渔区、禁渔期或者使用禁用的工具、方法捕捞水产品，情节严重的，处三年以下有期徒刑、拘役、管制或者罚金。

第三百四十一条　非法猎捕、杀害国家重点保护的珍贵、濒危野生动物的，或者非法收购、运输、出售国家重点保护的珍贵、濒危野生动物及其制品的，处五年以下有期徒刑或者拘役，并处罚金；情节严重的，处五年以上十年以下有期徒刑，并处罚金；情节特别严重的，处十年以上有期徒刑，并处罚金或者没收财产。

违反狩猎法规，在禁猎区、禁猎期或者使用禁用的工具、方法进行狩猎，破坏野生动物资源，情节严重的，处三年以下有期徒刑、拘役、管制或者罚金。

第三百四十二条　违反土地管理法规，非法占用耕地改作他用，数量较大，造成耕地大量毁坏的，处五年以下有期徒刑或者拘役，并处或者单处罚金。

第三百四十三条　违反矿产资源法的规定，未取得采矿许可证擅自采矿的，擅自进入国家规划矿区、对国民经济具有重要价值的矿区和他人矿区范围采矿的，擅自开采国家规定实行保护性开采的特定矿种，经责令停止开采后拒不停止开采，造成矿产资源破坏的，处三年以下有期徒刑、拘役或者管制，并处或者单处罚金；造成矿产资源严重破坏的，处三年以上七年以下有期徒刑，并处罚金。

违反矿产资源法的规定，采取破坏性的开采方法开采矿产资源，造成矿产资源严重破坏的，处五年以下有期徒刑或者拘役，并处罚金。

第三百四十四条　违反森林法的规定，非法采伐、毁坏珍贵树木的，处三年以下有期徒刑、拘役或者管制，并处罚金；情节严重的，处三年以上七年以下有期徒刑，并处罚金。

第三百四十五条　盗伐森林或者其他林木，数量较大的，处三年以下有期徒刑、拘役或者管制，并处或者单处罚金；数量巨大的，处三年以上七年以下有期徒刑，并处罚金；数量特别巨大的，处七年以上有期徒刑，并处罚金。

违反森林法的规定，滥伐森林或者其他林木，数量较大的，处三年以下有期徒刑、拘役或者管制，并处或者单处罚金；数量巨大的，处三年以上七年以下有期徒刑，并处罚金。

以牟利为目的，在林区非法收购明知是盗伐、滥伐的林木，情节严重的，处三年以下有期徒刑、拘役或者管制，并处或者单处罚金；情节特别严重的，处三年以上七年以下有期徒刑，并处罚金。

盗伐、滥伐国家级自然保护区内的森林或者其他林木的，从重处罚。

第三百四十六条 单位犯本节第三百三十八条至第三百四十五条规定之罪的,对单位判处罚金,并对其直接负责的主管人员和其他直接责任人员,依照本节各该条的规定处罚。

附录二
刑法修正案

中华人民共和国刑法修正案（二）

（2001 年 8 月 31 日第九届全国人民代表大会常务委员会第二十三次会议通过，2001 年 8 月 31 日中华人民共和国主席令第 56 号公布，自公布之日起施行）

为了惩治毁林开垦和乱占滥用林地的犯罪，切实保护森林资源，将刑法第三百四十二条修改为：

"违反土地管理法规，非法占用耕地、林地等农用地，改变被占用土地用途，数量较大，造成耕地、林地等农用地大量毁坏的，处五年以下有期徒刑或者拘役，并处或者单处罚金。"

本修正案自公布之日起施行。

中华人民共和国刑法修正案（四）

（2002 年 12 月 28 日第九届全国人民代表大会常务委员会第三十一次会议通过，2002 年 12 月 28 日中华人民共和国主席令第 83 号公布，自公布之日起施行）

为了惩治破坏社会主义市场经济秩序、妨害社会管理秩序和国家机关工作人员的渎职犯罪行为，保障社会主义现代化建设的顺利进行，保障公民的人身安全，对刑法作如下修改和补充：

············

五、将刑法第三百三十九条第三款修改为："以原料利用为名，进口不能用作原料的固体废物、液态废物和气态废物的，依照本法第一百五十二条第二款、第三款的规定定罪处罚。"

六、将刑法第三百四十四条修改为："违反国家规定，非法采伐、毁坏珍贵树木或者国家重点保护的其他植物的，或者非法收购、运输、加工、出售珍贵树木或者国家重点保护的其他植物及其制品的，处三年以下有期徒刑、拘役或者管制，并处罚金；情节严重的，处三年以上七年以下有期徒刑，并处罚金。"

七、将刑法第三百四十五条修改为："盗伐森林或者其他林木，数量较大的，处三年以下有期徒刑、拘役或者管制，并处或者单处罚金；数量巨大的，处三年以上七年以下有期徒刑，并处罚金；数量特别巨大的，处七年以上有期徒刑，并处罚金。"

"违反森林法的规定，滥伐森林或者其他林木，数量较大的，处三年以下有期徒刑、拘役或者管制，并处或者单处罚金；数量巨大的，处三年以上七年以下有期徒刑，并处罚金。"

"非法收购、运输明知是盗伐、滥伐的林木，情节严重的，处三年以下有期徒刑、拘役或者管制，并处或者单处罚金；情节特别严重的，处三年以上七年以下有期徒刑，并处罚金。"

"盗伐、滥伐国家级自然保护区内的森林或者其他林木的，从重处罚。"

············

中华人民共和国刑法修正案（八）

（中华人民共和国第十一届全国人民代表大会常务委员会第十九次会议于 2011 年 2 月 25 日通过，自 2011 年 5 月 1 日起施行）

············

四十六、将刑法第三百三十八条修改为："违反国家规定，排放、倾倒或者处置有放射性的废物、含传染病病原体的废物、有毒物质或者其他有害物质，严重污染环境的，处三年以下有期徒刑或者拘役，并处或者单处罚金；后果特别严重的，处三年以上七年以下有期徒刑，并处罚金。"

四十七、将刑法第三百四十三条第一款修改为："违反矿产资源法的规定，未取得采矿许可证擅自采矿，擅自进入国家规划矿区、对国民经济具有重要价值的矿区和他人矿区范围采矿，或者擅自开采国家规定实行保护性开采的特定矿种，情节严重的，处三年以下有期徒刑、拘役或者管制，并处或者单处罚金；情节特别严重的，处三年以上七年以下有期徒刑，并处罚金。"

…………

全国人民代表大会常务委员会
关于《中华人民共和国刑法》第二百二十八条、
第三百四十二条、第四百一十条的解释

(2001 年 8 月 31 日第九届全国人民代表大会常务委员会第二十三次会议通过)

全国人民代表大会常务委员会讨论了刑法第二百二十八条、第三百四十二条、第四百一十条规定的"违反土地管理法规"和第四百一十条规定的"非法批准征用、占用土地"的含义问题，解释如下：

刑法第二百二十八条、第三百四十二条、第四百一十条规定的"违反土地管理法规"，是指违反土地管理法、森林法、草原法等法律以及有关行政法规中关于土地管理的规定。

刑法第四百一十条规定的"非法批准征用、占用土地"，是指非法批准征用、占用耕地、林地等农用地以及其他土地。

现予公告

附录四
相关司法解释

最高人民法院　最高人民检察院
关于办理盗伐、滥伐林木案件应用法律的几个问题的解释

（1987 年 9 月 5 日，法（研）发〔1987〕23 号）

一、关于如何认定盗伐、滥伐森林及其他林木罪（简称盗伐、滥伐林木罪）的问题。

（一）盗伐林木罪是指违反森林法及其他保护森林法规，以非法占有为目的，擅自砍伐国家、集体所有（包括他人依法承包经营管理国家或集体所有）的森林或者其他林木，以及擅自砍伐他人自留山上的成片林木，情节严重的行为。

以非法占有为目的，擅自砍伐本人承包经营管理的国家或集体所有的森林或其他林木，情节严重的，也构成盗伐林木罪。

以非法占有为目的，违反林业行政主管部门及法律规定的其他主管部门核发的采伐许可证的规定，采伐国家、集体及他人自留山上的或他人经营管理的森林或其他林木，情节严重的，亦应定为盗伐林木罪。

（二）滥伐林木罪是指违反森林法及其他保护森林法规，未经林业行政主管部门及法律规定的其他主管部门批准并核发采伐许可证，或者虽持有采伐许可证，但违背采伐证所规定的地点、数量、树种、方式而任意采伐本单位所有或管理的，以及本人自留山上的森林或者其他林木，情节严重的行为。

明知林木权属不清，在争议未解决前，擅自砍伐林木，情节严重的，应确定林木权属，分别根据具体情况，按盗伐林木罪或滥伐林木罪追究刑事责任；林木权属难以确定的，按滥伐林木罪惩处。

为收购木材、木制品以及其他目的，唆使他人盗伐、滥伐林木构成犯罪的，按教唆犯追究刑事责任。

二、关于如何认定盗伐、滥伐森林或其他林木"情节严重"的问题。

"情节严重"是刑法规定盗伐、滥伐林木罪构成的必要条件。数量较大是"情节严重"的重要内容。"数量较大"的起点，在林区盗伐一般可掌握在 2～5 立方米或幼树 100～250 株；滥伐一般可掌握在 10～20 立方米或幼树 500～1200 株。在非林区盗伐一般可掌握在 1～2.5 立方米或幼树 50～125 株；滥伐一般可掌握在 5～10 立方米或幼树 250～600 株，或者相当于上述损失。

林木数量，一般应以立木材积计算。超计划采伐而构成滥伐的林木数量，应根据伐区调查设计允许的误差额以上计算。

三、关于盗伐林木罪如何适用刑法第一百五十二条规定的处刑标准的问题。

"盗伐林木据为己有，数额巨大的"，应依照刑法第一百五十二条的规定量刑，罪名仍定为盗伐林木罪。

"盗伐林木据为己有"，是指个人将盗伐的林木非法占有。盗伐林木"数额巨大"的起点，一般是指在林区盗伐 20～30 立方米或幼树 1000～1500 株，在非林区盗伐 10～20 立方米或幼树 500～1000 株，或者相当于上述损失。

在林区盗伐 100 立方米以上或幼树 5000 株以上；在非林区盗伐 50 立方米以上或幼树 2500 株以上，或者相当于上述损失的，一般可视为"数额特别巨大"。数额特别巨大是"情节特别严重"的一项主要内容。

四、以上"数量较大"、"数额巨大"、"数额特别巨大"的起点数量，各省、自治区、直辖市高级人民法院、人民检察院可以在此数量幅度内掌握；也可以参照上述数量，根据本地区实际情况，规定认定和处理本地区盗伐、滥伐林木罪数量的适当标准。

五、盗伐、滥伐林木接近上述规定的数量，而具有下列情形之一的，应按上述规定的标准定罪量刑：

（一）为首组织、策划、煽动盗伐、滥伐林木，或者破坏植被面积较大，致使森林资源遭受损失的；

（二）盗伐、滥伐防护林、经济林、特种用途林的；

（三）一惯盗伐、滥伐或屡教不改的；

（四）盗伐、滥伐林木不听劝阻，或威胁护林人员的；

（五）其他盗伐、滥伐情节严重的。

盗伐、滥伐林木已达到上述数量并具备上述情形的，应从重处罚。

六、对于群众性哄抢林木事件，要积极配合政府主管部门妥善处理。参与哄抢林木，情节严重的，应分别按上述规定以盗伐林木罪或滥伐林木罪惩处。要注意教育多数，打击少数。打击的主要对象应当是首犯、主犯和屡教不改的惯犯以及教唆犯。

七、盗伐、滥伐自然保护区和城市园林部门管理的树木，要从严惩处。盗伐、滥伐、破坏珍稀树木者，应视为情节严重，依法追究刑事责任。盗伐、滥伐、破坏年代久远或多株珍稀树木者，应按"数额巨大"或"情节特别严重"的量刑标准，依法追究刑事责任。

八、国营企事业单位、集体组织盗伐林木"数额巨大"，滥伐林木情节特别严重的，应按刑法第一百二十八条追究其主管人员和直接责任人员的刑事责任。其中，中饱私囊构成犯罪的，应依法实行数罪并罚。

国营企事业单位擅自采伐他单位管理或所有的林木；集体组织擅自采伐国家或其他集体组织所有的林木，数额巨大的，定盗伐林木罪。

国营企事业单位为本单位谋取不正当的利益而无证采伐本单位管理的林木，"数额巨大"、情节恶劣的，也可以定滥伐林木罪。

国营企事业单位、集体组织未经林业主管部门或法律规定的其他主管部门批准并核发采伐许可证，或虽持有采伐许可证，但违背采伐证所规定的地点、数量、树种、方式而任意采伐本单位管理或所有的林木，情节特别严重的，定滥伐林木罪。

九、违反森林法的规定，超过批准的年采伐限额或者超越职权滥发林木采伐许可证，情节严重，致使森林遭受严重破坏的，对其直接主管人员和其他直接责任人员依照刑法第一百八十七条追究刑事责任。

其他因玩忽职守，致使森林资源遭到严重破坏，国家和人民利益遭受重大损失的，对直接主管人员和其他直接责任人员也应依照刑法第一百八十七条追究刑事责任。

十、关于其他破坏森林或林木的犯罪行为如何处理的问题。

（一）因进行营利性生产违反规定而毁坏生长中的林木，情节严重的，应根据其犯罪行为的特点，分别依照刑法第一百二十五条或者第一百五十六条的规定定罪处刑。

（二）将国家、集体、他人所有并已经伐倒的树木秘密非法据以己有，以及偷砍他人房前屋后、自留地种植的零星树木数额较大的，应定盗窃罪。

（三）以营利为目的，伪造或者倒卖林木采伐许可证、木材运输证，情节严重的，依照刑法第一百二十条追究刑事责任。

（四）无证收购、贩卖木材情节严重或数额巨大构成投机倒把罪的，分别依照刑法第一百一十七条或一百一十八条的规定定罪处刑。

（五）在盗伐、滥伐林木过程中，伤害、非法拘禁护林人员或其他有关人员，构成犯罪的，应依法实行数罪并罚。

（六）对破坏森林资源或林木的其他犯罪行为，应依照刑法有关条款追究刑事责任。

（七）对边远地区、少数民族聚居地区毁林开荒的问题，按有关省、自治区根据当地实际情况所作的规定办理。

十一、盗伐、滥伐以生产竹材为主要目的的竹林的定罪和判刑问题，各有关省、自治区、直辖市高级人民法院、人民检察院可以参考上述规定的精神，规定当地认定和处罚的标准。

十二、关于应用本解释的时间界限。

在本解释下发以前，行政主管部门、司法机关已作过处理的案件，一般不再变动。本解释下发后，尚未处理或者正在处理的案件，按照本解释的规定办理。

最高人民法院　最高人民检察院
关于盗伐、滥伐林木案件几个问题的解答

（1991 年 10 月 17 日，法（研）发〔1991〕31 号）

各省、自治区、直辖市高级人民法院、人民检察院，解放军军事法院、军事检察院：

近年来，一些地方就办理盗伐、滥伐林木案件适用法律的若干问题，向最高人民法院、最高人民检察院提出请示。经研究，现作如下解答。

一、问：最高人民法院、最高人民检察院《关于办理盗伐、滥伐林木案件应用法律的几个问题的解释》（以下简称《解释》）第八条中规定，国营企业事业单位、集体组织滥伐林木情节特别严重的，应按刑法第一百二十八条追究其主管人员和直接责任人员的刑事责任。对于"情节特别严

重"的数量起点是否可按"林区为 100 立方米或者幼树 5000 株；非林区为 50 立方米或者幼树 2500 株"的标准掌握？

答：对于"情节特别严重"的数量起点，在林区一般为立木材积 100 立方米或者幼树 5000 株；非林区一般为 50 立方米或者幼树 2500 株。

二、问：在林区，有的人今日盗伐一株，明日盗伐二株，持续不断，对林木危害很大。但是，由于每次盗伐没有达到"数量较大"的标准，不能依法惩处。对于一贯盗伐林木的，是否可以累计其盗伐数量定罪处罚？

答：对于连续多次盗伐林木，情节恶劣的行为，可以累计其未经处理的盗伐数量，按照《解释》第五条第（3）项的规定，视为盗伐林木"情节严重"，依照刑法第一百二十八条盗伐林木罪定罪处刑。累计的时间一般以一年为宜。

三、问：我们在审判实践中经常遇到因进行营利性生产而毁坏生长中的林木，情况很复杂，有的只是毁坏了林木，例如，毁林种粮、种参；有的既毁林又非法占有木材；有的毁坏的是用材林；有的毁坏的是经济林，如剥树皮卖药材。对于这类犯罪行为，"情节严重"的，如何计算其造成的损失？盗伐林木种植木耳、香菇定什么罪？

答：因进行营利性生产，违反森林管理法规，毁坏林木，影响林木正常生长，致使林木死亡，情节严重的，依照刑法第一百五十六条故意毁坏公私财物罪定罪处刑。

因泄愤报复而毁坏生长中的林木，情节严重的，依照刑法第一百二十五条的规定定罪处刑。

对毁坏经济林和用材林的应当分别处理。毁坏经济林的，可以按照经济价值或者林木的株数计算损失。毁坏经济林和用材林的具体数量标准，请你们根据实际情况作出规定。

对毁林后又侵占林木情节严重的，或者盗伐林木种植木耳、香菇或烧炭等情节严重的，依照刑法第一百二十八条盗伐林木罪定罪处刑。

四、问：雇工盗伐林木构成犯罪的案件，对被雇者应否追究刑事责任？

答：雇佣他人盗伐林木构成犯罪的案件，如果被雇者不知是盗伐他人林木的，应由雇主承担刑事责任；如果被雇者明知是盗伐他人林木的，应按盗伐林木罪的共犯论处。

五、问：我们在执行《解释》第十条（3）时，发现目前有的人还伪造、倒卖林木采伐指标、运输木材的其他凭证以及完税证、育林基金、更改资金、林政费、更新造林费等票据。上述行为构成犯罪的，是否可以分别依照刑法第一百二十条、第一百二十四条定罪处刑？

国家机关、集体组织倒卖木材采伐证或者采伐指标、木材经营指标的，如何追究主管人员和其他直接责任人员的刑事责任？

答：以营利为目的，伪造、倒卖林木采伐许可证或者采伐指标、运输木材的各种票证，情节严重的，依照刑法第一百二十条以伪造或者倒卖计划供应票证罪追究刑事责任。认定"情节严重"或者"情节特别严重"，可以伪造或者倒卖票证的面额结合牟利的数额和造成实际的危害为根据。具体数额标准，请你们作出规定。

伪造税票，包括育林基金、更改资金、林政费、更新造林费等票据的，应当依照刑法第一百二十四条伪造税票罪的规定惩处。

对于无证贩卖木材同时又伪造计划供应票证和税票的，应择一重罪处罚。

国家机关、企业事业单位、集体组织倒卖林木采伐许可证或者采伐指标、木材经营指标，情节特别严重的，依照刑法第一百二十条第一款伪造或者倒卖计划供应票证罪的规定追究主管人员和其他直接责任人员的刑事责任。

六、问：在盗伐林木案件中，有些盗伐者对护林人员施加暴力或者以暴力相威胁，危害护林人员的人身安全，虽然其盗伐林木的数量或者伤害的程度还构不成犯罪，但是情节恶劣，影响很坏。对此，是否可以按盗伐林木罪惩处？

答：盗伐林木者对护林人员施加暴力或者以暴力相威胁，危害护林人员人身安全，虽然其盗伐林木尚未达到数量较大的起点或者伤害的程度尚未达到轻伤的标准，但是情节恶劣，需要依法追究刑事责任的，可以视为盗伐林木"情节严重"，依照刑法第一百二十八条盗伐林木罪的规定追究刑事责任；如果使用暴力或者以暴力相威胁，情节显著轻微危害不大的，可不认为是犯罪。

附：立木材积的计算和幼树的概念及数量计算

一、立木材积的计算。立木材积即为立木蓄积。计算方法是：原木材积除以该树种的出材率。如：某地区、某树种的出材率为 60％，即：立木材积（立木蓄积）＝原木材积÷60％。

二、幼树的概念和幼树数量计算。幼树是指生长在幼龄阶段的树木。在森林资源调查中，树木胸径在 5cm 以下的视为幼树，以"株"为单位进行统计。

最高人民法院　关于滥伐自己
所有权的林木其林木应如何处理的问题的批复

(1993 年 7 月 24 日，法复〔1993〕5 号)

吉林省高级人民法院：

你院《关于宋允焕滥伐的林木如何处理的请示》收悉。经研究，同意你院的第二种意见，即属于个人所有的林木，也是国家森林资源的一部分。被告人滥伐属于自己所有权的林木，构成滥伐林木罪的，其行为已违反国家保护森林法规，破坏了国家的森林资源，所滥伐的林木即不再是个人的合法财产，而应当作为犯罪分子违法所得的财物，依照刑法第六十条的规定予以追缴。

此复

最高人民法院　关于审理破坏土地
资源刑事案件具体应用法律若干问题的解释

(2000 年 6 月 16 日最高人民法院审判委员会第 1119 次会议通过，2000 年 6 月 19 日中华人民共和国最高人民法院公告公布，自 2000 年 6 月 22 日起施行 法释〔2000〕14 号)

为依法惩处破坏土地资源犯罪活动，根据刑法的有关规定，现就审理这类案件具体应用法律的若干问题解释如下：

第一条　以牟利为目的，违反土地管理法规，非法转让、倒卖土地使用权，具有下列情形之一的，属于非法转让、倒卖土地使用权"情节严重"，依照刑法第二百二十八条的规定，以非法转让、倒卖土地使用权罪定罪处罚：

（一）非法转让、倒卖基本农田五亩以上的；
（二）非法转让、倒卖基本农田以外的耕地十亩以上的；
（三）非法转让、倒卖其他土地二十亩以上的；
（四）非法获利五十万元以上的；

（五）非法转让、倒卖土地接近上述数量标准并具有其他恶劣情节的，如曾因非法转让、倒卖土地使用权受过行政处罚或者造成严重后果等。

第二条　实施第一条规定的行为，具有下列情形之一的，属于非法转让、倒卖土地使用权"情节特别严重"：

（一）非法转让、倒卖基本农田十亩以上的；

（二）非法转让、倒卖基本农田以外的耕地二十亩以上的；

（三）非法转让、倒卖其他土地四十亩以上的；

（四）非法获利一百万元以上的；

（五）非法转让、倒卖土地接近上述数量标准并具有其他恶劣情节，如造成严重后果等。

第三条　违反土地管理法规，非法占用耕地改作他用，数量较大，造成耕地大量毁坏的，依照刑法第三百四十二条的规定，以非法占用耕地罪定罪处罚：

（一）非法占用耕地"数量较大"，是指非法占用基本农田五亩以上或者非法占用基本农田以外的耕地十亩以上；

（二）非法占用耕地"造成耕地大量毁坏"，是指行为人非法占用耕地建窑、建坟、建房、挖沙、采石、采矿、取土、堆放固体废弃物或者进行其他非农业建设，造成基本农田五亩以上或者基本农田以外的耕地十亩以上种植条件严重毁坏或者严重污染。

第四条　国家机关工作人员徇私舞弊，违反土地管理法规，滥用职权，非法批准征用、占用土地，具有下列情形之一的，属于非法批准征用、占用土地"情节严重"，依照刑法第四百一十条的规定，以非法批准征用、占用土地罪定罪处罚：

（一）非法批准征用、占用基本农田十亩以上的；

（二）非法批准征用、占用基本农田以外的耕地三十亩以上的；

（三）非法批准征用、占用其他土地五十亩以上的；

（四）虽未达到上述数量标准，但非法批准征用、占用土地造成直接经济损失三十万元以上；造成耕地大量毁坏等恶劣情节的。

第五条　实施第四条规定的行为，具有下列情形之一的，属于非法批准征用、占用土地"致使国家或者集体利益遭受特别重大损失"：

（一）非法批准征用、占用基本农田二十亩以上的；

（二）非法批准征用、占用基本农田以外的耕地六十亩以上的；

（三）非法批准征用、占用其他土地一百亩以上的；

（四）非法批准征用、占用土地，造成基本农田五亩以上，其他耕地十亩以上严重毁坏的；

（五）非法批准征用、占用土地造成直接经济损失五十万元以上等恶劣情节的。

第六条　国家机关工作人员徇私舞弊，违反土地管理法规，非法低价出让国有土地使用权，具有下列情形之一的，属于"情节严重"，依照刑法第四百一十条的规定，以非法低价出让国有土地使用权罪定罪处罚：

（一）出让国有土地使用权面积在三十亩以上，并且出让价额低于国家规定的最低价额标准的百分之六十的；

（二）造成国有土地资产流失价额在三十万元以上的。

第七条　实施第六条规定的行为，具有下列情形之一的，属于非法低价出让国有土地使用权，"致使国家和集体利益遭受特别重大损失"：

（一）非法低价出让国有土地使用权面积在六十亩以上，并且出让价额低于国家规定的最低价额标准的百分之四十的；

（二）造成国有土地资产流失价额在五十万元以上的。

第八条　单位犯非法转让、倒卖土地使用权罪、非法占有耕地罪的定罪量刑标准，依照本解释第一条、第二条、第三条的规定执行。

第九条　多次实施本解释规定的行为依法应当追诉的，或者一年内多次实施本解释规定的行为未经处理的，按照累计的数量、数额处罚。

最高人民法院　关于审理破坏森林资源刑事案件具体应用法律若干问题的解释

（2000 年 11 月 17 日最高人民法院审判委员会第 1141 次会议通过，2000 年 11 月 22 日中华人民共和国最高人民法院公告公布，自 2000 年 12 月 11 日起施行 法释〔2000〕36 号）

为依法惩处破坏森林资源的犯罪活动，根据刑法的有关规定，现就审理这类案件具体应用法律的若干问题解释如下：

第一条　刑法第三百四十四条规定的"珍贵树木"，包括由省级以上林业主管部门或者其他部门确定的具有重大历史纪念意义、科学研究价值或者年代久远的古树名木，国家禁止、限制出口的珍贵树木以及列入国家重点保护野生植物名录的树木。

第二条　具有下列情形之一的，属于非法采伐、毁坏珍贵树木行为

"情节严重":

（一）非法采伐珍贵树木二株以上或者毁坏珍贵树木致使珍贵树木死亡三株以上的；

（二）非法采伐珍贵树木二立方米以上的；

（三）为首组织、策划、指挥非法采伐或者毁坏珍贵树木的；

（四）其他情节严重的情形。

第三条 以非法占有为目的，具有下列情形之一，数量较大的，依照刑法第三百四十五条第一款的规定，以盗伐林木罪定罪处罚：

（一）擅自砍伐国家、集体、他人所有或者他人承包经营管理的森林或者其他林木的；

（二）擅自砍伐本单位或者本人承包经营管理的森林或者其他林木的；

（三）在林木采伐许可证规定的地点以外采伐国家、集体、他人所有或者他人承包经营管理的森林或者其他林木的。

第四条 盗伐林木"数量较大"，以二至五立方米或者幼树一百至二百株为起点；盗伐林木"数量巨大"，以二十至五十立方米或者幼树一千至二千株为起点；盗伐林木"数量特别巨大"，以一百至二百立方米或者幼树五千至一万株为起点。

第五条 违反森林法的规定，具有下列情形之一，数量较大的，依照刑法第三百四十五条第二款的规定，以滥伐林木罪定罪处罚：

（一）未经林业行政主管部门及法律规定的其他主管部门批准并核发林木采伐许可证，或者虽持有林木采伐许可证，但违反林木采伐许可证规定的时间、数量、树种或者方式，任意采伐本单位所有或者本人所有的森林或者其他林木的；

（二）超过林木采伐许可证规定的数量采伐他人所有的森林或者其他林木的。

林木权属争议一方在林木权属确权之前，擅自砍伐森林或者其他林木，数量较大的，以滥伐林木罪论处。

第六条 滥伐林木"数量较大"，以十至二十立方米或者幼树五百至一千株为起点；滥伐林木"数量巨大"，以五十至一百立方米或者幼树二千五百至五千株为起点。

第七条 对于一年内多次盗伐、滥伐少量林木未经处罚的，累计其盗伐、滥伐林木的数量，构成犯罪的，依法追究刑事责任。

第八条 盗伐、滥伐珍贵树木，同时触犯刑法第三百四十四条、第三百四十五条规定的，依照处罚较重的规定定罪处罚。

第九条 将国家、集体、他人所有并已经伐倒的树木窃为己有，以及偷砍他人房前屋后、自留地种植的零星树木，数额较大的，依照刑法第二百六十四条的规定，以盗窃罪定罪处罚。

第十条 刑法第三百四十五条规定的"非法收购明知是盗伐、滥伐的林木"中的"明知"，是指知道或者应当知道。具有下列情形之一的，可以视为应当知道，但是有证据证明确属被蒙骗的除外：

（一）在非法的木材交易场所或者销售单位收购木材的；

（二）收购以明显低于市场价格出售的木材的；

（三）收购违反规定出售的木材的。

第十一条 具有下列情形之一的，属于在林区非法收购盗伐、滥伐的林木"情节严重"：

（一）非法收购盗伐、滥伐的林木二十立方米以上或者幼树一千株以上的；

（二）非法收购盗伐、滥伐的珍贵树木二立方米以上或者五株以上的；

（三）其他情节严重的情形。

具有下列情形之一的，属于在林区非法收购盗伐、滥伐的林木"情节特别严重"：

（一）非法收购盗伐、滥伐的林木一百立方米以上或者幼树五千株以上的；

（二）非法收购盗伐、滥伐的珍贵树木五立方米以上或者十株以上的；

（三）其他情节特别严重的情形。

第十二条 林业主管部门的工作人员违反森林法的规定，超过批准的年采伐限额发放林木采伐许可证或者违反规定滥发林木采伐许可证，具有下列情形之一的，属于刑法第四百零七条规定的"情节严重，致使森林遭受严重破坏"，以违法发放林木采伐许可证罪定罪处罚：

（一）发放林木采伐许可证允许采伐数量累计超过批准的年采伐限额，导致林木被采伐数量在十立方米以上的；

（二）滥发林木采伐许可证，导致林木被滥伐二十立方米以上的；

（三）滥发林木采伐许可证，导致珍贵树木被滥伐的；

（四）批准采伐国家禁止采伐的林木，情节恶劣的；

（五）其他情节严重的情形。

第十三条 对于伪造、变造、买卖林木采伐许可证、木材运输证件，森林、林木、林地权属证书，占用或者征用林地审核同意书、育林基金等缴费收据以及其他国家机关批准的林业证件构成犯罪的，依照刑法第二百八十条第一款的规定，以伪造、变造、买卖国家机关公文、证件罪定罪处罚。

对于买卖允许进出口证明书等经营许可证明，同时触犯刑法第二百二十五条、第二百八十条规定之罪的，依照处罚较重的规定定罪处罚。

第十四条　聚众哄抢林木五立方米以上的，属于聚众哄抢"数额较大"；聚众哄抢林木二十立方米以上的，属于聚众哄抢"数额巨大"，对首要分子和积极参加的，依照刑法第二百六十八条的规定，以聚众哄抢罪定罪处罚。

第十五条　非法实施采种、采脂、挖笋、掘根、剥树皮等行为，牟取经济利益数额较大的，依照刑法第二百六十四条的规定，以盗窃罪定罪处罚。同时构成其他犯罪的，依照处罚较重的规定定罪处罚。

第十六条　单位犯刑法第三百四十四条、第三百四十五条规定之罪，定罪量刑标准按照本解释的规定执行。

第十七条　本解释规定的林木数量以立木蓄积计算，计算方法为：原木材积除以该树种的出材率。

本解释所称"幼树"，是指胸径五厘米以下的树木。

滥伐林木的数量，应在伐区调查设计允许的误差额以上计算。

第十八条　盗伐、滥伐以生产竹材为主要目的的竹林的定罪量刑问题，有关省、自治区、直辖市高级人民法院可以参照上述规定的精神，规定本地区的具体标准，并报最高人民法院备案。

第十九条　各省、自治区、直辖市高级人民法院可以根据本地区的实际情况，在本解释第四条、第六条规定的数量幅度内，确定本地区执行的具体数量标准，并报最高人民法院备案。

最高人民法院　关于审理破坏野生动物资源刑事案件具体应用法律若干问题的解释

（2000年11月17日最高人民法院审判委员会第1141次会议通过，2000年11月27日中华人民共和国最高人民法院公告公布，自2000年12月11日起施行 法释〔2000〕37号）

为依法惩处破坏野生动物资源的犯罪活动，根据刑法的有关规定，现就审理这类案件具体应用法律的若干问题解释如下：

第一条　刑法第三百四十一条第一款规定的"珍贵、濒危野生动物"，包括列入国家重点保护野生动物名录的国家一、二级保护野生动物，列入《濒危野生动植物种国际贸易公约》附录一、附录二的野生动物以及驯养繁殖的上述物种。

第二条　刑法第三百四十一条第一款规定的"收购"，包括以营利、自用等为目的的购买行为；"运输"，包括采用携带、邮寄、利用他人、使用交通工具等方法进行运送的行为；"出售"，包括出卖和以营利为目的的加工利用行为。

第三条　非法猎捕、杀害、收购、运输、出售珍贵、濒危野生动物具有下列情形之一的，属于"情节严重"：

（一）达到本解释附表所列相应数量标准的；

（二）非法猎捕、杀害、收购、运输、出售不同种类的珍贵、濒危野生动物，其中两种以上分别达到附表所列"情节严重"数量标准一半以上的。

非法猎捕、杀害、收购、运输、出售珍贵、濒危野生动物具有下列情形之一的，属于"情节特别严重"：

（一）达到本解释附表所列相应数量标准的；

（二）非法猎捕、杀害、收购、运输、出售不同种类的珍贵、濒危野生动物，其中两种以上分别达到附表所列"情节特别严重"数量标准一半以上的。

第四条　非法猎捕、杀害、收购、运输、出售珍贵、濒危野生动物构成犯罪，具有下列情形之一的，可以认定为"情节严重"；非法猎捕、杀害、收购、运输、出售珍贵、濒危野生动物符合本解释第三条第一款的规定，并具有下列情形之一的，可以认定为"情节特别严重"：

（一）犯罪集团的首要分子；

（二）严重影响对野生动物的科研、养殖等工作顺利进行的；

（三）以武装掩护方法实施犯罪的；

（四）使用特种车、军用车等交通工具实施犯罪的；

（五）造成其他重大损失的。

第五条　非法收购、运输、出售珍贵、濒危野生动物制品具有下列情形之一的，属于"情节严重"：

（一）价值在十万元以上的；

（二）非法获利五万元以上的；

（三）具有其他严重情节的。

非法收购、运输、出售珍贵、濒危野生动物制品具有下列情形之一的，属于"情节特别严重"：

（一）价值在二十万元以上的；

（二）非法获利十万元以上的；

（三）具有其他特别严重情节的。

第六条　违反狩猎法规，在禁猎区、禁猎期或者使用禁用的工具、方法狩猎，具有下列情形之一的，属于非法狩猎"情节严重"：

（一）非法狩猎野生动物二十只以上的；

（二）违反狩猎法规，在禁猎区或者禁猎期使用禁用的工具、方法狩猎的；

（三）具有其他严重情节的。

第七条　使用爆炸、投毒、设置电网等危险方法破坏野生动物资源，构成非法猎捕、杀害珍贵、濒危野生动物罪或者非法狩猎罪，同时构成刑法第一百一十四条或者第一百一十五条规定之罪的，依照处罚较重的规定定罪处罚。

第八条　实施刑法第三百四十一条规定的犯罪，又以暴力、威胁方法抗拒查处，构成其他犯罪的，依照数罪并罚的规定处罚。

第九条　伪造、变造、买卖国家机关颁发的野生动物允许进出口证明书、特许猎捕证、狩猎证、驯养繁殖许可证等公文、证件构成犯罪的，依照刑法第二百八十条第一款的规定以伪造、变造、买卖国家机关公文、证件罪定罪处罚。

实施上述行为构成犯罪，同时构成刑法第二百二十五条第二项规定的非法经营罪的，依照处罚较重的规定定罪处罚。

第十条　非法猎捕、杀害、收购、运输、出售《濒危野生动植物种国际贸易公约》附录一、附录二所列的非原产于我国的野生动物"情节严重"、"情节特别严重"的认定标准，参照本解释第三条、第四条以及附表所列与其同属的国家一、二级保护野生动物的认定标准执行；没有与其同属的国家一、二级保护野生动物的，参照与其同科的国家一、二级保护野生动物的认定标准执行。

第十一条　珍贵、濒危野生动物制品的价值，依照国家野生动物保护主管部门的规定核定；核定价值低于实际交易价格的，以实际交易价格认定。

第十二条　单位犯刑法第三百四十一条规定之罪，定罪量刑标准依照本解释的有关规定执行。

附：非法猎捕、杀害、收购、运输、出售珍贵、濒危野生动物刑事案件"情节严重"、"情节特别严重"数量认定标准（略）。

最高人民法院　最高人民检察院
关于办理妨害预防、控制突发传染病疫情等灾害的
刑事案件具体应用法律若干问题的解释

（2003 年 5 月 13 日最高人民法院审判委员会第 1269 次会议、最高人民检察院第十届检察委员会第 3 次会议通过，2003 年 5 月 14 日中华人民共和国最高人民法院、最高人民检察院公告公布，自 2003 年 5 月 15 日起施行 法释〔2003〕8 号）

为依法惩治妨害预防、控制突发传染病疫情等灾害的犯罪活动，保障预防、控制突发传染病疫情等灾害工作的顺利进行，切实维护人民群众的身体健康和生命安全，根据《中华人民共和国刑法》等有关法律规定，现就办理相关刑事案件具体应用法律的若干问题解释如下：

第一条　故意传播突发传染病病原体，危害公共安全的，依照刑法第一百一十四条、第一百一十五条第一款的规定，按照以危险方法危害公共安全罪定罪处罚。

患有突发传染病或者疑似突发传染病而拒绝接受检疫、强制隔离或者治疗，过失造成传染病传播，情节严重，危害公共安全的，依照刑法第一百一十五条第二款的规定，按照过失以危险方法危害公共安全罪定罪处罚。

第二条　在预防、控制突发传染病疫情等灾害期间，生产、销售伪劣的防治、防护产品、物资，或者生产、销售用于防治传染病的假药、劣药，构成犯罪的，分别依照刑法第一百四十条、第一百四十一条、第一百四十二条的规定，以生产、销售伪劣产品罪，生产、销售假药罪或者生产、销售劣药罪定罪，依法从重处罚。

第三条　在预防、控制突发传染病疫情等灾害期间，生产用于防治传染病的不符合保障人体健康的国家标准、行业标准的医疗器械、医用卫生材料，或者销售明知是用于防治传染病的不符合保障人体健康的国家标准、行业标准的医疗器械、医用卫生材料，不具有防护、救治功能，足以严重危害人体健康的，依照刑法第一百四十五条的规定，以生产、销售不

符合标准的医用器材罪定罪，依法从重处罚。

医疗机构或者个人，知道或者应当知道系前款规定的不符合保障人体健康的国家标准、行业标准的医疗器械、医用卫生材料而购买并有偿使用的，以销售不符合标准的医用器材罪定罪，依法从重处罚。

第四条　国有公司、企业、事业单位的工作人员，在预防、控制突发传染病疫情等灾害的工作中，由于严重不负责任或者滥用职权，造成国有公司、企业破产或者严重损失，致使国家利益遭受重大损失的，依照刑法第一百六十八条的规定，以国有公司、企业、事业单位人员失职罪或者国有公司、企业、事业单位人员滥用职权罪定罪处罚。

第五条　广告主、广告经营者、广告发布者违反国家规定，假借预防、控制突发传染病疫情等灾害的名义，利用广告对所推销的商品或者服务作虚假宣传，致使多人上当受骗，违法所得数额较大或者有其他严重情节的，依照刑法第二百二十二条的规定，以虚假广告罪定罪处罚。

第六条　违反国家在预防、控制突发传染病疫情等灾害期间有关市场经营、价格管理等规定，哄抬物价、牟取暴利，严重扰乱市场秩序，违法所得数额较大或者有其他严重情节的，依照刑法第二百二十五条第（四）项的规定，以非法经营罪定罪，依法从重处罚。

第七条　在预防、控制突发传染病疫情等灾害期间，假借研制、生产或者销售用于预防、控制突发传染病疫情等灾害用品的名义，诈骗公私财物数额较大的，依照刑法有关诈骗罪的规定定罪，依法从重处罚。

第八条　以暴力、威胁方法阻碍国家机关工作人员、红十字会工作人员依法履行为防治突发传染病疫情等灾害而采取的防疫、检疫、强制隔离、隔离治疗等预防、控制措施的，依照刑法第二百七十七条第一款、第三款的规定，以妨害公务罪定罪处罚。

第九条　在预防、控制突发传染病疫情等灾害期间，聚众"打砸抢"，致人伤残、死亡的，依照刑法第二百八十九条、第二百三十四条、第二百三十二条的规定，以故意伤害罪或者故意杀人罪定罪，依法从重处罚。对毁坏或者抢走公私财物的首要分子，依照刑法第二百八十九条、第二百六十三条的规定，以抢劫罪定罪，依法从重处罚。

第十条　编造与突发传染病疫情等灾害有关的恐怖信息，或者明知是编造的此类恐怖信息而故意传播，严重扰乱社会秩序的，依照刑法第二百九十一条之一的规定，以编造、故意传播虚假恐怖信息罪定罪处罚。

利用突发传染病疫情等灾害，制造、传播谣言，煽动分裂国家、破坏国家统一，或者煽动颠覆国家政权、推翻社会主义制度的，依照刑法第一百零三条第二款、第一百零五条第二款的规定，以煽动分裂国家罪或者煽动颠覆国家政权罪定罪处罚。

第十一条　在预防、控制突发传染病疫情等灾害期间，强拿硬要或者任意损毁、占用公私财物情节严重，或者在公共场所起哄闹事，造成公共场所秩序严重混乱的，依照刑法第二百九十三条的规定，以寻衅滋事罪定罪，依法从重处罚。

第十二条　未取得医师执业资格非法行医，具有造成突发传染病病人、病原携带者、疑似突发传染病病人贻误诊治或者造成交叉感染等严重情节的，依照刑法第三百三十六条第一款的规定，以非法行医罪定罪，依法从重处罚。

第十三条　违反传染病防治法等国家有关规定，向土地、水体、大气排放、倾倒或者处置含传染病病原体的废物、有毒物质或者其他危险废物，造成突发传染病传播等重大环境污染事故，致使公私财产遭受重大损失或者人身伤亡的严重后果的，依照刑法第三百三十八条的规定，以重大环境污染事故罪定罪处罚。

第十四条　贪污、侵占用于预防、控制突发传染病疫情等灾害的款物或者挪用归个人使用，构成犯罪的，分别依照刑法第三百八十二条、第三百八十三条、第二百七十一条、第三百八十四条、第二百七十二条的规定，以贪污罪、侵占罪、挪用公款罪、挪用资金罪定罪，依法从重处罚。

挪用用于预防、控制突发传染病疫情等灾害的救灾、优抚、救济等款物，构成犯罪的，对直接责任人员，依照刑法第二百七十三条的规定，以挪用特定款物罪定罪处罚。

第十五条　在预防、控制突发传染病疫情等灾害的工作中，负有组织、协调、指挥、灾害调查、控制、医疗救治、信息传递、交通运输、物资保障等职责的国家机关工作人员，滥用职权或者玩忽职守，致使公共财产、国家和人民利益遭受重大损失的，依照刑法第三百九十七条的规定，以滥用职权罪或者玩忽职守罪定罪处罚。

第十六条　在预防、控制突发传染病疫情等灾害期间，从事传染病防治的政府卫生行政部门的工作人员，或者在受政府卫生行政部门委托代表政府卫生行政部门行使职权的组织中从事公务的人员，或者虽未列入政府卫生行政部门人员编制但在政府卫生行政部门从事公务的人员，在代表政府卫生行政部门行使职权时，严重不负责任，导致传染病传播或者流行，情节严重的，依照刑法第四百零九条的规定，以传染病防治失职罪定罪处罚。

在国家对突发传染病疫情等灾害采取预防、控制措施后，具有下列情形之一的，属于刑法第四百零九条规定的"情节严重"：

（一）对发生突发传染病疫情等灾害的地区或者突发传染病病人、病原携带者、疑似突发传染病病人，未按照预防、控制突发传染病疫情等灾害工作规范的要求做好防疫、检疫、隔离、防护、救治等工作，或者采取的预防、控制措施不当，造成传染范围扩大或者疫情、灾情加重的；

（二）隐瞒、缓报、谎报或者授意、指使、强令他人隐瞒、缓报、谎报疫情、灾情，造成传染范围扩大或者疫情、灾情加重的；

（三）拒不执行突发传染病疫情等灾害应急处理指挥机构的决定、命令，造成传染范围扩大或者疫情、灾情加重的；

（四）具有其他严重情节的。

第十七条　人民法院、人民检察院办理有关妨害预防、控制突发传染病疫情等灾害的刑事案件，对于有自首、立功等悔罪表现的，依法从轻、减轻、免除处罚或者依法作出不起诉决定。

第十八条　本解释所称"突发传染病疫情等灾害"，是指突然发生，造成或者可能造成社会公众健康严重损害的重大传染病疫情、群体性不明原因疾病以及其他严重影响公众健康的灾害。

最高人民法院　关于审理非法采矿、破坏性采矿刑事案件具体应用法律若干问题的解释

（2003 年 5 月 16 日最高人民法院审判委员会第 1270 次会议通过，2003 年 5 月 29 日中华人民共和国最高人民法院公告公布，自 2003 年 6 月 3 日起施行 法释〔2003〕9 号）

为依法惩处非法采矿、破坏性采矿犯罪活动，根据刑法有关规定，现就审理这类刑事案件具体应用法律的若干问题解释如下：

第一条　违反矿产资源法的规定非法采矿，具有下列情形之一，经责令停止开采后拒不停止开采，造成矿产资源破坏的，依照刑法第三百四十三条第一款的规定，以非法采矿罪定罪处罚：

（一）未取得采矿许可证擅自采矿；

（二）擅自进入国家规划矿区、对国民经济具有重要价值的矿区和他人矿区范围采矿；

（三）擅自开采国家规定实行保护性开采的特定矿种。

第二条　具有下列情形之一的，属于本解释第一条第（一）项规定的"未取得采矿许可证擅自采矿"：

（一）无采矿许可证开采矿产资源的；

（二）采矿许可证被注销、吊销后继续开采矿产资源的；

（三）超越采矿许可证规定的矿区范围开采矿产资源的；

（四）未按采矿许可证规定的矿种开采矿产资源的（共生、伴生矿种除外）；

（五）其他未取得采矿许可证开采矿产资源的情形。

第三条　非法采矿造成矿产资源破坏的价值，数额在 5 万元以上的，属于刑法第三百四十三条第一款规定的"造成矿产资源破坏"；数额在 30 万元以上的，属于刑法第三百四十三条第一款规定的"造成矿产资源严重破坏"。

第四条　刑法第三百四十三条第二款规定的破坏性采矿罪中"采取破坏性的开采方法开采矿产资源"，是指行为人违反地质矿产主管部门审查批准的矿产资源开发利用方案开采矿产资源，并造成矿产资源严重破坏的行为。

第五条　破坏性采矿造成矿产资源破坏的价值，数额在 30 万元以上的，属于刑法第三百四十三条第二款规定的"造成矿产资源严重破坏"。

第六条　破坏性的开采方法以及造成矿产资源破坏或者严重破坏的数额，由省级以上地质矿产主管部门出具鉴定结论，经查证属实后予以认定。

第七条　多次非法采矿或者破坏性采矿构成犯罪，依法应当追诉的，或者一年内多次非法采矿或破坏性采矿未经处理的，造成矿产资源破坏的数额累计计算。

第八条　单位犯非法采矿罪和破坏性采矿罪的定罪量刑标准，按照本解释的有关规定执行。

第九条　各省、自治区、直辖市高级人民法院，可以根据本地区的实际情况，在 5 万元至 10 万元、30 万元至 50 万元的幅度内，确定执行本解释第三条、第五条的起点数额标准，并报最高人民法院备案。

最高人民法院　关于在林木采伐许
可证规定的地点以外采伐本单位或者本人所有的森林
或者其他林木的行为如何适用法律问题的批复

（2004 年 3 月 23 日最高人民法院审判委员会第 1312 次会议通过，2004 年 3 月 26 日中华人民共和国最高人民法院公告公布，自 2004 年 4 月 1 日起施行 法释〔2004〕3 号）

各省、自治区、直辖市高级人民法院，解放军军事法院，新疆维吾尔自治区高级人民法院生产建设兵团分院：

最近，有的法院反映，关于在林木采伐许可证规定的地点以外采伐本单位或者本人所有的森林或者其他林木的行为适用法律问题不明确。经研究，批复如下。

违反森林法的规定，在林木采伐许可证规定的地点以外，采伐本单位或者本人所有的森林或者其他林木的，除农村居民采伐自留地和房前屋后个人所有的零星林木以外，属于《最高人民法院关于审理破坏森林资源刑事案件具体应用法律若干问题的解释》第五条第一款第（一）项"未经林业行政主管部门及法律规定的其他主管部门批准并核发林木采伐许可证"规定的情形，数量较大的，应当依照刑法第三百四十五条第二款的规定，以滥伐林木罪定罪处罚。

此复

最高人民法院　关于审理破坏林地资源
刑事案件具体应用法律若干问题的解释

（2005 年 12 月 19 日最高人民法院审判委员会第 1374 次会议通过，2005 年 12 月 26 日中华人民共和国最高人民法院公告公布，自 2005 年 12 月 30 日起施行 法释〔2005〕15 号）

为依法惩治破坏林地资源犯罪活动，根据《中华人民共和国刑法》、《中华人民共和国刑法修正案（二）》及全国人民代表大会常务委员会《关于〈中华人民共和国刑法〉第二百二十八条、第三百四十二条、第四百一十条的解释》的有关规定，现就人民法院审理这类刑事案件具体应用法律的若干问题解释如下。

第一条　违反土地管理法规，非法占用林地，改变被占用林地用途，在非法占用的林地上实施建窑、建坟、建房、挖沙、采石、采矿、取土、种植农作物、堆放或排泄废弃物等行为或者进行其他非林业生产、建设，造成林地的原有植被或林业种植条件严重毁坏或者严重污染，并具有下列情形之一的，属于《中华人民共和国刑法修正案（二）》规定的"数量较大，造成林地大量毁坏"，应当以非法占用农用地罪判处五年以下有期徒刑或者拘役，并处或者单处罚金：

（一）非法占用并毁坏防护林地、特种用途林地数量分别或者合计达到五亩以上；

（二）非法占用并毁坏其他林地数量达到十亩以上；

（三）非法占用并毁坏本条第（一）项、第（二）项规定的林地，数量分别达到相应规定的数量标准的百分之五十以上；

（四）非法占用并毁坏本条第（一）项、第（二）项规定的林地，其中一项数量达到相应规定的数量标准的百分之五十以上，且两项数量合计达到该项规定的数量标准。

第二条　国家机关工作人员徇私舞弊，违反土地管理法规，滥用职权，非法批准征用、占用林地，具有下列情形之一的，属于刑法第四百一十条规定的"情节严重"，应当以非法批准征用、占用土地罪判处三年以下有期徒刑或者拘役：

（一）非法批准征用、占用防护林地、特种用途林地数量分别或者合计达到十亩以上；

（二）非法批准征用、占用其他林地数量达到二十亩以上；

（三）非法批准征用、占用林地造成直接经济损失数额达到三十万元以上，或者造成本条第（一）项规定的林地数量分别或者合计达到五亩以上或者本条第（二）项规定的林地数量达到十亩以上毁坏。

第三条　实施本解释第二条规定的行为，具有下列情形之一的，属于刑法第四百一十条规定的"致使国家或者集体利益遭受特别重大损失"，应当以非法批准征用、占用土地罪判处三年以上七年以下有期徒刑：

（一）非法批准征用、占用防护林地、特种用途林地数量分别或者合计达到二十亩以上；

（二）非法批准征用、占用其他林地数量达到四十亩以上；

（三）非法批准征用、占用林地造成直接经济损失数额达到六十万元以上，或者造成本条第（一）项规定的林地数量分别或者合计达到十亩以上或者本条第（二）项规定的林地数量达到二十亩以上毁坏。

第四条　国家机关工作人员徇私舞弊，违反土地管理法规，非法低价出让国有林地使用权，具有下列情形之一的，属于刑法第四百一十条规定的"情节严重"，应当以非法低价出让国有土地使用权罪判处三年以下有期徒刑或者拘役：

（一）林地数量合计达到三十亩以上，并且出让价额低于国家规定的最低价额标准的百分之六十；

（二）造成国有资产流失价额达到三十万元以上。

第五条　实施本解释第四条规定的行为，造成国有资产流失价额达到六十万元以上的，属于刑法第四百一十条规定的"致使国家和集体利益遭受特别重大损失"，应当以非法低价出让国有土地使用权罪判处三年以上七年以下有期徒刑。

第六条　单位实施破坏林地资源犯罪的，依照本解释规定的相关定罪量刑标准执行。

第七条　多次实施本解释规定的行为依法应当追诉且未经处理的，应当按照累计的数量、数额处罚。

最高人民法院　关于审理环境污染刑事案件具体应用法律若干问题的解释

（2006 年 6 月 26 日最高人民法院审判委员会第 1391 次会议通过，2006 年 7 月 21 日中华人民共和国最高人民法院公告公布，自 2006 年 7 月 28 日起施行 法释〔2006〕4 号）

为依法惩治有关环境污染犯罪行为，根据刑法有关规定，现就审理这类刑事案件具体应用法律的若干问题解释如下：

第一条　具有下列情形之一的，属于刑法第三百三十八条、第三百三十九条和第四百零八条规定的"公私财产遭受重大损失"：

（一）致使公私财产损失三十万元以上的；

（二）致使基本农田、防护林地、特种用途林地五亩以上，其他农用地十亩以上，其他土地二十亩以上基本功能丧失或者遭受永久性破坏的；

（三）致使森林或者其他林木死亡五十立方米以上，或者幼树死亡二千五百株以上的。

第二条　具有下列情形之一的，属于刑法第三百三十八条、第三百三十九条和第四百零八条规定的"人身伤亡的严重后果"或者"严重危害人体健康"：

（一）致使一人以上死亡、三人以上重伤、十人以上轻伤，或者一人以上重伤并且五人以上轻伤的；

（二）致使传染病发生、流行或者人员中毒达到《国家突发公共卫生事件应急预案》中突发公共卫生事件分级Ⅲ级情形，严重危害人体健康的；

（三）其他致使"人身伤亡的严重后果"或者"严重危害人体健康"的情形。

第三条　具有下列情形之一的，属于刑法第三百三十八条、第三百三十九条规定的"后果特别严重"：

（一）致使公私财产损失一百万元以上的；

（二）致使水源污染、人员疏散转移达到《国家突发环境事件应急预案》中突发环境事件分级Ⅱ级以上情形的；

（三）致使基本农田、防护林地、特种用途林地十五亩以上，其他农用地三十亩以上，其他土地六十亩以上基本功能丧失或者遭受永久性破坏的；

（四）致使森林或者其他林木死亡一百五十立方米以上，或者幼树死亡七千五百株以上的；

（五）致使三人以上死亡、十人以上重伤、三十人以上轻伤，或者三人以上重伤并十人以上轻伤的；

（六）致使传染病发生、流行达到《国家突发公共卫生事件应急预案》中突发公共卫生事件分级Ⅱ级以上情形的；

（七）其他后果特别严重的情形。

第四条　本解释所称"公私财产损失"，包括污染环境行为直接造成的财产损毁、减少的实际价值，为防止污染扩大以及消除污染而采取的必要的、合理的措施而发生的费用。

第五条　单位犯刑法第三百三十八条、第三百三十九条规定之罪的，定罪量刑标准依照刑法和本解释的有关规定执行。

最高人民法院
最高人民检察院关于办理危害矿山生
产安全刑事案件具体应用法律若干问题的解释

（2007 年 2 月 26 日最高人民法院审判委员会第 1419 次会议、2007 年
2 月 27 日最高人民检察院第十届检察委员会第 72 次会议通过，2007 年 2
月 28 日中华人民共和国最高人民法院、最高人民检察院公告公布，自
2007 年 3 月 1 日起施行 法释〔2007〕5 号）

为依法惩治危害矿山生产安全犯罪，保障矿山生产安全，根据刑法有
关规定，现就办理此类刑事案件具体应用法律的若干问题解释如下：

第一条 刑法第一百三十四条第一款规定的犯罪主体，包括对矿山生
产、作业负有组织、指挥或者管理职责的负责人、管理人员、实际控制
人、投资人等人员，以及直接从事矿山生产、作业的人员。

第二条 刑法第一百三十四条第二款规定的犯罪主体，包括对矿山生
产、作业负有组织、指挥或者管理职责的负责人、管理人员、实际控制
人、投资人等人员。

第三条 刑法第一百三十五条规定的"直接负责的主管人员和其他直
接责任人员"，是指对矿山安全生产设施或者安全生产条件不符合国家规
定负有直接责任的矿山生产经营单位负责人、管理人员、实际控制人、投
资人，以及对安全生产设施或者安全生产条件负有管理、维护职责的电
工、瓦斯检查工等人员。

第四条 发生矿山生产安全事故，具有下列情形之一的，应当认定为
刑法第一百三十四条、第一百三十五条规定的"重大伤亡事故或者其他严
重后果"：

（一）造成死亡一人以上，或者重伤三人以上的；

（二）造成直接经济损失一百万元以上的；

（三）造成其他严重后果的情形。

具有下列情形之一的，应当认定为刑法第一百三十四条、第一百三十
五条规定的"情节特别恶劣"：

（一）造成死亡三人以上，或者重伤十人以上的；

（二）造成直接经济损失三百万元以上的；

（三）其他特别恶劣的情节。

第五条　刑法第一百三十九条之一规定的"负有报告职责的人员"，是指矿山生产经营单位的负责人、实际控制人、负责生产经营管理的投资人以及其他负有报告职责的人员。

第六条　在矿山生产安全事故发生后，负有报告职责的人员不报或者谎报事故情况，贻误事故抢救，具有下列情形之一的，应当认定为刑法第一百三十九条之一规定的"情节严重"。

（一）导致事故后果扩大，增加死亡一人以上，或者增加重伤三人以上，或者增加直接经济损失一百万元以上的。

（二）实施下列行为之一，致使不能及时有效开展事故抢救的：

1. 决定不报、谎报事故情况或者指使、串通有关人员不报、谎报事故情况的；

2. 在事故抢救期间擅离职守或者逃匿的；

3. 伪造、破坏事故现场，或者转移、藏匿、毁灭遇难人员尸体，或者转移、藏匿受伤人员的；

4. 毁灭、伪造、隐匿与事故有关的图纸、记录、计算机数据等资料以及其他证据的；

（三）其他严重的情节。

具有下列情形之一的，应当认定为刑法第一百三十九条之一规定的"情节特别严重"：

（一）导致事故后果扩大，增加死亡三人以上，或者增加重伤十人以上，或者增加直接经济损失三百万元以上的；

（二）采用暴力、胁迫、命令等方式阻止他人报告事故情况导致事故后果扩大的；

（三）其他特别严重的情节。

第七条　在矿山生产安全事故发生后，实施本解释第六条规定的相关行为，帮助负有报告职责的人员不报或者谎报事故情况，贻误事故抢救的，对组织者或者积极参加者，依照刑法第一百三十九条之一的规定，以共犯论处。

第八条　在采矿许可证被依法暂扣期间擅自开采的，视为刑法第三百四十三条第一款规定的"未取得采矿许可证擅自采矿"。

违反矿产资源法的规定，非法采矿或者采取破坏性的开采方法开采矿产资源，造成重大伤亡事故或者其他严重后果，同时构成刑法第三百四十三条规定的犯罪和刑法第一百三十四条或者第一百三十五条规定的犯罪的，依照数罪并罚的规定处罚。

第九条　国家机关工作人员滥用职权或者玩忽职守，危害矿山生产安全，具有下列情形之一，致使公共财产、国家和人民利益遭受重大损失的，依照刑法第三百九十七条的规定定罪处罚：

（一）对不符合矿山法定安全生产条件的事项予以批准或者验收通过的；

（二）对于未依法取得批准、验收的矿山生产经营单位擅自从事生产经营活动不依法予以处理的；

（三）对于已经依法取得批准的矿山生产经营单位不再具备安全生产条件而不撤销原批准或者发现违反安全生产法律法规的行为不予查处的；

（四）强令审核、验收部门及其工作人员实施本条第（一）项行为，或者实施其他阻碍下级部门及其工作人员依法履行矿山安全生产监督管理职责行为的；

（五）在矿山生产安全事故发生后，负有报告职责的国家机关工作人员不报或者谎报事故情况，贻误事故抢救的；

（六）其他滥用职权或者玩忽职守的行为。

第十条　以暴力、威胁方法阻碍矿山安全生产监督管理的，依照刑法第二百七十七条的规定，以妨害公务罪定罪处罚。

第十一条　国家工作人员违反规定投资入股矿山生产经营，构成本解释涉及的有关犯罪的，作为从重情节依法处罚。

第十二条　危害矿山生产安全构成犯罪的人，在矿山生产安全事故发生后，积极组织、参与事故抢救的，可以酌情从轻处罚。

最高人民检察院　公安部关于公安机关
管辖的刑事案件立案追诉标准的规定（一）（节录）

（2008 年 6 月 25 日，公通字〔2008〕36 号印发）

第六十条〔重大环境污染事故案（刑法第三百三十八条）〕违反国家规定，向土地、水体、大气排放、倾倒或者处置有放射性的废物、含传染病病原体的废物、有毒物质或者其他危险废物，造成重大环境污染事故，涉嫌下列情形之一的，应予立案追诉：

（一）致使公私财产损失三十万元以上的；

（二）致使基本农田、防护林地、特种用途林地五亩以上，其他农用地十亩以上，其他土地二十亩以上基本功能丧失或者遭受永久性破坏的；

（三）致使森林或者其他林木死亡五十立方米以上，或者幼树死亡二千五百株以上的；

（四）致使一人以上死亡、三人以上重伤、十人以上轻伤，或者一人以上重伤并且五人以上轻伤的；

（五）致使传染病发生、流行或者人员中毒达到《国家突发公共卫生事件应急预案》中突发公共卫生事件分级Ⅲ级以上情形，严重危害人体健康的；

（六）其他致使公私财产遭受重大损失或者人身伤亡的严重后果的情形。

本条和本规定第六十二条规定的"公私财产损失",包括污染环境行为直接造成的财产损毁、减少的实际价值,为防止污染扩大以及消除污染而采取的必要的、合理的措施而发生的费用。

第六十一条〔非法处置进口的固体废物案（刑法第三百三十九条第一款）〕违反国家规定,将境外的固体废物进境倾倒、堆放、处置的,应予立案追诉。

第六十二条〔擅自进口固体废物案（刑法第三百三十九条第二款）〕未经国务院有关主管部门许可,擅自进口固体废物用作原料,造成重大环境污染事故,涉嫌下列情形之一的,应予立案追诉:

（一）致使公私财产损失三十万元以上的;

（二）致使基本农田、防护林地、特种用途林地五亩以上,其他农用地十亩以上,其他土地二十亩以上基本功能丧失或者遭受永久性破坏的;

（三）致使森林或者其他林木死亡五十立方米以上,或者幼树死亡二千五百株以上的;

（四）致使一人以上死亡、三人以上重伤、十人以上轻伤,或者一人以上重伤并且五人以上轻伤的;

（五）致使传染病发生、流行或者人员中毒达到《国家突发公共卫生事件应急预案》中突发公共卫生事件分级Ⅲ级以上情形,严重危害人体健康的;

（六）其他致使公私财产遭受重大损失或者严重危害人体健康的情形。

第六十三条〔非法捕捞水产品案（刑法第三百四十条）〕违反保护水产资源法规,在禁渔区、禁渔期或者使用禁用的工具、方法捕捞水产品,涉嫌下列情形之一的,应予立案追诉:

（一）在内陆水域非法捕捞水产品五百公斤以上或者价值五千元以上,或者在海洋水域非法捕捞水产品二千公斤以上或者价值二万元以上的;

（二）非法捕捞有重要经济价值的水生动物苗种、怀卵亲体或者在水产种质资源保护区内捕捞水产品,在内陆水域五十公斤以上或者价值五百元以上,或者在海洋水域二百公斤以上或者价值二千元以上的;

（三）在禁渔区内使用禁用的工具或者禁用的方法捕捞的;

（四）在禁渔期内使用禁用的工具或者禁用的方法捕捞的;

（五）在公海使用禁用渔具从事捕捞作业,造成严重影响的;

（六）其他情节严重的情形。

第六十四条〔非法猎捕、杀害珍贵、濒危野生动物案（刑法第三百四十一条第一款）〕非法猎捕、杀害国家重点保护的珍贵、濒危野生动物的,应予立案追诉。

本条和本规定第六十五条规定的"珍贵、濒危野生动物",包括列入《国家重点保护野生动物名录》的国家一、二级保护野生动物、列入《濒危野生动植物种国际贸易公约》附录一、附录二的野生动物以及驯养繁殖的上述物种。

第六十五条〔非法收购、运输、出售珍贵、濒危野生动物、珍贵、濒危野生动物制品案(刑法第三百四十一条第一款)〕非法收购、运输、出售国家重点保护的珍贵、濒危野生动物及其制品的,应予立案追诉。

本条规定的"收购",包括以营利、自用等为目的的购买行为;"运输",包括采用携带、邮寄、利用他人、使用交通工具等方法进行运送的行为;"出售",包括出卖和以营利为目的的加工利用行为。

第六十六条〔非法狩猎案(刑法第三百四十一条第二款)〕违反狩猎法规,在禁猎区、禁猎期或者使用禁用的工具、方法进行狩猎,破坏野生动物资源,涉嫌下列情形之一的,应予立案追诉:

(一)非法狩猎野生动物二十只以上的;

(二)在禁猎区内使用禁用的工具或者禁用的方法狩猎的;

(三)在禁猎期内使用禁用的工具或者禁用的方法狩猎的;

(四)其他情节严重的情形。

第六十七条〔非法占用农用地案(刑法第三百四十二条)〕违反土地管理法规,非法占用耕地、林地等农用地,改变被占用土地用途,造成耕地、林地等农用地大量毁坏,涉嫌下列情形之一的,应予立案追诉:

(一)非法占用基本农田五亩以上或者基本农田以外的耕地十亩以上的;

(二)非法占用防护林地或者特种用途林地数量单种或者合计五亩以上的;

(三)非法占用其他林地数量十亩以上的;

(四)非法占用本款第(二)项、第(三)项规定的林地,其中一项数量达到相应规定的数量标准的百分之五十以上,且两项数量合计达到该项规定的数量标准的;

(五)非法占用其他农用地数量较大的情形。

违反土地管理法规,非法占用耕地建窑、建坟、建房、挖沙、采石、采矿、取土、堆放固体废弃物或者进行其他非农业建设,造成耕地种植条件严重毁坏或者严重污染,被毁坏耕地数量达到以上规定的,属于本条规定的"造成耕地大量毁坏"。

　　违反土地管理法规，非法占用林地，改变被占用林地用途，在非法占用的林地上实施建窑、建坟、建房、挖沙、采石、采矿、取土、种植农作物、堆放或者排泄废弃物等行为或者进行其他非林业生产、建设，造成林地的原有植被或者林业种植条件严重毁坏或者严重污染，被毁坏林地数量达到以上规定的，属于本条规定的"造成林地大量毁坏"。

　　第六十八条〔非法采矿案（刑法第三百四十三条第一款）〕违反矿产资源法的规定，未取得采矿许可证擅自采矿的，或者擅自进入国家规划矿区、对国民经济具有重要价值的矿区和他人矿区范围采矿的，或者擅自采国家规定实行保护性开采的特定矿种，经责令停止开采后拒不停止开采，造成矿产资源破坏的价值数额在五万元至十万元以上的，应予立案追诉。

　　具有下列情形之一的，属于本条规定的"未取得采矿许可证擅自采矿"：

　　（一）无采矿许可证开采矿产资源的；

　　（二）采矿许可证被注销、吊销后继续开采矿产资源的；

　　（三）超越采矿许可证规定的矿区范围开采矿产资源的；

　　（四）未按采矿许可证规定的矿种开采矿产资源的（共生、伴生矿种除外）；

　　（五）其他未取得采矿许可证开采矿产资源的情形。

　　在采矿许可证被依法暂扣期间擅自开采的，视为本条规定的"未取得采矿许可证擅自采矿"。

　　造成矿产资源破坏的价值数额，由省级以上地质矿产主管部门出具鉴定结论，经查证属实后予以认定。

　　第六十九条〔破坏性采矿案（刑法第三百四十三条第二款）〕违反矿产资源法的规定，采取破坏性的开采方法开采矿产资源，造成矿产资源严重破坏，价值数额在三十万元至五十万元以上的，应予立案追诉。

　　本条规定的"采取破坏性的开采方法开采矿产资源"，是指行为人违反地质矿产主管部门审查批准的矿产资源开发利用方案开采矿产资源，并造成矿产资源严重破坏的行为。

　　破坏性的开采方法以及造成矿产资源严重破坏的价值数额，由省级以上地质矿产主管部门出具鉴定结论，经查证属实后予以认定。

　　第七十条〔非法采伐、毁坏国家重点保护植物案（刑法第三百四十四条）〕违反国家规定，非法采伐、毁坏珍贵树木或者国家重点保护的其他植物的，应予立案追诉。

本条和本规定第七十一条规定的"珍贵树木或者国家重点保护的其他植物"，包括由省级以上林业主管部门或者其他部门确定的具有重大历史纪念意义、科学研究价值或者年代久远的古树名木，国家禁止、限制出口的珍贵树木以及列入《国家重点保护野生植物名录》的树木或者其他植物。

第七十一条〔非法收购、运输、加工、出售国家重点保护植物、国家重点保护植物制品案（刑法第三百四十四条）〕违反国家规定，非法收购、运输、加工、出售珍贵树木或者国家重点保护的其他植物及其制品的，应予立案追诉。

第七十二条〔盗伐林木案（刑法第三百四十五条第一款）〕盗伐森林或者其他林木，涉嫌下列情形之一的，应予立案追诉：

（一）盗伐二至五立方米以上的；

（二）盗伐幼树一百至二百株以上的。

以非法占有为目的，具有下列情形之一的，属于本条规定的"盗伐森林或者其他林木"：

（一）擅自砍伐国家、集体、他人所有或者他人承包经营管理的森林或者其他林木的；

（二）擅自砍伐本单位或者本人承包经营管理的森林或者其他林木的；

（三）在林木采伐许可证规定的地点以外采伐国家、集体、他人所有或者他人承包经营管理的森林或者其他林木的。

本条和本规定第七十三条、第七十四条规定的林木数量以立木蓄积计算，计算方法为：原木材积除以该树种的出材率；"幼树"，是指胸径五厘米以下的树木。

第七十三条〔滥伐林木案（刑法第三百四十五条第二款）〕违反森林法的规定，滥伐森林或者其他林木，涉嫌下列情形之一的，应予立案追诉：

（一）滥伐十至二十立方米以上的；

（二）滥伐幼树五百至一千株以上的。

违反森林法的规定，具有下列情形之一的，属于本条规定的"滥伐森林或者其他林木"：

（一）未经林业行政主管部门及法律规定的其他主管部门批准并核发林木采伐许可证，或者虽持有林木采伐许可证，但违反林木采伐许可证规定的时间、数量、树种或者方式，任意采伐本单位所有或者本人所有的森林或者其他林木的；

（二）超过林木采伐许可证规定的数量采伐他人所有的森林或者其他林木的。

违反森林法的规定，在林木采伐许可证规定的地点以外，采伐本单位或者本人所有的森林或者其他林木的，除农村居民采伐自留地和房前屋后个人所有的零星林木以外，属于本条第二款第（一）项"未经林业行政主管部门及法律规定的其他主管部门批准并核发林木采伐许可证"规定的情形。

林木权属争议一方在林木权属确权之前，擅自砍伐森林或者其他林木的，属于本条规定的"滥伐森林或者其他林木"。

滥伐林木的数量，应在伐区调查设计允许的误差额以上计算。

第七十四条〔非法收购、运输盗伐、滥伐的林木案（刑法第三百四十五条第三款）〕非法收购、运输明知是盗伐、滥伐的林木，涉嫌下列情形之一的，应予立案追诉：

（一）非法收购、运输盗伐、滥伐的林木二十立方米以上或者幼树一千株以上的；

（二）其他情节严重的情形。

本条规定的"非法收购"的"明知"，是指知道或者应当知道。具有下列情形之一的，可以视为应当知道，但是有证据证明确属被蒙骗的除外：

（一）在非法的木材交易场所或者销售单位收购木材的；

（二）收购以明显低于市场价格出售的木材的；

（三）收购违反规定出售的木材的。

附　　则

第一百条　本规定中的立案追诉标准，除法律、司法解释另有规定的以外，适用于相关的单位犯罪。

第一百零一条　本规定中的"以上"，包括本数。

第一百零二条　本规定自印发之日起施行。

国家林业局　公安部
关于森林和陆生野生动物刑事案件管辖及立案标准

（2001 年 4 月 16 日，林安发〔2001〕156 号印发）

根据《中华人民共和国刑法》、《中华人民共和国刑事诉讼法》、《公安机关办理刑事案件程序规定》及其他有关规定，现将森林和陆生野生动物刑事案件管辖及立案标准规定如下。

一、森林公安机关管辖在其辖区内发生的刑法规定的下列森林和陆生野生动物刑事案件

（一）盗伐林木案件（第三百四十五条第一款）；

（二）滥伐林木案件（第三百四十五条第二款）；

（三）非法收购盗伐、滥伐的林木案件（第三百四十五条第三款）；

（四）非法采伐、毁坏珍贵树木案件（第三百四十四条）；

（五）走私珍稀植物、珍稀植物制品案件（第一百五十一条第三款）；

（六）放火案件中，故意放火烧毁森林或者其他林木的案件（第一百一十四条、第一百一十五条第一款）；

（七）失火案件中，过失烧毁森林或者其他林木的案件（第一百一十五条第二款）；

（八）聚众哄抢案件中，哄抢林木的案件（第二百六十八条）；

（九）破坏生产经营案件中，故意毁坏用于造林、育林、护林和木材生产的机械设备或者以其他方法破坏林业生产经营的案件（第二百七十六条）；

（十）非法猎捕、杀害珍贵、濒危陆生野生动物案件（第三百四十一条第一款）；

（十一）非法收购、运输、出售珍贵、濒危陆生野生动物、珍贵、濒危陆生野生动物制品案件（第三百四十一条第一款）；

（十二）非法狩猎案件（第三百四十一条第二款）；

（十三）走私珍贵陆生野生动物、珍贵陆生野生动物制品案件（第一百五十一条第二款）；

（十四）非法经营案件中，买卖《允许进口证明书》、《允许出口证明书》、《允许再出口证明书》、进出口原产地证明及国家机关批准的其他关于林业和陆生野生动物的经营许可证明文件的案件（第二百二十五条第二项）；

（十五）伪造、变造、买卖国家机关公文、证件案件中，伪造、变造、买卖林木和陆生野生动物允许进出口证明书、进出口原产地证明、狩猎证、特许猎捕证、驯养繁殖许可证、林木采伐许可证、木材运输证明、森林、林木、林地权属证书、征用或者占用林地审核同意书、育林基金等缴费收据以及由国家机关批准的其他关于林业和陆生野生动物公文、证件的案件（第二百八十条第一、二款）；

　　（十六）盗窃案件中，盗窃国家、集体、他人所有并已经伐倒的树木、偷砍他人房前屋后、自留地种植的零星树木、以谋取经济利益为目的非法实施采种、采脂、挖笋、掘根、剥树皮等以及盗窃国家重点保护陆生野生动物或其制品的案件（第二百六十四条）；

　　（十七）抢劫案件中，抢劫国家重点保护陆生野生动物或其制品的案件（第二百六十三条）；

　　（十八）抢夺案件中，抢夺国家重点保护陆生野生动物或其制品的案件（第二百六十七条）；

　　（十九）窝藏、转移、收购、销售赃物案件中，涉及被盗伐滥伐的林木、国家重点保护陆生野生动物或其制品的案件（第三百一十二条）；

　　未建立森林公安机关的地方，上述案件由地方公安机关负责查处。

　　二、森林和陆生野生动物刑事案件的立案标准

　　（一）盗伐林木案

　　盗伐森林或者其他林木，立案起点为 2 立方米至 5 立方米或者幼树 100 株至 200 株；盗伐林木 20 立方米至 50 立方米或者幼树 1000 株至 2000 株，为重大案件立案起点；盗伐林木 100 立方米至 200 立方米或者幼树 5000 株至 10000 株，为特别重大案件立案起点。

　　（二）滥伐林木案

　　滥伐森林或者其他林木，立案起点为 10 立方米至 20 立方米或者幼树 500 株至 1000 株；滥伐林木 50 立方米以上或者幼树 2500 株以上，为重大案件；滥伐林木 100 立方米以上或者幼树 5000 株以上，为特别重大案件。

　　（三）非法收购盗伐、滥伐的林木案

　　以牟利为目的，在林区非法收购明知是盗伐、滥伐的林木在 20 立方米或者幼树 1000 株以上的，以及非法收购盗伐、滥伐的珍贵树木 2 立方米以上或者 5 株以上的应当立案；非法收购林木 100 立方米或者幼树 5000 株以上的，以及非法收购盗伐、滥伐的珍贵树木 5 立方米以上或者 10 株以上的为重大案件；非法收购林木 200 立方米或者幼树 1000 株以上的，以及非法收购盗伐、滥伐的珍贵树木 10 立方米以上或者 20 株以上的为特别重大案件。

　　（四）非法采伐、毁坏珍贵树木案

　　非法采伐、毁坏珍贵树木的应当立案；采伐珍贵树木 2 株、2 立方米以上或者毁坏珍贵树木致死 3 株以上的，为重大案件；采伐珍贵树木 10 株、10 立方米以上或者毁坏珍贵树木致死 15 株以上的，为特别重大案件。

　　（五）走私珍稀植物、珍稀植物制品案

走私国家禁止进出口的珍稀植物、珍稀植物制品的应当立案；走私珍稀植物 2 株以上、珍稀植物制品价值在 2 万元以上的，为重大案件；走私珍稀植物 10 株以上、珍稀植物制品价值在 10 万元以上的，为特别重大案件。

（六）放火案

凡故意放火造成森林或者其他林木火灾的都应当立案；过火有林地面积 2 公顷以上为重大案件；过火有林地面积 10 公顷以上，或者致人重伤、死亡的，为特别重大案件。

（七）失火案

失火造成森林火灾，过火有林地面积 2 公顷以上，或者致人重伤、死亡的应当立案；过火有林地面积为 10 公顷以上，或者致人死亡、重伤 5 人以上的为重大案件；过火有林地面积为 50 公顷以上，或者死亡 2 人以上的，为特别重大案件。

（八）非法猎捕、杀害国家重点保护珍贵、濒危陆生野生动物案

凡非法猎捕、杀害国家重点保护的珍贵、濒危陆生野生动物的应当立案，重大案件、特别重大案件的立案标准详见附表。

（九）非法收购、运输、出售珍贵、濒危陆生野生动物、珍贵、濒危陆生野生动物制品案

非法收购、运输、出售国家重点保护的珍贵、濒危陆生野生动物的应当立案，重大案件、特别重大案件的立案标准见附表。

非法收购、运输、出售国家重点保护的珍贵、濒危陆生野生动物制品的，应当立案；制品价值在 10 万元以上或者非法获利 5 万元以上的，为重大案件；制品价值在 20 万元以上或非法获利 10 万元以上的，为特别重大案件。

（十）非法狩猎案

违反狩猎法规，在禁猎区、禁猎期或者使用禁用的工具、方法狩猎，具有下列情形之一的，应予立案：

1. 非法狩猎陆生野生动物 20 只以上的；

2. 在禁猎区或者禁猎期使用禁用的工具、方法狩猎的；

3. 具有其他严重破坏野生动物资源情节的。

违反狩猎法规，在禁猎区、禁猎期或者使用禁用的工具、方法狩猎，非法狩猎陆生野生动物 50 只以上的，为重大案件；非法狩猎陆生野生动物 100 只以上或者具有其他恶劣情节的，为特别重大案件。

（十一）走私珍贵动物、珍贵动物制品案

　　走私国家重点保护和《濒危野生动植物种国际贸易公约》附录一、附录二的陆生野生动物及其制品的应当立案；走私国家重点保护的陆生野生动物重大案件和特别重大案件按附表的标准执行。

　　走私国家重点保护和《濒危野生动植物种国际贸易公约》附录一、附录二的陆生野生动物制品价值 10 万元以上的，应当立为重大案件；走私国家重点保护和《濒危野生动植物种国际贸易公约》附录一、附录二的陆生野生动物制品价值 20 万元以上的，应当立为特别重大案件。

　　（十二）盗窃、抢夺、抢劫案、窝藏、转移、收购、销售赃物案、破坏生产经营案、聚众哄抢案、非法经营案、伪造变造买卖国家机关公文、证件案，执行相应的立案标准。

　　三、其他规定

　　（一）林区与非林区的划分，执行各省、自治区、直辖市人民政府的规定。

　　（二）林木的数量，以立木蓄积计算。

　　（三）对于一年内多次盗伐、滥伐少量林木未经处罚的，累计其盗伐林木、滥伐林木的数量。

　　（四）被盗伐、滥伐林木的价值，有国家规定价格的，按国家规定价格计算；没有国家规定价格的，按主管部门规定的价格计算；没有国家或者主管部门规定价格的，按市场价格计算；进入流通领域的，按实际销售价格计算；实际销售价格低于国家或者主管部门规定价格的，按国家或者主管部门规定的价格计算；实际销售价格低于市场价格，又没有国家或者主管部门规定价格的，按市场价格计算，不能按低价销赃的价格计算。

　　（五）非法猎捕、杀害、收购、运输、出售、走私《濒危野生动植物种国际贸易公约》附录一、附录二所列陆生野生动物的，其立案标准参照附表中同属或者同科的国家一、二级保护野生动物的立案标准执行。

　　（六）珍贵、濒危陆生野生动物制品的价值，依照国家野生动物行政主管部门的规定核定；核定价值低于实际交易价格的，以实际交易价格认定。

　　（七）单位作案的，执行本规定的立案标准。

　　（八）本规定中所指的"以上"，均包括本数在内。

　　（九）各省、自治区、直辖市公安厅、局和林业主管部门可根据本地的实际情况，在本规定的幅度内确定本地区盗伐林木案、滥伐林木案和非法狩猎案的立案起点及重大、特别重大案件的起点。

　　（十）盗伐、滥伐竹林或者其他竹子的立案标准，由各省、自治区、直辖市公安厅、局和林业主管部门根据竹子的经济价值参照盗伐、滥伐林木案的立案标准确定。

（十一）本规定自发布之日起执行。1986 年 8 月 20 日发布的《林业部、公安部关于森林案件管辖范围及森林刑事案件立案标准的暂行规定》和 1994 年 5 月 25 日发布的《林业部、公安部关于陆生野生动物刑事案件的管辖及其立案标准的规定》同时废止。

附录六 有关环境保护的法律法规索引

一、环境保护法律

中华人民共和国环境保护法

中华人民共和国海洋环境保护法

中华人民共和国水污染防治法

中华人民共和国大气污染防治法

中华人民共和国固体废物污染环境防治法

中华人民共和国环境噪声污染防治法

中华人民共和国清洁生产促进法

中华人民共和国环境影响评价法

中华人民共和国安全生产法

中华人民共和国职业病防治法

二、环境保护行政法规、法规性文件

中华人民共和国水污染防治法实施细则

中华人民共和国大气污染防治法实施细则

征收排污费暂行办法

污染源治理专项基金有偿使用暂行办法

对外经济开放地区环境管理暂行规定

放射性同位素与射线装置放射防护条例

中华人民共和国自然保护区条例

三、环境保护部门规章、规范性文件

中华人民共和国水污染防治法实施细则（第一号局令）

国家环境保护局法规性文件管理办法（第二号局令）

放射环境管理办法（第三号局令）

环境保护信访管理办法（第四号局令）

中华人民共和国大气污染防治法实施细则（第五号局令）

国家环境保护局环境保护科学技术进步奖励办法（第六号局令）

国家环境保护局环境保护科学技术研究成果管理办法（第七号局令）

环境保护行政处罚办法（第八号局令）

环境监理执法标志管理办法（第九号局令）

排放污染物申报登记管理规定（第十号局令）

防治尾矿污染环境管理规定（第十一号局令）

国家环境保护最佳实用技术推广管理办法（第十二号局令）

环境保护档案管理办法（第十三号局令）

建设项目环境保护设施竣工验收管理规定（第十四号局令）

环境工程设计证书管理办法（第十五号局令）

环境监理人员行为规范（第十六号局令）

环境统计管理暂行办法（第十七号局令）

电磁辐射环境保护管理办法（第十八号局令）

环境信访办法（第十九号局令）

四、建设项目环境保护管理办法（系列）

建设项目环境保护管理程序

关于建设项目环境管理问题的若干意见

建设项目环境保护设计规定

关于建设项目环境影响报告书审批权限问题的通知

建设项目环境影响评价证书管理办法

建设项目环境影响评价收费标准的原则与方法（试行）

关于加强外商投资建设项目环境保护管理的通知

关于加强国际金融组织贷款建设项目环境影响评价管理工作的通知

关于进一步做好建设项目环境保护管理工作的几点意见

关于重申建设项目环境影响报告书审批权限的通知

关于加强自然资源开发建设项目的生态环境管理的通知

化学品首次进口及有毒化学品进出口环境管理规定

化学品进出口环境管理登记收费标准

废物进口环境保护管理暂行规定

关于废物进口环境保护管理暂行规定的补充规定

关于增补国家限制进口的可用作原料的废物目录的通知

进口废物装运前检验管理办法（试行）

关于加强对放射性物质、放射性污染设备及放射性废物进口的环境管理的通知

关于发布我国环境标志图形的通知

有机（天然）食品标志管理章程（试行）

环境保护产品认定管理暂行办法

报告环境污染与破坏事故的暂行办法

水污染物排放许可证管理暂行办法

饮用水水源保护区污染防治管理规定

污水处理设施环境保护监督管理办法

汽车排气污染监督管理办法

城市放射性废物管理办法

环境保护计划管理办法

关于加强饮食娱乐服务企业环境管理的通知

五、资源法律、法规

中华人民共和国森林法

中华人民共和国森林法实施细则

中华人民共和国草原法

中华人民共和国渔业法

中华人民共和国渔业法实施细则

中华人民共和国矿产资源法

中华人民共和国矿产资源法实施细则

中华人民共和国土地管理法

中华人民共和国土地管理法实施条例

中华人民共和国水法

中华人民共和国水土保持法

中华人民共和国水土保持法实施条例

中华人民共和国野生动物保护法

中华人民共和国陆生野生动物保护实施条例

中华人民共和国水生野生动物保护实施条例

中华人民共和国野生植物保护条例

中华人民共和国煤炭法

六、相关法律、法规

中华人民共和国城市规划法

中华人民共和国乡镇企业法

中华人民共和国农业法

中华人民共和国对外贸易法

中华人民共和国公路法

中华人民共和国标准化法

中华人民共和国标准化法实施条例

中华人民共和国文物保护法

中华人民共和国全民所有制工业企业法

中华人民共和国中外合资经营企业法实施条例

中华人民共和国公司登记管理条例

中华人民共和国河道管理条例

风景名胜区管理暂行条例

森林和野生动物类型自然保护区管理办法

节约能源管理暂行条例

土地复垦规定

中华人民共和国民用核设施安全监督管理条例

核电厂核事故应急管理条例

危险化学品安全管理条例

农药管理条例

农药登记规定

农药安全使用规定

城市市容和环境卫生管理条例

国务院批转国家经贸委等部门"关于进一步开展资源综合利用意见"的通知

国家经委关于开展资源综合利用若干问题的暂行规定

后　记

这些年来，河北大学刑事法律研究中心一直致力于环境犯罪问题的研究，完成了《全球性环境危机与我国重大环境污染事故罪的立法完善》、《我国污染环境犯罪的立法完善》、《日本环境污染犯罪的治理经验及其启示》、《环境犯罪被判刑人的矫正问题研究》、《破坏环境资源保护罪立案追诉标准和司法认定实务》等一系列论文、论著。2011 年 2 月 25 日，第十一届全国人民代表大会常务委员会第十九次会议通过的《刑法修正案（八）》，对 1997 年《刑法》第三百三十八条的重大环境污染事故罪和第三百四十三条的非法采矿罪进行了修改。围绕这些罪刑规范的修改，中心研究人员及时撰写学术论文，同时经过商议，中心决定在原研究成果的基础上对破坏环境资源保护罪的刑法规范进行一次系统的研究，该意向有幸得到科学出版社的大力支持。

在撰写本书的过程中，中心兼职研究人员、笔者曾经指导的硕士研究生李永伟先生积极参与撰写工作，并提供全部出版资助，另外，中心研究人员、河北大学政法学院教授苏永生博士，副教授宋伟卫博士和冯惠敏女士，保定市公安局法制支队副支队长孙学军女士分别参与了部分章节的撰写，科学出版社科学人文分社社长侯俊琳先生和编辑石卉女士为本书的编辑和出版付出了辛勤的劳动，在此表示衷心感谢。

冯　军

2011 年 8 月